刘冲，四川师范大学教育科学学院副教授，硕士生导师，四川省高校人文社科重点研究基地核心素养教育研究中心副主任，兼任全国教学论专委会理事、四川省陶行知研究会理事、成都市少工委委员等职。主要从事课程教学等研究。

刘世民，四川师范大学教育科学学院教授，博士生导师，全国模范教师，四川省教书育人名师，主持建设四川师范大学国家级教师教育精品资源共享课程"教育见习与实习"。主要从事教师教育、比较教育和农村教育等研究。

李松林，四川师范大学教育科学学院院长，教授，博士生导师，四川省"天府青城计划"领军人才，四川省教书育人名师，四川省高校人文社科重点研究基地核心素养教育研究中心主任，兼任全国教学论专委会常务理事等职。主要从事教学论等研究。

卢德生，四川师范大学教育科学学院副院长，教授，博士生导师，四川省学术与技术带头人，兼任四川省教育学会学校文化建设分会副理事长、教育学专委会常务理事等职。主要从事文化传承与教育发展、教育公平与学校改革等研究。

周红安，四川师范大学教育科学学院副教授，硕士生导师。毕业于北京师范大学，获教育学博士学位。参与建设四川师范大学国家级教师教育精品资源共享课程"教育见习与实习"。主要从事教育史、教育评价等研究。

本书系四川师范大学2021年度教学改革项目（教材建设类）
"小学教育见习与实习"（项目批准号：20210190XJC）的建设成果

小学教育见习与实习

主　　编　刘　冲　　刘世民　　李松林　　卢德生　　周红安
副 主 编　胡晓珊　吕　莉　　杨　曦　　王虹懿　　周　畅
参编人员（按姓氏笔画排序）
　　　　　丁远凤　　王晓鹏　　邓雨杭　　刘慧贤　　刘毅缓
　　　　　余雁冰　　吴　迪　　李书琴　　邹婷婷　　周　波
　　　　　罗言颜　　罗钿棂　　赵　徐　　赵紫竹　　倪　雪
　　　　　唐　鸿　　黄培淼　　瞿明颖

图书在版编目（CIP）数据

小学教育见习与实习 / 刘冲等主编. -- 成都：四川大学出版社，2024.8. -- （教师教育精品课程规划教材系列）. -- ISBN 978-7-5690-7070-5

Ⅰ．G62

中国国家版本馆CIP数据核字第202415CA09号

书　　　名：小学教育见习与实习
　　　　　　Xiaoxue Jiaoyu Jianxi yu Shixi
主　　　编：刘　冲　刘世民　李松林　卢德生　周红安
丛　书　名：教师教育精品课程规划教材系列

选题策划：蒋　玙　吴连英
责任编辑：吴连英
责任校对：孙滨蓉
装帧设计：墨创文化
责任印制：李金兰

出版发行：四川大学出版社有限责任公司
　　　　　地址：成都市一环路南一段24号（610065）
　　　　　电话：（028）85408311（发行部）、85400276（总编室）
　　　　　电子邮箱：scupress@vip.163.com
　　　　　网址：https://press.scu.edu.cn
印前制作：四川胜翔数码印务设计有限公司
印刷装订：成都市川侨印务有限公司

成品尺寸：185mm×260mm
印　　张：12.25
插　　页：2
字　　数：277千字

版　　次：2024年8月 第1版
印　　次：2024年8月 第1次印刷
定　　价：56.00元

本社图书如有印装质量问题，请联系发行部调换

版权所有 ◆ 侵权必究

扫码获取数字资源

四川大学出版社
微信公众号

前　言

本教材依据教育部《教师教育课程标准（试行）》的理念与要求编写，是教师教育国家级精品资源共享课四川师范大学"教育见习与实习（小学）"课程的配套教材。"教育见习与实习"课程是《教师教育课程标准（试行）》确定的小学教育专业实践领域的必修课程，是实践教学环节的重要组成部分。一方面，由于长期以来缺乏与该课程相配套的教材，小学教育见习和实习相关课堂的具体开展因校、因师、因生而异，介入该类课程的师生找不到适切的学理依据和操作建议。另一方面，近年来面向中学教育专业和学前教育专业的教育见习实习类教材已有多部，却没有直接面向小学教育专业的同类教材。基于上述考虑，自2013年起，四川师范大学"教育见习与实习（小学）"课程团队经过十年探索，通过对相关领域的学理探究和实践探索，终于实现了《小学教育见习与实习》教材付梓。

本教材的成书过程与"教育见习与实习（小学）"课程的建设过程同步。2012年底，四川师范大学教育科学学院组建了以刘世民、刘冲、李松林、卢德生、周红安为主讲教师的"教育见习与实习（小学）"课程团队。在缺乏既成经验的情况下，团队以"摸着石头过河"的态度启动课程建设工作。在刘世民教授的带领下，课程建设卓有成效，2013年4月成功入选《教师教育国家级精品资源共享课立项建设课程名单》，2014年11月顺利通过教育部中期检查，2015年9月上线"爱课程"网，2016年底顺利通过教育部终期检查，2017年1月通过了教育部组织的结题验收检查，正式获得"国家级精品资源共享课"称号。刘世民教授退休后，刘冲副教授牵头延续了课程建设各项工作，协调团队成员基于课程建设的经验和成果来梳理、完善课程内容，直至打磨出本教材。本教材坚持以强化教师职业认同和坚定教育信念为导向，引导职前教师（师范生）有质量地亲历小学教育实践，强调小学教育理论与小学教育实践相联系，注重小学教育实践工作必备的能力和技术实训。

本教材是凝聚集体智慧的结果。刘冲、刘世民整体设计全书主体框架，提出各章内容逻辑、撰写思路和成稿要求。各章内容由"教育见习与实习（小学）"课程团队主讲教师刘冲、刘世民、李松林、卢德生、周红安领衔撰写，2015年以来在四川师范大学教育科学学院攻读教育学博士、硕士学位的部分研究生参与了课程资源建设、书稿讨论、文献梳理及内容修订。各章撰写与修订者如下：前言，刘冲；第一章"小学教育见习与实习概论"，刘冲、王虹懿、周畅；第二章"小学教育见习与实习的历史与现实"，刘世民、吕莉、刘慧贤、刘毅缓、赵徐、罗言颜；第三章"小学教育见习与实习的理论基础"，刘世民、王晓鹏、吴迪、余雁冰、邓雨杭；第四章"小学教育观摩"，杨曦（电子科技大学）、刘冲、倪雪、罗钿棵；第五章"小学教学见习与实习"，李松林、刘冲、丁远凤、瞿明颖、唐鸿；第六章"小学班主任工作见习与实习"，李松林、胡晓珊、邹婷婷；第七章"小学教育实践问题研究"，卢德生、刘冲、黄培森、赵紫竹；第八章"小学教育见习与实习评价"，周红安、刘冲、周波、李书琴；后记，刘世民、刘冲。刘冲对全书各章内容做了反复修改，直至最终定稿。

根据《教师教育课程标准（试行）》关于教育实践与体验目标领域的基本要求，结合近年来高等师范院校小学教育专业教育见习与实习的实践情况，本教材将内容确定为学理模块和操作模块两大部分。第一至第三章为学理模块，聚焦小学教育见习与实习的基础性问题，包括概论、发展及理论等内容。第四至第八章为操作模块，聚焦小学教育见习与实习的实训过程，包括小学教育观摩及课堂教学、班主任工作、教育实践问题研究、评价等内容。每一章的体例由正文前的要点提示、学习目标、知识导图，正文，以及正文后的本章小结、教学自测构成。"要点提示"旨在帮助职前教师对本章学习要点有总体了解，便于新旧认知的衔接。"学习目标"旨在阐述职前教师通过本章学习应达成的知识和能力水平要求。"知识导图"是对本章内容的结构化呈现，便于职前教师整体把握内容体系。"正文"注意内容的科学性、规范性和时代性，注意教育理论与教育实践相结合。"本章小结"是对本章内容及学习要求的再次概括，为职前教师复习本章内容提供参考。"教学自测"是根据本章内容为职前教师提供的测试题，帮助职前教师进一步理解本章重点内容。

在成书过程中，我们得到了多方关心和帮助。衷心感谢四川师范大学教育科学学院、教务处对课题研究、课程建设及书稿撰写等工作的悉心指导和关心！衷心感谢自2013年以来支持"教育见习与实习（小学）"国家级教师教育精品资源共享课建设的各位专家和小学教师！我们也深知，书中难免有不妥乃至谬误之处，敬请同仁不吝赐教。

本书不仅可作为小学教育本科专业、教育学硕士研究生（小学教育领域）的教育见习与实习课程教材，也可作为小学职前教师实践能力培养的研究资料。

刘冲

2023年11月于成都

目 录

第一章 小学教育见习与实习概论 ··· 1
   第一节 初识小学教育见习与实习课程 ································· 2
   第二节 小学教育见习与实习的目标与任务 ··························· 8
   第三节 小学教育见习与实习的准备 ···································· 14

第二章 小学教育见习与实习的历史与现实 ································ 21
   第一节 小学教育见习与实习的历史沿革 ······························ 22
   第二节 小学教育见习与实习的当代实践 ······························ 33

第三章 小学教育见习与实习的理论基础 ·································· 44
   第一节 理论与实践关系理论 ·· 46
   第二节 实践性知识理论 ·· 54
   第三节 教师专业化理论 ·· 63

第四章 小学教育观摩 ·· 74
   第一节 小学教育观摩概述 ··· 75
   第二节 小学课堂观摩 ··· 80
   第三节 小学教育活动观摩 ··· 87
   第四节 小学教育观摩案例 ··· 89

第五章 小学教学见习与实习 ·· 94
   第一节 小学教学目标的分析与确定 ··································· 97
   第二节 小学教学内容的理解与处理 ··································· 101
   第三节 小学教学情境的分析与创设 ··································· 106
   第四节 小学教学活动的分析与设计 ··································· 110
   第五节 小学教学策略的选择与运用 ··································· 116

第六章 小学班主任工作见习与实习 ·· 121
   第一节 小学班主任的角色与责任 ······································ 123
   第二节 小学班主任应有的工作对象认识 ····························· 128
   第三节 小学班主任工作的任务与方法 ································ 134

第七章 小学教育实践问题研究 ··· 145
   第一节 小学教育调查研究 ··· 146
   第二节 小学课堂观察研究 ··· 153
   第三节 小学教学案例研究 ··· 160

- 第八章　小学教育见习与实习评价……………………………………………… 164
  - 第一节　小学教育见习与实习评价概述…………………………………… 166
  - 第二节　小学教育见习与实习评价内容及方案设计……………………… 174
  - 第三节　小学教育见习与实习评价的新方法……………………………… 186
- 后　　记……………………………………………………………………………… 191

第一章　小学教育见习与实习概论

【要点提示】

本章的主要内容是阐释小学教育见习与实习的课程定位，以及阐明小学教育见习与实习的目标、任务、准备等。

第一节是对小学教育见习与实习课程的概括性介绍。教育见习和教育实习是小学职前教师实践教学环节的重要组成部分，是教育实践感和实践能力培养的重要途径。小学教育见习是在专业教师和小学教师"双师"的指导下，针对小学学校教育教学等工作的现场观摩和学习。小学教育实习是在专业教师和小学教师"双师"的指导下，在小学学校教育教学等工作现场开展的理论联系实际的小学教师工作体验和实操。小学教育见习与实习课程具有综合性、实践性、理解性等课程性质。本课程坚持以强化教师职业认同和坚定教育信念为导向，引导职前教师有质量地亲历小学教育实践，强调小学教育理论与小学教育实践的联系，注重小学教育实践工作必备的能力和技术实训。本课程内容由学理模块和操作模块构成。

第二节是对小学教育见习与实习目标与任务的阐述。明确小学教育见习与实习的目标与任务，有助于小学职前教师在实践过程中更好地开展见习与实习活动，实现专业发展。教育实践与体验是职前教师教育培养目标之一，其实现路径就是教育见习与实习。小学教育教习与实习要求小学职前教师走进小学、走进班级、走进课堂和小学教研，逐步积累教学实践能力。根据《教师教育课程标准（试行）》的要求，本课程要求小学职前教师在教育见习与实习过程中充分观摩、参与、研究教育活动，丰富教育实践的经验与体验；根据课程目标将本课程任务分解为学校概况、课堂教学、班级管理、教育研究四大板块，以帮助小学职前教师在见习与实习过程中合理安排实践任务，锻炼专业技能，发展专业能力。

第三节主要对小学教育见习与实习的准备提出了要求。小学职前教师只有做好良好的身心准备和熟练的专业技能准备，才能更好地在实践过程中搭建起沟通小学教育理论与小学教育实践的桥梁。拥有健康的体魄、得体的言行、端庄的仪表、坚定的信念、充分的自信是身心准备不可缺少的内容。教学设计能力、课堂教学能力、活动组织能力、班级管理能力、实践探究能力等的准备是小学职前教师需要了解的专业技能准备。

【学习目标】

知识目标：
- 掌握小学教育见习、小学教育实习的定义。
- 理解小学教育见习与实习课程的性质。
- 理解小学教育见习与实习课程的理念。

- 掌握小学教育见习与实习课程的内容。
- 理解小学教育见习与实习的目标。
- 明确小学教育见习与实习的任务。
- 了解小学教育见习与实习的准备的具体内容。
- 掌握小学教育见习与实习准备的要求。

能力目标：
- 区分小学教育见习任务与实习任务。
- 学会如何做好小学教育见习与实习的准备。

【知识导图】

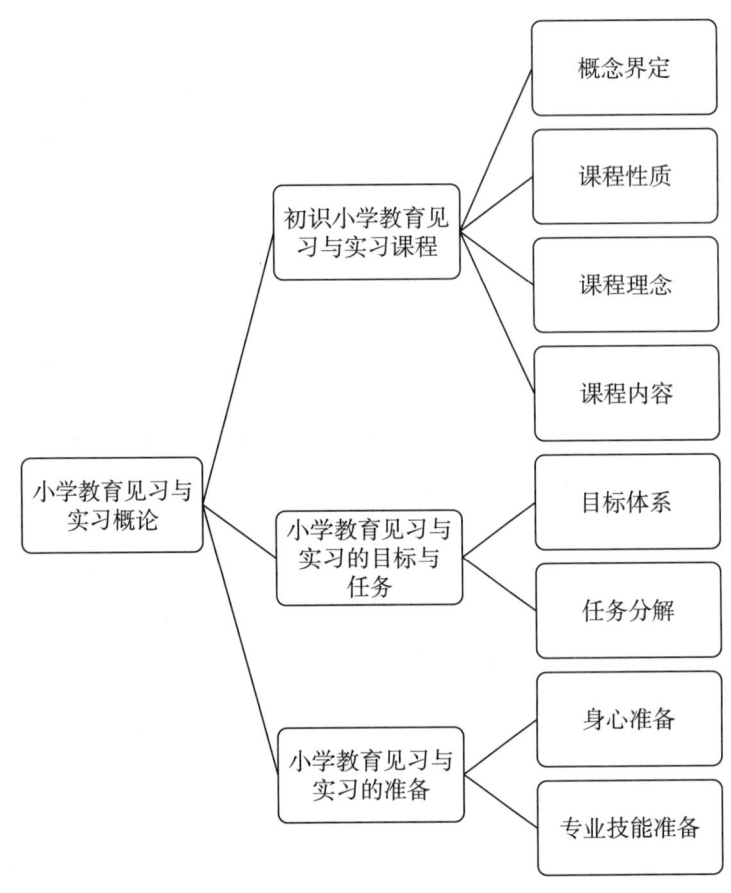

第一节　初识小学教育见习与实习课程

教师教育类专业课程一般由理论课程、实践课程和毕业论文（设计）等三类课程构成。其中，实践课程的主要构成部分是教育见习和教育实习。自教师教育兴起以来，教育实践学习就备受重视。例如，创办于1896年的南洋公学师范院，为满足职前教师实习需求，专门设立了类似于现在高校附属学校性质的"外院"。教育见习与教育实习既相互关联又各自独立，教育见习主要帮助职前教师（师范生）感知和体验学校教育实践，而教育实习则是帮助职前教师在真实的教育实践中经历和反思教师工作。职前教师处于教师专业发展的"虚拟关注"[①] 阶段，这一阶段的专业学习可能会出现难以接受或部分接受新的、更合理的教育观念，以及专业活动范围仅局限于特定领域的问题。教育见习和教育实习有助于唤醒职前教师的专业发展意识，不断提升教育实践感和教育实践能力，有效促进职前教师专业发展。本书所述职前教师，是指那些尚未正式进入教育领域，但正在接受教师教育培训或准备成为教师的个体，包括师范专业学生（师范生）、师范专业见习生和实习生等。在正式开启小学教育见习与实习之前，了解小学教育见习和教育实习的内涵和课程建设思路是十分必要的。

一、概念界定

教育见习和教育实习是教师教育领域的常用术语，进一步明确其内涵，对于提高小学教育见习和实习的针对性有重要意义。

（一）教育见习与小学教育见习

教育见习是教师教育专业实践教学的起始课程，是完成后续的教育实习、教育研习等课程任务的先修课程。自教师教育兴起以来，国内外师范院校高度重视教育实践教学环节的设置与实施，尤其重视教育实习，对教育见习的重视程度稍弱。近些年来，高等师范院校普遍意识到，教育实践教学不是职前教师毕业前的"一锤子买卖"，而是需要通过分散的方式将教育实践安排在各学年，以保证职前教师教育实践感和教育实践能力的持续发展。教育见习恰恰弥补了教育实践过程的短板，正式成为教师教育课程体系的重要组成部分。

近年来，教师教育领域多将教育见习视为不言自明的概念。尽管业内人士对此概念有较为准确的认知，但还是有必要对其做出准确界定。《普通高等学校本科专业类教学质量国家标准》对教育类本科专业教育见习课程的界定是："学生在教师指导下，在教育机构进行的有关教育、教学、教研与管理工作的观摩和学习。"[②] 这一界定强调了教育见习的四个要点：一是发挥教师对学生的指导作用；二是教育见习的场所是各类教育机构；三是教育见习的内容是教育、教学、教研和管理工作；四是教育见习的方式是观摩和学习。《教育大辞典》对教育见习的界定是："师范院校的教学环节。学生在教师指导下，对中小学和幼儿园的教育、教学、学校生活各方面工作及其设施进行观察与分析；一般不参加实际工作。分散在各学年或在实习前结合教育课程集中进行。"[③] 这一界定强调了教育见习的六个要点：一是教育见习的课程定位，教育见习是实践教学环节

[①] 叶澜，白益民，王枬，等. 教师角色与教师发展新探 [M]. 北京：教育科学出版社，2001：282-288.
[②] 教育部高等学校教学指导委员会. 普通高等学校本科专业类教学质量国家标准（上）[M]. 北京：高等教育出版社，2018：71.
[③] 顾明远. 教育大辞典：增订合编本（上）[M]. 上海：上海教育出版社，1998：756.

的重要组成部分；二是教师对学生的指导作用；三是教育见习的场所是中小学和幼儿园；四是教育见习的内容是学校教育、教学、生活等方面工作及设施；五是教育见习的方式是观察与分析；六是教育见习的安排方式是分散在各学年或在实习前。

从教育见习的具体实施情况看，各师范院校对教育见习的认识和实践强调了以下要点：一是将教育见习纳入实践教学环节；二是把高校教师和中小学教师相结合的"双师"作为见习指导教师；三是延续到基础教育学校实践的优良传统；四是教育见习有明确的目标要求和内容范围；五是坚持以现场观摩和学习为见习方式；六是将教育见习课程分散设置于不同学年。

小学教育见习是小学场景中的见习活动，遵循教育见习的一般内涵和特点，本书对小学教育见习界定如下：小学教育见习是在见习指导教师和小学教师"双师"的指导下，针对小学学校教育教学等工作的现场观摩体验学习。小学教育见习是小学教育专业实践教学的重要环节，分散设置于小学教育本科专业学习的前三个学年。

（二）教育实习与小学教育实习

教育实习是沟通教育理论和教育实践的重要桥梁，是职前教师将专业所学运用于教育事件现场的重要途径。如前所述，自教师教育兴起以来，国内外院校对教育实习就倍加重视，与之相应的学术研究也较多，对教育实习的定义业已形成共识。

与教育相关的辞书或百科全书，几乎都有"教育实习"词条。《普通高等学校本科专业类教学质量国家标准》对教育类本科专业教育实习课程的界定是："学生在教师指导下，在教育机构进行的教育、教学、教研与管理实践活动。"[①] 这一界定强调了理解教育实习概念的四个关键：一是教师的指导作用；二是教育实习场所是教育机构；三是教育实习涵盖教育、教学、教研和管理等领域；四是教育实习的本质是教育实践活动。《中国大百科全书·教育》对教育实习的界定是："师范院校高年级学生到初等或中等学校进行教育和教学专业训练的一种实践形式……是师范教育培养合格中小学教师的综合实践环节。"[②] 这一界定同样强调了理解教育实习概念的四个关键：一是教育实习主体是师范院校高年级学生；二是教育实习场所是基础教育学校；三是教育实习的内容是教育和教学专业训练；四是教育实习本质上是一种综合实践活动。《教育大辞典》对教育实习的界定是："师范院校高年级学生的教育、教学实践活动。包括参观、见习、试教，代理或协助班主任工作及参加教育行政工作等。师范院校教学环节之一。理论联系实际的重要环节。"[③] 这一界定强调了理解教育实习概念的六个关键：一是教育实习的主体是师范院校高年级学生；二是教育实习的内容是教育和教学工作；三是教育实习的实施方式包括试教、代理或协助班主任等；四是教育实习的本质是教育实践活动；五是教育实习是师范院校教学环节之一的课程定位；六是教育实习是理论联系实际的重要环节的

[①] 教育部高等学校教学指导委员会. 普通高等学校本科专业类教学质量国家标准（上）[M]. 北京：高等教育出版社，2018：71.

[②] 中国大百科全书总编辑委员会《教育》编辑委员会. 中国大百科全书·教育[M]. 上海：中国大百科全书出版社，1985：174.

[③] 顾明远. 教育大辞典：增订合编本（上）[M]. 上海：上海教育出版社，1998：773.

课程定位。

从近年来教育实习的实施情况看，各师范院校普遍对教育实习强调了以下六个要点：一是将教育实习作为实践教学的重要构成部分；二是以高校教师和中小学教师相结合的"双师"为教育实习指导教师；三是延续到基础教育学校实习的优良传统；四是教育实习有明确的目标要求和内容要求；五是以真实育人场景的真实体验和实操为理论联系实际的实现方式；六是将教育实习课程集中安排在高年级的整个学期。

小学教育实习是小学教育场景中的实习活动，遵循教育实习的一般内涵和特点，本书对小学教育实习界定如下：小学教育实习是在专业教师和小学教师"双师"的指导下，在小学学校教育教学等工作现场开展的理论联系实际的小学教师工作体验和实操。小学教育实习是小学教育专业实践教学的重要环节，集中设置于小学教育本科专业学习的第三学年后半段或第四学年前半段。

二、课程性质

《教师教育课程标准（试行）》（以下简称"《标准》"）体现了国家对教师教育机构设置教师教育课程的基本要求，是教师教育课程建设的重要依据。《标准》强调了"实践取向"的理念，要求教师教育课程应强化实践意识，关注现实问题，发展实践能力，形成实践智慧。《标准》在小学职前教师教育课程目标部分，强调要引导未来小学教师理解小学生生活经验和现场资源的重要意义，凸显了小学教育实践体验、反思和创新的重要性。《标准》将"教育实践与体验"作为三大目标领域之一，明确规定了观摩、参与和研究等三个层次的教育实践与体验目标，以及与之相对应的九个基本要求。小学教育见习与实习课程正是根据《标准》设置的小学职前教师教育实践教学环节必修课程。本课程旨在通过支持和引领小学教育本科学生观摩、参与和研究小学教育实践，落实《标准》对小学职前教师教育实践与体验的目标要求，提升职前教师未来从事教育实践工作的实践感、学习力和技能水平。本课程具有综合性、实践性、理解性等特性。

（一）综合性

本课程的目标具有综合性。小学教育见习与实习课程是直接承载《标准》关于教育实践与体验目标领域的课程，实现了观摩、参与和研究等三个层次的纵向关联，体现了小学教育实践经历与体验的层次复合。

本课程的内容具有综合性。小学教育见习与实习课程横向关联了小学课堂教学、班队活动、学生发展、教育管理、教研活动、教育实践问题研究等诸多领域的内容，体现了小学教育实践经历与体验的内容整合。

（二）实践性

小学教育见习与实习是沟通小学教育理论与小学教育实践的桥梁，是小学教育知行合一的过程，注重学生在观摩、参与和研究的过程中提升小学教育实践感和发展小学教育实践能力，引导学生在实践中发现、分析和解决问题，在经历和体验的过程中逐步形成教师职业信念和敬业精神。

（三）理解性

本课程的学习过程强调理解。作为典型的实践教学环节，小学教育见习和小学教育实习主要发生在小学教育教学和管理等活动现场。无论是分散于各学年的教育见习，还是集中于高年级的教育实习，都有明确的实践目标、实践内容和考核要求，追求身临其境的真实体验与理解，避免走马观花式的浅层观看。

本课程的学习结果强调理解。本课程的考核要求贯彻"践行师德、学会教学、学会育人、学会发展"的"一践行三学会"的要求，完成见习报告、教学设计、试讲、正式上课、设计和组织班队活动、教育实践问题研究等实践考核成果。若非高投入地切身参与体验，很难获得高质量的成果。

三、课程理念

（一）坚持以强化教师职业认同和坚定教育信念为导向

本课程以培养有理想信念、有道德情操、有扎实学识、有仁爱之心的"四有好老师"为根本遵循，始终将践行师德的育人要求放在首位，注重挖掘小学教育实践在培育职前教师专业理念与师德、专业知识和专业能力方面的价值。将教师职业认同教育和教育信念教育贯穿教育实践教学全程，引导职前教师树立正确的教育观、教师观和学生观，尊重和崇尚教育事业，不断提升教育实践能力、创新意识和社会责任感，成长为爱教育、懂教育、会教育的具有卓越教师潜质的教育人才。

（二）坚持以引导职前教师有质量地亲历小学教育实践为核心

本课程关注职前教师的专业成长，将"有质量"和"亲历"作为职前教师介入小学教育实践的核心指标。"有质量"是目标要求，"亲历"是过程要求。"有质量"强调职前教师在教育见习与实习各环节都学有所得、所思、所悟、所获，以高质量的教育实践确保每一位职前教师都有真成长。"亲历"强调每一位职前教师都要深度介入和经历教育见习和实习各环节，亲身参与和体验，通过小学教育真情实境的高质量介入支持职前教师专业发展。

（三）强调小学教育理论与小学教育实践的联系

本课程主张小学教育理论与小学教育实践相结合，以"学用合一"为理论联系实践的基本方式。"学用合一"是三重内涵的统一，即先学后用、先用后学、边用边学。在职前教师培养过程中，有的内容应该先学后用，即先进行教育理论学习，再通过教育实践加以印证或强化；有的内容应该先用后学，即先在教育实践中观察和体验，再通过相关的教育理论来解惑释疑；有的内容应该边用边学，即教育理论和教育实践不可分割，理论与实践交织在一起，共同构成问题解决的完整性。"学用合一"意味着职前教师在当下或未来不会偏执于理论或实践的某一端，而是能够根据复杂情境善于选择适当的学理或策略面对、分析或解决问题。

（四）注重小学教育实践工作必备的能力和技术实训

本课程为小学职前教师培养和掌握小学教育实践工作必备的能力和技术提供可能。教育见习和实习的过程强调职前教师的直接体验和亲身参与，注重学用合一，激发职前教师介入小学教育实践的主动性、积极性和创造性，引导将小学教育理论与小学教育实践相结合，在课堂教学、班主任工作、教育实践问题研究三大能力和技术领域达到熟练水平。其中，课堂教学所需的能力和技术包括教学设计、教学实施、教学管理、教学评价等；班主任工作所需的能力和技术包括班级组织管理、班级常规管理、班级活动管理、班级教学管理、德育工作等；教育实践问题研究所需的能力和技术包括问题发现、研究设计、研究方法确定、成果提炼等。

四、课程内容

根据《标准》关于教育实践与体验目标领域的基本要求，结合近年来高等师范院校小学教育专业教育见习与实习的实践情况，本书将小学教育见习与实习的课程内容确定为"二模块八部分"。"二模块"指学理模块和操作模块，共包含八个部分。

（一）学理模块内容

第一部分是"小学教育见习与实习概论"，由三方面内容构成。第一方面是"初识小学教育见习与实习课程"，包括概念界定、课程性质、课程理念和课程内容等内容。第二方面是"小学教育见习与实习的目标与任务"，包括目标体系、任务分解等。第三方面是"小学教育见习与实习的准备"，包括身心准备和专业技能准备等。

第二部分是"小学教育见习与实习的历史与现实"，由两方面内容构成。第一方面是"小学教育见习与实习的历史沿革"，包括小学教育见习与实习在初创时期、成型时期和发展时期的沿革以及分析与评论。第二方面是"小学教育见习与实习的当代实践"，从目标指向、组织与管理、总结与评价等方面呈现了英国、美国和日本等西方国家的小学教育见习与实习的实践状况，分析其对优化我国小学教育见习与实习的借鉴价值。

第三部分是"小学教育见习与实习的理论基础"，由三方面内容构成。第一方面是"理论与实践关系理论"，涉及知行关系、理论与实践的关系。第二方面是"实践性知识理论"，包括实践性知识的研究缘起、意蕴及其和小学教育见习与实习的关系等内容。第三方面是"教师专业化理论"，包括教师专业化运动的兴起与发展、教师专业化对教师素质的新要求、小学教育见习与实习为小学职前教师职业生涯奠基等内容。

（二）操作模块内容

第四部分是"小学教育观摩"，由四方面内容构成。第一方面是"小学教育观摩概述"，包括小学教育观摩的含义与特点、基本类型、实施程序、优点与局限等内容。第二方面是"小学课堂观摩",包括小学课堂观摩的含义、框架与视角、记录方式、操作程序等内容。第三方面是"小学教育活动观摩",包括小学教育活动观摩的性质、观摩记录的重要性、观摩记录的分类等内容。第四方面是"小学教育观摩案例",包括提问技巧观摩案例和小学课堂管理观摩案例等内容。

第五部分是"小学教学见习与实习",由五方面内容构成。第一方面是"小学教学目标的分析与确定",包括小学教学目标的设计依据、取向与类型、设计与表达等内容。第二方面是"小学教学内容的理解与处理",包括沟通教材与生活的联系、加强小学教材内容之间的联系与整合、挖掘小学教学内容的内涵等内容。第三方面是"小学教学情境的分析与创设",包括小学教学情境的要素与结构、功能与作用、类型及特点、创设的思路及方法等内容。第四方面是"小学教学活动的分析与设计",包括小学教学活动的类型、一般过程、设计的基本要求等内容。第五方面是"小学教学策略的选择与运用",包括小学教学策略选用的方法论、几种常用的小学教学策略等内容。

第六部分是"小学班主任工作见习与实习",由三方面内容构成。第一方面是"小学班主任的角色与责任",包括小学班主任的角色、责任等内容。第二方面是"小学班主任应有的工作对象认识",包括认识小学生、认识小学班集体等内容。第三方面是"小学班主任工作的任务与方法",包括小学班级环境建设、组织建设、文化建设、常规管理、活动开展等内容。

第七部分是"小学教育实践问题研究",由三方面内容构成。第一方面是"小学教育调查研究",主要包括小学教育调查研究对职前教师的意义、小学教育调查设计的关键点、小学教育调查研究的结果呈现等内容。第二方面是"小学课堂观察研究",主要包括小学课堂观察研究的内涵与特点、对职前教师的意义、设计与实施、结果呈现等内容。第三方面是"小学教学案例研究",主要包括小学教学案例研究的内涵与特点、对职前教师的意义、结果呈现等内容。

第八部分是"小学教育见习与实习评价",由三方面内容构成。第一方面是"小学教育见习与实习评价概述",包括小学教育见习与实习评价的含义、功能、原则、类型、现存问题等内容。第二方面是"小学教育见习与实习评价的内容与方案设计",包括小学教育见习与实习评价的内容、方案设计等内容。第三方面是"小学教育见习与实习评价的新方法",包括档案袋评价、统一考核法、公开课法等内容。

第二节　小学教育见习与实习的目标与任务

一、目标体系

《标准》指出要在观摩、参与和研究教育实践的经验与体验中培养小学职前教师的教育教学能力。作为教育实践的主要构成部分,教育见习与实习有其目标体系,明确教育见习与实习的目标体系，可为小学职前教师开展教学实践提供清晰的方向指导。

（一）具有观摩小学教育实践的经历与体验

进入小学校园伊始，职前教师可以通过观摩，简单、快速地了解一所小学校及其教育教学概况，直观感受小学教育教学开展的真实情况，初步建立对小学教师职业的感性认识。根据教育场景的不同，可以将观摩划分为课堂教学观摩、班级管理观摩以及教研活动观摩。

课堂教学观摩是小学职前教师了解课堂教学的规范与过程的第一步。与在校期间的"微格"训练课程不同的是，在课堂教学观摩中，小学职前教师可以充分感受一堂真实的课是如何发生的，其中包括任课教师的课前教学准备、上课时对教学内容和节奏的把控、教学过程中方法和手段的选择、课堂上师生之间的真实互动，甚至突发特殊情况时教师的处理方式等。课堂教学是职前教师走上岗位后最重要的工作之一，课堂教学观摩既为小学职前教师向优秀教师学习搭建平台，也为职前教师适应从学生到教师的身份转变奠定心理基础。

班级管理观摩是小学职前教师了解小学班队活动、班级管理的内容和要求，感受班主任工作的重要环节。班级管理是班主任工作的重要内容之一，小学职前教师可以通过观摩优秀班主任的班级管理方法积累班级管理的经验，培养班级管理能力。《小学教师专业标准（试行）》明确指出，小学教师应该具备建立良好师生关系、组织实施好少先队组织生活等集体活动、妥善应对突发事件等专业能力。关于管理的定义，有论者认为管理是管理者为了有效地实现组织目标、个人发展和社会责任，运用管理职能进行协调的过程。[①] 这一定义同样点明了班级管理的几大要素：组织、目标、主体、方法和手段。我们可以将这管理五要素运用到班级管理，从而明确小学职前教师在班级管理观摩中要关注小学班级特点、组织架构的搭建、班级共同目标的确立、学生管理以及管理手段方法的选择等。

教研活动观摩是小学职前教师了解教研活动的重要途径。观摩小学教研活动有助于小学职前教师培养问题意识与研究意识，加深对教育教学的深刻理解。《小学教师专业标准（试行）》指出，小学教师应形成师德为先、学生为本、能力为重、终身学习的专业发展理念。在实际教育教学中，终身学习理念浸润在学校的常规教研活动中，小学职前教师通过观摩学校教师教研活动，感受在职教师研究教育理论、研究学生、研究教材、交流反思教学实践、分享教学经验、实现共同成长的过程，能更好地了解教研活动过程，感受集体教研的良好氛围，建立对教研活动的正确认识，为未来开展教研工作奠定基础。

（二）具有参与小学教育实践的经历与体验

观摩一定程度上只能为小学职前教师带来对小学教师职业的浅显感知。教育教学是一门实践的艺术，职前教师需要积极参与教育实践，在丰富的实践中积累经验、发展专

---

① 周三多，陈传明，鲁明泓. 管理学——原理与方法［M］. 3版. 上海：复旦大学出版社，1999：434.

业能力。在教育见习与实习过程中，小学职前教师可参与课程教学、班级活动、校本教研等实践活动。

参与课程教学是检验职前教师是否形成良好的教学能力和教育机智的重要手段。小学职前教师应学习设计完整的教学方案并加以实施。在教学设计阶段，职前教师要学会备课，不仅要"备自己、备教材、备课堂"，还要"备学生"，深入了解小学生发展特点以及跟班学生学情，设计更适用的教学方案；教学实施过程中，要学习根据学生行为不断调整教学节奏，确保教学目标的落实，还要学习遇突发情况时如何及时运用教学机智保证课堂的顺利推进；课程结束后，学习合理安排课后作业，关注不同层次学生的学习需要，同时学会及时反思并记录教学不足之处。

参与班级活动是锻炼小学职前教师组织与沟通能力的有效途径。在见习与实习过程中，小学职前教师可参与的班级活动主要包括班队活动和家校沟通。班队活动是学校德育的重要阵地，同时也对凝聚班集体有重要作用。第一，班队活动的设计与组织讲究时宜，既可以围绕特定主题开展，也可以就班级管理时突发事件开展。此外，需关注小学生发展的阶段性特征并围绕班内学生的实际问题设计实施班队活动，确保班队活动目的的有效达成。第二，家校沟通是班级管理中不可忽视的部分，是形成家校合力的第一步，关系到整个班级的建设与发展。小学职前教师在见习与实习时要尝试积累与家长沟通的经验，包括如何开家长会、遇突发事件如何与家长沟通、如何让家长参与班级事务等。

参与校本教研是与小学职前教师和在职教师深度对话与交流的有利方式。通常情况下，校本教研有集体备课、课题研究、专家引领等多种形式。校本教研的问题来源于学校教学过程中的真实问题，具有明显的学校特色。小学职前教师参与校本教研，不仅能培养自己的问题意识，还能在与在职教师讨论过程中感受教育实践中问题解决的思路与方法，感受教育理念与真实事件有机结合的生动案例。

（三）具有研究教育实践的经历与体验

自 20 世纪 70 年代以来，教育界发出了"教师即研究者""教师是反思的实践者"等新的声音，这些声音都指向教师需要拥有研究能力。能发现、研究并解决教育教学过程中的问题，逐渐成为新时代教师专业能力良好的一种体现。

问题意识源于每一次教学反思。职前教师在校学习期间主要学习教育理论知识，而在观摩、参与教育实践的过程中，应善于观察、捕捉、思考教育实践中产生的问题，在课堂教学和师生互动中发现问题，培养良好的批判性思维和反思能力，在理论与实践相结合的反思性研究中实现教师专业发展。

研究设计是研究型教师养成跨出的第一步。进行研究设计需了解教育实践研究的一般方法、实施与结果呈现方式。因教育教学活动的特殊性，教育实践研究方法的选择和实施结果的呈现并不会像其他研究一样程序清晰，大多遵循行动研究的范式，即在教育实践中研究、解决问题，又在新问题上继续开展研究。

开展研究意味着教师既是实践者也是研究者。职前教师应尝试在见习与实习中主持或参与针对小学教育实践的科研活动。其实，职前教师在见习与实习过程中形成的教学方案、实习记录、访谈记录、调查报告等都可以说是教育研究的体现。不拘于传统的研究形式，在实践中开展研究，在研究中提高实践能力，是职前教师在见习与实习过程中需要关注的问题。

二、任务分解

小学教育见习与实习是一门理论与实践紧密结合的课程，明确小学教育见习与实习的目标体系后，细化课程的主要任务有助于规范职前教师见习与实习的行动。见习与实习的主要任务既前后递进又有明显差异。见习的核心任务是感受了解教师的工作环境、工作内容，建立对教师角色的正确认知，为未来胜任教师工作做准备。实习的核心任务是实践，是职前教师在真实环境中亲身尝试教师工作，为正式踏上教师岗位做能力上的锤炼。小学教育见习与实习的任务可分解为以下四部分。

（一）学校观摩与见习

学校作为教师工作的大环境，其蕴含的或隐或显的特点能潜移默化地影响教师工作。在小学教育见习与实习初期，职前教师要善于从学校概貌了解其发展特点与育人特点，从而提高入职后的适应能力。对学校的整体感知，可分为了解学校的外显特征和内在特质两个方面。

学校的外显特征体现在学校规模、校园环境、组织结构等方面。其一，学校规模即学校的建制情况，包含在校师生人数、班级数量、学校历史、机构设置等。其二，校园环境是职前教师在见习与实习过程中最能直观感受到的，学校设施的外观、布局、设计无不彰显一所学校的特色，展现学校育人理念。其三，清晰合理的组织架构是一所学校有序运行的前提。在见习与实习过程中，小学职前教师需了解学校的组织结构，明确自己所处位置和作用，保持与各部门间的良好联系，以确保工作的有序推进。

学校的内在特质体现在课程建设、教学风格、学校文化、教师队伍、学生特征等方面。第一，课程建设既体现学校的教学水平，也体现学校的育人特色。职前教师需了解所在学校是否形成适合本校的课程体系、课程体系有何特点、课程框架等相关信息。第二，课程体系孕育出独有的教学风格，职前教师在观摩学习中就能感受到所在学校的整体教学风格。第三，学校文化是学校发展的内核，了解所在学校的文化，有助于把握学校育人的整体方向。第四，教师队伍体现了一所学校的精神风貌，见习与实习期间要关注所在学校教师的任教水平、教学风格以及教育理念。第五，学生特征是见习与实习过程中不容忽视的，了解学生生源、学习能力、性格特征等都是有效开展教学工作的前提。

（二）小学课堂教学见习与实习

课堂教学是学校工作的中心环节，是实现素质教育和基础教育课程改革目标的主要渠道。[①] 职前教师感受并亲自实践课堂教学是小学教育见习与实习的主要任务之一。在见习与实习前，职前教师要了解学校教学发展的背景，了解学校在新课改背景下课程发展历程，为之后理解、感受学校教学奠定知识基础。做好见习与实习准备后，根据课堂教学的程序，可以将课堂教学见习与实习任务分解如下。

在课堂教学见习时，职前教师既是"学生"也是"观察者"。职前教师作为"学生"需将自己融入课堂，和课堂内的小学生形成学习心理上的同步，在感受课堂教学的真实情形的同时奠定教学实习的心理基础。职前教师作为"观察者"需善于捕捉记录课堂教学过程中的师生状态，理解课堂教学中师生互动的心理和行为变化。课堂教学中的见习任务可分为三个。第一，做好课前跟学准备。调整好自身心理状态并做好见习课程的预习工作，了解跟班学生学情，理解任课教师教学环节的设计意图，保证课堂教学过程中始终保持学习与观察的状态。第二，观察记录课中的师生状态。既要在课中以学生的心态感受教学，同时也要观察教师呈现的教学材料、运用的教学工具与方法，教师的基本功情况、教学组织与管理能力以及学生的学习反馈。第三，跟进学生的课后学习情况，观察教师针对不同类型学生进行怎样的辅导、如何设计安排课后作业、如何进行学生评价与教学反馈等。

在课堂教学实习时，职前教师要明确自己"教师"的角色，以一名"准教师"的标准要求自己。小学课堂教学实习任务有四个。第一，学会备课。常言道：备课有"三备"——备教材、备学生、备教法。但随着课堂形态的不断丰富，课堂教学的随机性和生发性不断增强，"三备"往往不能满足课堂教学，需追求更丰富的备课——"备自己、备教材、备学生、备课堂"。"备自己"即教师应了解自己、丰富自己。在备课阶段，教师应了解自身的教学特点，发挥自身优势，推进教学实施。同时，备课过程中要不断补充新知识，丰富自身知识储备，以应对课堂突发情况。"备教材"即深入解读教材、剖析教材。职前教师常会走进"教教材"的误区，忠实教材本无过，但还应学习积累对教材的再理解与开发利用。"备学生"是要深入了解班级学生情况，如整体学习水平、薄弱项和优势项、特殊学生情况等，根据学情设计适宜的教学方案，帮助教学目标的落实。"备课堂"即形成完善的课堂组织与管理策略，如营造良好课堂氛围、组织学生参与课堂、充分准备对突发特殊情况的应对等。第二，学会说课。好的说课既突显教师的教学思想、教学能力和教学境界，又考验教师的逻辑思维与组织表达能力。说课关注教学理念、教学内容的选择与呈现，说课需说清教学环节、教法学法、教学流程、设计意图以及教学蕴含的教育思想。第三，学会上课。上课是落实教学目标的核心环节，也是职前教师认为的最困难的一个环节。上课需关注课堂的诸多细节，如教师仪态得体、语言表达简练准确、教法运用得当、教学环节时间掌握较好、教学流程紧凑流畅、学生评价生动、具有针对性，等等。第四，学会评课。评课有很多维度，结构化评课是职前教师最易上手的一种方式。将一堂课的教学用时、教学手段、效果达成度、学生表现等情况分环节呈现，能帮助职前教师快速厘清一堂课的结构和特点，从而作出针对性评价与反思。

---

① 陈时见. 中学教育见习与实习［M］. 北京：北京师范大学出版社，2015：12.

（三）小学班主任工作见习与实习

班主任是班级的组织者和管理者，是学生养成良好品德，形成正确世界观、人生观、价值观的引导者，是各科教师之间、家校之间沟通的桥梁。班级的建设与发展离不开班主任工作。班主任工作质量很大程度上能影响班级学生的发展、影响班风与学风的形成。

小学教育见习重在职前教师对班主任工作的感知与理解，具体任务有以下三个。第一，了解班级日常管理。包括了解班级整体情况、班级秩序的建立、学生规则意识和责任意识的形成、班级内部集体荣誉感的培养、班委会工作等。见习期间，职前教师要感受班级日常运行情况、了解小学班主任一天的班级管理流程等。第二，班级活动包括班会、队会、文体活动和社会实践活动。班级活动的组织与开展不仅能增强学生之间的交流，同时还能使班级快速形成班级凝聚力，且能帮助班主任深入了解学生特长、性格，为班级管理提供方向。见习期间，职前教师需观察班主任如何选择、设计、组织、实施班级活动，并关注其间班主任的德育、个别教育等情况。第三，观察家校沟通。家校沟通是班主任管理好班级的重要一环。见习期间要了解班主任如何做好学生家庭环境摸底工作，如何与家长有效沟通，如何让家长参与班级建设，以促进家校合力的形成。

在实习期间，职前教师需转变为"实习班主任"角色，尝试实践班主任工作，包括以下几点：掌握班级整体情况、处理班级日常事务、组织班会（队会）等团队活动、进行个别教育、家访、指导学习、开展课外活动等。这些工作可划分为三个方面的内容。第一，班集体建设。班级与班集体有一定区别。班集体是良好班级建设的体现，良好的班集体是实现教育教学任务的基础。在组建班集体的过程中，实习班主任要学习如何确立班级的奋斗目标、制订班级工作计划、选拔和培养学生干部、组织班会等；合理利用资源，把握时机，组织和指导学生参加课外活动、社会实践以及校内外其他集体活动；同时学习掌握小学生行为习惯训练的技能，合理运用奖惩等方法引导班级学生养成好习惯。第二，个别教育。小学生的自我意识不断发展但意志力较弱。小学时期是学生行为习惯、性格养成的关键时期。这要求实习班主任通过跟班听课、参加班级活动、和学生交朋友、查阅各种资料等形式，捕捉和研究跟班小学生的思想情感变化；掌握和小学生交流的技巧，帮助学生对自己和环境有正确的认识，改变不良态度和行为，对校园生活有良好的适应；掌握处理突发事件的技能和方法，并设计处理方案；尝试定期进行学生操行评定。第三，教育合力。班主任是班级形成教育合力的关键因素。在校内，班主任要沟通连接好各科教师、学校各级教育管理组织，形成保障学生成长的校内教育合力；在校外，班主任代表学校，起着沟通学校与社会、家庭的桥梁作用，把学校教育同社会教育、家庭教育协调统一起来，最终形成促进学生健康成长的教育合力。这要求职前教师积极投身于班级教师集体建设中，如协同各任课教师确定并共享共同的教育目标，努力促进任课教师与学生之间的和谐互动与有效沟通，学习与家长沟通交流的方法和技巧等。

（四）小学教育实践问题研究

职前教师在实习期间接触的教育教学研究的主题一般是小学教学现状、教学规律、教学方法、学生的学习特点、学习心理以及优秀教师的教学经验等。职前教师在见习与实习过程中要善于发现教学中常见且突出的实践问题，并学会在实践中做研究。在尝试开展教育实践问题研究时关注以下四点：第一，选题源于教育实践。在见习与实习期间，职前教师要注意关注教育实践问题而非教育理论研究，也不要关注验证某个重要的研究假设。因此，教育实践问题研究要求职前教师在教育实践中对其观察和实践中的具体问题进行反思和研究，如教师基本功的提升、教学方案的设计、教学方法的使用等。同时，问题的选择要观照教育现实，且从小问题着手。小问题有利于职前教师开展研究，也更利于研究的深入推进。第二，研究设计以改进教育为目的。教育实践问题的研究是改进教育的研究，是置身教育的研究，是为了教育的研究，其目的是实现教育教学实践研究的理性提升。研究设计的目的和最终落脚点是回归教育实践，解决实践问题，提升教学质量。第三，研究方法更具有操作性。教育实践问题常出现在教育情境中，具有及时性特点，因此职前教师可尝试用相对简易的、可操作的方法对研究问题进行处理。通过讨论、观察、调查、反思等方法也可以进行教育实践问题的研究。第四，研究成果呈现形式多样。职前教师教育实践研究成果的表达形式不限于论文，也可以是调查报告、教学设计、实践展示、反思日记等。研究成果的生成旨在让小学职前教师在深入理解和实践研究流程的基础上，能根据研究和调查的核心内容，写出具有实质意义的研究成果报告或文献。

第三节　小学教育见习与实习的准备

在了解了小学教育见习和教育实习的内涵、特点、意义、目标与任务之后，做好相关准备是正式开启教育见习和实习的铺垫。职前教师需要具备良好的身心准备和专业技能准备，才能更好地在实践过程中搭建起沟通小学教育理论与小学教育实践的桥梁，成为爱岗敬业、品德高尚、学生爱戴的高素质教师，并始终践行"四有好老师"的根本特质，为我国教育事业的高质量发展、实现中华民族伟大复兴做出贡献。

一、身心准备

教师是人类灵魂的工程师，是人类文明的传承者。教师做的是塑造灵魂、塑造生命的工作。教师角色的复杂性、多样性决定"教师"这个活，不仅是个智力活，而且是个体力活。因此，做好身心准备，是每个职前教师搞好教育见习与实习的基本前提。身心准备包括以下五个方面。

（一）健康的体魄

健康的体魄能够帮助职前教师在日常生活学习中充满活力。教师为什么也要有健康的体魄？其原因有三点：一是在校工作时间长；二是受众即学生多；三是工作性质和工作方式很特殊。教师面临的是活生生的、各色各样的学生以及不同学生在教育现象中的不同反应，这无疑表明教师的工作是一项富有挑战性、创造性、延时性的复杂工作。再者，教师承担着培养社会主义建设者和接班人、促进学生德智体美劳全面发展与个性发展、提高国民素质的重任。在21世纪的今天，国家和社会更需要培养能够解决现实情境中的复杂问题和挑战的全能型人才和业务专家，以便践行终身教育理论，打造学习型社会。教师自身没有健康的体魄，如何适应高速发展的社会需求呢，又如何培育时代新人呢？

教师怎样才能拥有健康的体魄？懂养生保健很重要，如要经常进行体育锻炼。研究表明，体育锻炼能够促进学生的智力发展，有效调节学生不良情绪状态，促进学生健全人格的塑造，提高学生的社会交往能力与适应能力，培养学生的坚定意志力与顽强精神。[①] 教师也不例外，要想拥有健康的体魄，就要进行适宜的体育锻炼。此外，摄入均衡的营养、保持充足的睡眠、拥有乐观的心态，也有助于教育教学工作事半功倍。

（二）得体的言行

教师角色具有示范性的特点，学生的向师性很强。古语云："桃李不言，下自成蹊。"法国著名教育家卢梭认为：教育的艺术是使学生喜欢你教的东西。如何组织语言准确清晰地传达给学生尤为重要。此外，小学教师的普通话水平不低于二级甲等；会使用各种体语说话；会使用规范用语；善于分清场合讲话；个人言行要能守住道德底线。

作为新时代学生锤炼品格、学习知识、创新思维、奉献祖国的"四个引路人"，强化学生四种关键能力（即认知能力、合作能力、创新能力、职业能力培养）[②] 的责任者，教师要努力提高自己于语言艺术方面的造诣，规范自己的行为准则。相信每一位职前教师都能有所准备，在今后的实际教学过程中，通过自身的人格魅力和道德修养，言传身教地去感染和影响学生。

（三）端庄的仪表

教师形象主要受容貌、服饰、举止、言语等多种因素影响，前两者是可通过视觉观察的外在因素，后两者主要通过内在沉淀得以表现。往往给学生的第一印象在短时间内是通过外在形象来形成的，端庄的仪表更容易给学生安全感、信任感、亲切感，体现教师专业特性与内涵。在容貌上，教师应以自然、大方、优雅、从容的形象示人，打理好自己的头发，不染潮流发色，不要过分夸饰自己的妆容。在服饰的选择上，应遵循整

---

① 于天博，王玥. 体育锻炼之于学生心理教育的作用［J］. 中学政治教学参考，2019（27）：100.
② 中共中央办公厅 国务院办公厅印发《关于深化教育体制机制改革的意见》［DB/OL］. （2017-09-24）［2022-08-02］. http://www.gov.cn/zhengce/2017-09/24/content_5227267.htm.

洁、清新、干练的原则，以展现教师形象魅力。例如，在新学期第一节课或者赛课时，女教师化淡妆，将头发扎起来，穿白衬衫加黑长裤，穿稍带一点跟的高跟鞋，配上自信从容的笑容、温和清楚而有力的语言能更加分。

（四）坚定的信念

一个人可以弱小，可以卑微，但不能没有信念。信念是在危急时刻带领我们走出绝境、走向希望的一抹阳光，是在风霜雨露、严寒酷暑中帮助我们经受住考验的一丝坚韧。如果一个人没有坚定的信念，那么这个人就更容易被周围的环境所影响而失去主见。对于教师而言，在教育过程中遇到困难和失败难以避免，坚定的信念是每一个教师在教育岗位上播种希望的指路明灯。陶行知先生主张"生活即教育、社会即学校、教学做合一"的教育思想，奉行"千教万教教人求真，千学万学学做真人"的教育准则，提出"行是知之始"的教育策略，践行"捧着一颗心来，不带半根草去"的教育精神。在民族危亡时刻，他坚信结合中国国情的教育是在社会中进行的，于是创办了晓庄学校，提出了小先生制；他坚信用真挚的心和真实的情感才能够打动孩子的心灵、激发人与人之间的灵魂共鸣，坚信教育能够带给一个国家、一个民族希望。

教师的工作特性决定教师肩负着立德树人、培养社会主义事业的建设者和接班人的国家使命和社会责任。教师要树立正确的理想信念，努力成为"四有好老师"。教师还要树立爱国爱党、爱岗敬业、乐于奉献的人生理想，以更好地为社会主义现代化建设服务、为人民服务，实现促进教师个人发展与满足国家需要相统一。

（五）充分的自信

自信表示相信自己，保持一种健康的心理状态。自信是一种美好生活的态度，建立自信有利于使人在思想上变得乐观豁达，用智慧照亮前行路上的艰难险阻，激发生命力量。从古至今，自信得到了社会各界的积极评价。对于君子，《墨子·亲士》中写道："虽杂庸民，终无怨心，彼有自信者也。"自信源于胆量，根植于学识，培植于训练，升华于学问。自信给人力量，给人快乐。一个不自信的教师难以成为学生的"统帅"。当今的中国相较于百年前的中国可谓发生了天翻地覆的变化，我们比任何一个时代都有信心，比任何一个时刻都走得更加坚定从容。四个自信即中国特色社会主义道路自信、理论自信、制度自信、文化自信。其中，文化自信来源于五千年从未中断的文化底蕴；道路自信体现在我们始终坚持走中国特色社会主义道路。自信的传承，离不开教师的培育和引导，离不开教师的以身示范。

二、专业技能准备

教师有三项修炼：人格修炼、学识修炼、技能修炼。技能修炼是职前教师进入教学岗位所需要经历的。做好专业技能的准备，才能在教学管理实践中紧跟教育改革发展的步伐，不断积累经验，实现个体生命价值意义，主动推进教育改革创新，履行好教书育人的重要职责。专业技能准备包括教学设计能力、课堂教学能力、活动组织能力、班级管理能力和教育实践研究能力的准备。

（一）小学教学设计能力

教学设计在 20 世纪 20 年代由美国教育心理学家罗伯特·加涅（Robert M. Gagné）提出，经过了 30 年的发展，形成了相对成熟的第一代教学设计理论与模式。随着时代的发展和社会的进步，教学设计理论研究经历了转型期，学者们在教学原理、学习原理、综合学习设计、意义学习设计、教育目标分类、学习方式分类等方面推进了教学设计研究。[①] 在关于教学设计的研究中，众多学者对教学设计概念的理解大同小异。《教育大辞典》对教学设计的解释是：教学设计是研究教学系统、教学过程，制订教学计划的系统方法。[②] 这一界定强调了教学设计的三个特征：一是教学设计以系统方法为指导，把教学各个要素看成一个整体的系统，分析教育问题和教育现象，提高教学效果。二是教学设计的功能在于运用系统方法设计教学过程，使之成为一套具有操作性的程序。三是教学设计是实现教学目标的计划性和决策性的手段。教学设计要遵循教学过程的基本规律，选择教学目标，以解决教学问题。从小学教学实践来看，小学教学设计一般包括教学目标、教学重难点、教学方法、教学步骤与时间分配等环节。为此，职前教师进入教学领域前要学好教育学和心理学的知识，了解学生的认知基础和成长规律，解读见习和实习学科的《义务教育课程方案和课程标准（2022 年版）》，熟悉教案的写作格式，学会查阅教学资料，重点是设计好教学目标、教学内容与学习材料、问题与板书。

（二）小学课堂教学能力

课堂教学能力是指教师在教授某一具体学科所表现出来的一种特殊能力，这种能力是在教育教学过程中发展和提高的。[③] "教师的课堂教学能力是教师能力结构的核心，是影响学生学习成绩的关键因素。"[④] 可见，教师的课堂教学能力和教学成果之间有着紧密的联系。提前做好课堂教学能力方面的规划和准备，是每一位职前教师需要认真考虑的。因此，钻研教材、研究教育教学实践、明确课堂教学能力的重要性，有助于职前教师做好在教学实践中反复磨炼、提高实际教学能力的准备。重要的课堂教学能力有课堂导入技能、课堂纪律管理技能、板书设计技能、课堂教学反馈技能、听课评课技能等。就课堂导入而言，比较常用的方式包括：直接导入，如通过题目的解释、作者生平背景介绍、交代学习新课目来导入；复习导入，即复习巩固学过的知识，建立起新旧知识之间的联系，帮助学生用头脑中已有的经验理解新的知识；音乐、图片、影视、画作导入，这种方式能够迅速吸引学生，引发学生学习新课的兴趣；还有设疑导入、情境导入、故事导入等。除此之外，重视课堂纪律管理相关技巧的学习，形成自己的一套板书

[①] 盛群力，陈伦菊. 国际教学设计研究发展二十年探微 [J]. 开放教育研究，2022，28（3）：57—66.
[②] 顾明远. 教育大辞典：增订合编本（上）[M]. 上海：上海教育出版社，1998：718.
[③] 申继亮，王凯荣. 论教师的教学能力 [J]. 北京师范大学学报（人文社会科学版），2000（1）：64—71.
[④] Ahern J F, Gress J R. Teacher self-concept: some survival strategies. Psychological Review, 1986, 22(1): 41—45.

板画设计风格，学会用批判的眼光看待课堂教学，懂得如何去粗取精、如何进行课堂反馈和提问对于职前教师来说都非常重要。

在实际教学过程中，发现问题往往比解决问题更难。多提问则是发现教育教学问题的好方法，如利用怎样吸引学生探究新知、怎样启发学生活跃思维、怎样教会学生提问和质疑、怎样引导学生遵纪守法、怎样培养学生良好的学习习惯、怎样安排教学计划、怎样创设真实情境、怎样探究解决实际问题、怎样巩固提升等一系列提问来想方设法提高自己的教学技能，才能在素养导向的教育改革背景下，从知识维、情感维、认知与技能维出发，通过大概念加以统合，使学生在真实的生活中学会理解世界、理解他人、理解自我，[①] 成为有理想、有本领、有担当的新时代中国青年。

（三）小学活动组织能力

活动组织能力是教师顺利完成日常教育教学工作的核心能力之一，它贯穿教师的教育教学活动。"学习能够发生于所有可能的不同情境之中，很多学习必须在一个社会性的基础上被组织起来，因为复杂的社会结构使得社会成员拥有某种能力和在很多领域中某种程度的共同方向成为必需。"[②] 学校和社会是紧密联系的，无论是杜威的"学校即社会""从做中学"，还是陶行知的"社会即学校""行是知之始"，都强调要在实践中、生活中、活动中育人。这就少不了教师将学科教学与活动情境结合起来，因此，培养活动组织能力是职前教师走向教学岗位不可或缺的过程。

教师的活动组织能力应表现为能够确定活动主题，设计活动目标，规划活动程序，做好活动分工，调整活动节奏，跟进活动评价。在日常教学活动中，调动学生的积极性和参与性，有效组织学生进行集体活动、教育教学活动是每个教师不可或缺的实践经历，其目的是使学生通过真实情景中的实践活动解决真实问题，实现自我管理和自我教育。

（四）小学班级管理能力

班级管理是指班主任对全班学生的思想、学习、劳动、生活等各项工作的管理。[③] 班级管理工作在学校管理中发挥着重要的作用，班级管理的质量直接影响到教育活动的成效和学生身心健康发展。教师实现教育管理功能主要通过班级来体现，而在实际带班教学的过程中，如何进行有效的班级管理工作则需要一定的班级管理能力。班级管理能力能够直接反映出整个班级的管理情况。班级管理的最终目的是培养和教育学生成为合格的人才。对于即将走入教育教学岗位的职前教师而言，提前做好班级管理相关知识的学习，能够有效提高班级管理能力，为实践教学中积累管理经验做好铺垫，如定期阅读管理类书刊、学习了解管理理念、学会组织管理团队、做好管理分工工作、积累实际管理经验、跟进班级管理评价等措施。

---

① 刘徽. 大概念教学：素养导向的单元整体设计 [M]. 北京：教育科学出版社，2022：135.
② 克努兹·伊列雷斯. 我们如何学习：全视角学习理论 [M]. 孙玫璐，译. 北京：教育科学出版社，2014：257.
③ 檀传宝. 德育与班级管理 [M]. 北京：高等教育出版社，2007：241.

（五）小学教育实践研究能力

实践是检验真理的唯一标准。实践性是教师职业的本质属性，实践研究能力是推动教师专业发展、提升教师必备专业技能和职业核心素养、培养高质量教师队伍的重要组成部分。善于观察，乐于反思，勤于比较，贵在写作，是给职前教师的实际建议。

英国哲学家、教育理论家怀特海在《教育的目的》一书中提到"仅仅被动地观察是没有任何效果的，只有在创造中，才会对所创造出来的事物的本质特征有更深入的、生动的了解"[①]，突出了实践创造的重要性。学会在教育见习与实习的过程中观察、比较、反思有利于职前教师对教育的本质以及教育现象、教育问题有更深入的理解。例如，要善于观察课堂知识学习过程中学生的反应，在职教师面对课堂中发生的突发事件是如何处理的；勤于比较自己的授课技能、教学风格与经验丰富的教师有什么区别；乐于反思如何提高自己的教育教学能力、实践研究能力，有哪些不足是可以在今后的教学过程中规避的。最重要的是要写作。俗话说："三天不写手生。"任何学习过程都要勤加练习才能熟能生巧。

通过对职前教师教育实践研究能力的培养，实现其对基本操作技能、课堂教学评价、教学交流研讨、教学理论研究、教学反思比较、实践开拓创新能力的整体把握和巩固提升，以避免成为一个为知识而教的教书匠。这是每一位职前教师需要知晓的。

教育决定着人类未来。各级各类教育必须坚持落实好立德树人的根本任务，把提高教育质量摆在更加突出的战略位置。教师要在社会主义核心价值观教育中发挥榜样示范作用，扎根中国大地，立足中国现实，践行教育使命，深化教育改革，加快教育现代化，做好塑造灵魂、塑造生命、塑造人的本职工作，努力办好人民满意的教育。小学职前教师更应该树立远大理想，牢记小学教育的初心和使命，做好小学教育见习与实习的准备，努力在小学教育见习与实习中积累教育经验、发展教育能力，为投身教育事业、实现人生价值做出准备。

【本章小结】

通过本章学习，职前教师了解和掌握了小学教育见习与实习课程的定位、目标、任务及准备。

教育见习和教育实习是职前教师实践教学环节的重要组成部分，是教育实践感和实践能力培养的重要途径。准确理解小学教育见习、小学教育实习的含义是有质量地开展小学教育见习与实习的认识前提。小学教育见习与实习课程具有综合性、实践性、理解性等特性。本章从教师专业发展、教育理论与实践的关联、教育实践与体验等角度阐述了课程理念，从学理和操作两个维度构建了课程内容。

依据《标准》关于小学职前教师教育实践与体验课程的目标与要求，本章确定了小学教育本科专业教育见习与实习的目标体系，并对见习和实习任务做了分解，以明确见习和实习各阶段学习与实践要求。让小学职前教师了解小学教育见习、教育实习究竟应该做什

---

① 艾尔弗雷德·诺思·怀特海. 教育的目的[M]. 杨彦捷，译. 福州：福建人民出版社，2018：58.

么，以便有的放矢。小学教育见习与实习的目标与任务应充分融入教育实践，目标与行动的统一是小学职前教师完成教育见习与实习课程、提升教育教学实践能力的保证。

做好小学教育见习与实习的准备是正式开启见习与实习的基本前提，是搭建起沟通小学教育理论与小学教育实践的重要桥梁。小学教育见习与实习的准备有身心准备和专业技能准备两大模块，本章依据教育教学理论基础和课堂教学实践经验，依次对身心准备和专业技能准备两方面内容的具体特征做出了明确阐释和针对性建议，以帮助职前教师了解小学教育见习与教育实习准备的具体内容。

【教学自测】

1. 简述小学教育见习的含义。
2. 简述小学教育实习的含义。
3. 简述小学教育见习与实习课程的性质。
4. 试述小学教育见习与实习课程的理念。
5. 试述小学教育见习与实习课程学理模块的主要内容。
6. 试述小学教育见习与实习课程操作模块的主要内容。
7. 简述小学教育见习与实习的目标。
8. 论述小学教育见习的任务。
9. 论述小学教育实习的任务。
10. 简述小学教育见习与实习的准备要求。
11. 简述小学教育见习与实习的身心准备模块的具体内容。
12. 简述小学教育见习与实习专业技能准备模块的具体内容。
13. 论述应该如何做好小学教育见习与实习的准备。

第二章　小学教育见习与实习的历史与现实

【要点提示】

本章讨论的主要内容是小学教育见习与实习的历史沿革，以及国内外小学教育见习与实习的当代实践情况，以期为我国小学教育见习与实习的不断优化提供借鉴。

第一节梳理了小学教育见习与实习的历史沿革。在世界范围内，小学教育见习与实习的历史主要分为初创时期、成型时期和发展时期。在初创时期，教育见习和实习制度发端于教会和最初的师资培养机构；19世纪上叶导生制和见习教师制成为初等教育领域重要的教育革新。此后，师范学校的出现带来教育见习与实习制度的进一步发展。在成型时期，政府的介入、教育见习与实习时间的延长、教育见习与实习的内容不断扩展都加速了教育见习与实习制度的发展。在发展时期，教育见习与实习制度在形式、内容和途径上都呈现出丰富多彩的格局。各国努力构建符合教师培养规律且适合于自己国情的教育见习和实习制度。教育见习与实习在实践操作上则凸显目标明确、时间充足、任务具体、内容丰富、形式多样、责任落实、管理规范、评价科学等特征。

第二节主要从目标指向、组织与管理、总结与评价等方面展开，对英国、美国和日本等国教育见习与实习的基本情况做出介绍。在目标指向上有以下共同特征：目标具体而清晰；目标设定分阶段分层次，循序渐进，具有很强的操作性；重视专业能力培养的可持续性。在组织与管理中，要经历前期准备、具体实施两大环节。其中前期准备是保证见习与实习活动顺利进行、实现见习与实习目的的重要前提；具体实施中的时间安排、内容设置及指导工作，回答见习与实习时间的安排是否合理、见习与实习内容设置是否周全、指导和管理是否恰当、见习与实习的效果评估是否科学和完善等问题。在总结与评估板块中，提出将教育见习与实习评价作为一个有机的体系，有相对固定的评价主体、合理的评价标准以及适当的评价方式与手段。最后，结合我国实际，针对目标指向、时间安排、内容设置、组织管理、总结和评价等方面探讨改进小学教育见习与实习的建议。

【学习目标】

知识目标：

- 小学教育见习与实习的历史沿革。
- 小学教育见习与实习各发展时期的阶段特征。
- 国内外中小学教育见习与实习发展的基本情况。

能力目标：

- 领会和把握小学教育见习与实习的历史沿革。
- 对小学教育见习与实习在各时期的问题和特点进行归纳和分析。

- 从国外教育见习与实习发展中获得启示。

【知识导图】

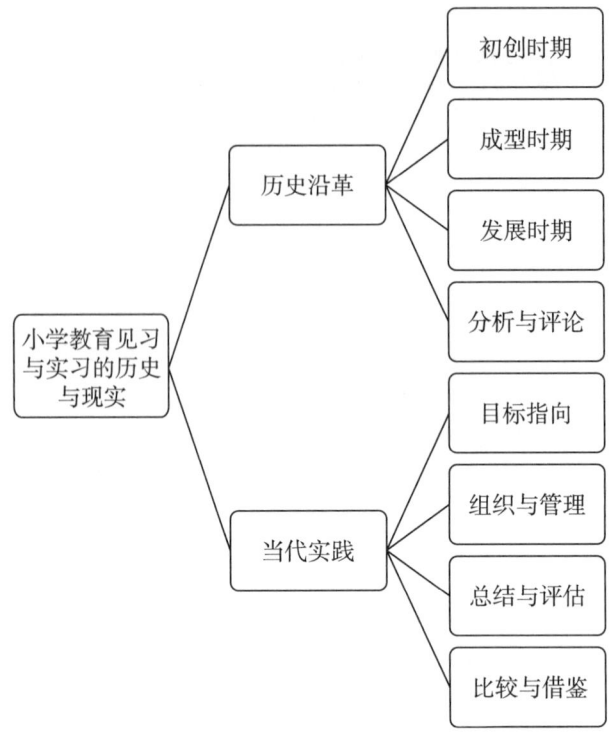

第一节　小学教育见习与实习的历史沿革

小学教育见习与实习是伴随教育见习与实习的发展而发展的，本章将小学教育见习与实习的讨论置于教育见习与实习的框架下进行。小学教育见习与实习历经了初创、成型、发展三大时期。在梳理和探讨的过程中，可以发现小学教育见习与实习在其发展过程中表现出的若干显著特点。这些特点的形成，既与一定历史、文化、社会等客观条件密切相关，更离不开小学教育见习与实习的母体——师范教育的发展状态。正是这两方面的因素共同建构并支撑着小学教育见习与实习的发展，塑造了其当代形态。

一、初创时期

初创时期，教会和最初的师资培养机构、导生制与见习教师制度、师范学校都对小学教育见习与实习产生重要影响，但还未形成规范化和完整性的小学教育见习与实习制度。

（一）教会和最初的师资培养机构

在动荡不堪的中世纪，教会对教育做出的贡献是不容否认的。在正规的师范教育机构产生以前，教会履行了培训教师的职能。教士作为当时有文化、有学识的一类群体，其传道活动与教育活动关联甚密。到了中世纪后期，虽然教士已不再是唯一的教育者，但教士与教师之间、教会与教育之间依然存在着密切的联系。例如，一些教会组织、宗教团体明文规定：从事教育是自己的特殊使命，要求其会员不但是教士，还要做教师。[①]

在这样的历史背景下，1681年，法国基督教兄弟会神父拉萨尔（La Salle）在兰斯（Rheims）创立了世界上第一所师资培训学校——培训小学教师的"教师讲习所"。这是世界上最早具有师范教育性质的教育机构，它的出现标志着师范教育的诞生，带来了小学教育见习与实习的发端。1695年（一说1696年），虔诚派教育家弗兰克（A. H. Frank）在哈勒（Halle）创办了"教员养成所"（教师研习班），这是德国最早的师范教育机构。"教员养成所"挑选优秀的学生，给他们安排5年的时间，除了学习专业课程以及讨论教学问题外，还要完成见习、试教等任务，但当时的见习仍以教义传播为主。

西方资产阶级革命以前，教师的主要任务是维系大众的宗教信仰并提高其基本文化素养以达到社会稳定的目的，带有浓厚的宗教色彩。当时，师资培训机构也没有形成专业的见习与实习制度。在资产阶级革命爆发后，一方面，革命政府为取得对教育的控制而对教会教育进行了多种限制，包括取消教会的诸多特权、驱逐从事教育的教士等；另一方面，教会教育也因其局限和不足无法继续满足社会对初等、中等学校教师的需求。加之一些师资培训机构对教会垄断教育的冲击，教会对教育的控制和影响力日渐式微。

（二）导生制与见习教师制

导生制和见习教师制是19世纪初等教育领域重要的教育革新。前者是19世纪二三十年代初等教育领域的学校制度；后者是19世纪四五十年代初等教育领域的学校制度，其意在通过纠正导生制的一些弊端，从而更有效地培育初等教育的师资。

工业革命以后，机器生产逐渐取代手工劳动，使得西欧各国的经济大幅度提升。在此背景下，早期的师资教育已经无法满足先进生产力的要求。为培训更多的熟练劳动者，导生制（Monitorial System）应运而生。导生制又被称为"贝尔－兰卡斯特"制，是由英国国教会传教士安德鲁·贝尔（Andrew Bell，1753—1832）和公益会教师约瑟夫·兰卡斯特（Joseph Lancaster，1778—1838）所开创的一种教学组织形式，曾在英国和美国流行数十年，在英美两国普及初等教育方面发挥重大作用。

导生制在其初始阶段只是一个为解决贫苦儿童学校师资缺乏问题而做的实验，但随着它的不断传播，西欧很多地方都采用了导生制来组织教学。[②] 导生制的具体实施过程是教师优先选择一些年龄较大或较为优秀的学生进行为期三个月的教学，再由这些学生

[①] 赵祥麟. 外国教育家评传：第一卷[M]. 上海：上海教育出版社，2003：390.
[②] 时伟. 高师院校实践教学体系的生成与运行[J]. 教师教育研究，2012（5）：1-6.

充当"导生"(教师的助手),把自己刚学的内容教给其他学生。对其他学生进行教学的导生既是"教师"也是学生,承担了许多本应由教师承担的职责。[1] 他们不仅负责实际的教学工作,还负责检查、考试及班级管理等工作。有了导生的帮助,教师的教学工作压力得到缓解,因而能够培养更多的学生。导生制学校也因此成为很多国家师资培训的雏形。但随着时代变迁和教育发展,加之其本身存在诸如"教育质量低下、教学呆板、训练机械"等弊病,导生制逐渐退出历史舞台。

在导生制基础上发展而来的见习教师制又称"教生制"(Teacher Apprenticeship),最早见于荷兰。当时,荷兰的凯伊特伍爵士在荷兰师范学校将导生制改为见习教师制。[2] 同时,英国社会活动家凯-沙特尔沃斯也建议在初等学校挑选13岁左右的少年作为教生,教生除了承担教学任务之外,每天还要学习一个半小时,由校长担任他们的老师。教生的见习时间一般是五年,主要任务是协助校长管理学校事务和参与教学,五年期满即可作为助理教员。[3] 1844年,伦敦教区委员会对见习教师的后期发展做了一些规定。到了1848年又为见习教师提供了奖学金制度,使得见习教师可以进入圣马克学院深造学习。[4]

见习教师制在一定程度上促进了英国初级学校的发展,使得那些没有机会进入文法学校和公立学校的学生获得了学习的机会。同时,见习教师对学校的教学和管理有着直接的体验,这对于师资培养具有重要意义。但是由于见习教师一般年纪不大且知识、技能储备匮乏,大大影响了教育教学的水准。

在这段时期,导生制和见习教师制对师范教育产生了积极影响。导生跟随教师学习教学;见习教师跟随校长学习教学。凡此都是对未来师资的培训,而小学教育见习与实习则贯穿于培训的各个环节。这些实践为后来师范教育的产生和发展,以及伴随师范教育诞生的小学教育见习与实习奠定了基础。同时,导生制和见习教师制的传统使在其基础上建构起来的见习与实习带有明显的学徒制色彩,直到正规化的师范学校产生以后,这种色彩才有所淡化。

(三)师范学校及小学教育见习与实习制度的发展

导生制和见习教师制毕竟不是规范的师资培训制度,这种制度下教师培训的质量低下。有鉴于此,各国对师资培训制度以及小学教育见习与实习制度作了若干调整和完善。而具有专业性质的师范学校的产生则对小学教育见习与实习制度的建立有重要意义。

1672年,法国出现了最早的师范学校。1789年,法国爆发了资产阶级革命。法国政府为了遏制教会对教育的垄断,进而发动了"学校革命化"运动。同时,由于大学关

---

[1] Dent H C. The training of teachers in England and Wales (1800—1975) [M]. London: Longmans, 1962: 3.
[2] Fuller F. Concerns of teachers: a developmental conceptualization [J]. American Educational Research Journal, 1969, 6 (2): 207—226.
[3] 朱镜人,刘乐祥. 凯-沙特尔沃斯民众教育思想述评 [J]. 安徽教育学院学报, 2005 (1): 89—93.
[4] Taylor W. Initial teacher education—policies and progress [M]. London: Kogan Page London, 1990: 15.

闭，全国缺乏教师。在此背景下，1795 年，法国第一所公立师范学校——巴黎师范学校（巴黎高等师范学院的前身）建立，其任务就是培养"未来的中学教师"。伴随着师范学校的发展，小学教育见习与实习也首次在真正意义上登上了教育的大舞台。18 世纪末，英国国家协会（The British and National Societies）在承担教师培训任务时，推行了教师资格证书制度，并规定在取得证书前，必须进行期末考试和一段时间的教学实习（Probationary Teaching）。[①] 尽管当时教学实习的时间很短，但这可以说是与教育实习相关的最早的规定。1823 年，霍尔创立了美国第一所师范学校。受赫尔巴特教育思想的影响，该校除了基本的课程指导和学校管理外，还设有附属示范学校。在示范学校中，校长和指导教师安排并指导职前教师进行实地的小学教育见习与实习。南北战争以后，各州先后设立师范学院并逐渐代替了以前的师范学校，但作为职前教师见习与实习场所的师范学校却得以保留。

各国政府及相关学校对小学教育见习与实习的时间安排、内容设置等都在不断地进行探索与改良。1826 年，普鲁士在其皇家通谕中规定，实习教师取得教师资格必须通过两次考试，在两次考试中必须参加为期三年的教育实习，并诏告设立实习教师研习班。[②] 在 19 世纪 30 年代，美国三年制的师范学校要求职前教师"听 50 节课，进行 130 节课的教学实践"[③]；而四年制师范学校规定，"教育实践课程的学分为 6~8 个学分，其中教育实习占 4~5 个学分，观察和参与占 2~3 个学分"[④]。1887 年，法国政府颁布法令规定，师范学校学制三年，在第三年实习两个月。[⑤] 这一时期，一些由教会组织的寄宿制教师培训学院也开始设立"实践学校"（Practicing School），供职前教师进行教育实习。1890 年，德国公布了《高级中学教师候选人实践训练规程》。[⑥] 该规程规定：选择一些优秀的高中建立实践训练课程研习班，在教育教学实践方面，由校长、资深教师或专任教师对候选教师进行培训并安排候选教师试教。候选教师在经过研习班学习后，还需到另一所学校进行每周六至八个课时的独立试验教学，以磨炼教学技巧。一年期满，候选教师向校长提交实习报告。[⑦] 而候选人能否获得教师资格，则需要通过研习班校长及试验教学校长的评估，并在综合教师候选人的论文和实习成绩后由校委会决定是否录用。这项规程也成为当代德国实习教师制度的基本架构。

我国小学教育见习与实习制度的历史可以追溯到 1897 年，南洋公学师范院创始人盛宣怀在《筹集商捐开办南洋公学折》中提出，令职前教师"分班教之。比及一年，师范诸生且学且诲，颇得知行并进之益"[⑧]。这实际上就是强调教育实习的重要性。梁启

---

① 王红. 中、英教育实习制度比较研究 [D]. 长春：东北师范大学，2004.
② 高月春. 国外教师教育实习的趋同性及对我国的启示 [J]. 现代教育科学，2007（8）：31—33.
③ Pangbum J M. The Evolution of American Teachers Colleges [M]. New York：The Teachers college of Columbia University，1932：14.
④ 郭志明. 美国教师专业规范历史研究 [M]. 北京：中国社会科学出版社，2004：78.
⑤ 苏真. 比较师范教育 [M]. 北京：北京师范大学出版社，1991：96.
⑥ 余柏民. 师范院校学生教育实习观念与制度溯源 [J]. 吉林教育科学，1999（1）：40—42.
⑦ 谢培松. 论西方教育实习制度的演变 [J]. 沧桑. 2005（6）：50—51.
⑧ 盛宣怀. 大理寺少卿盛宣怀折 [M] //朱有瓛. 中国近代学制史料：第一辑下册. 上海：华东师范大学出版社，1986：511.

超也倡导职前教师到小学去实习。1896年他在《变法通议·论师范》一文中主张"以师范学堂之生徒，为小学之教习，而别设师范学堂之教习，使课之以教术。即以小学堂生徒之成就，验师范学堂生徒之成就。"①。清政府在1902年颁布的《钦定京师大学堂章程》标志着我国教育见习与实习制度的真正确立。该章程提出了"教育演习"概念，规定教育实习时间设在第四年的选修课中。

从17世纪到19世纪，小学教育见习与实习制度一直处于一个漫长的萌芽发展状态。其间，教会教育、导生制、见习教师制和师范学校的产生等一系列现象和事件都对小学教育见习与实习制度做了初步铺垫，但由于各国政府和社会对小学教育见习与实习的认识不足，真正意义上的小学教育见习与实习制度还没有建立起来，实施情况也不甚理想。因而，这一时期的小学教育见习与实习制度缺乏规范性和完整性。

二、成型时期

20世纪以来，师范教育发展迅速，小学教育见习与实习制度逐渐成熟。这一时期的最大特点是政府开始着手在师范教育体系中设置或引入小学教育见习与实习课程，并对小学教育见习与实习的开设时段、课时比例、教育见习与实习内容、实践基地、指导管理等做了诸多规定。小学教育见习与实习逐步走向制度化、规范化。

（一）政府的介入

1902年，英国政府颁布《巴尔福教育法》，指出地方政府有权单独设立教师训练学院。同年，地方教育当局设立的培训学院以及一些私人兴办的学院对教育见习与实习的时间做了规定，将其定为六周，分三次进行，每次两周。②1918年，美国佛罗里达州通过了一项法律，规定职前教师获得教师资格证书的前提是必须完成州教育厅所建议的一年教育实习③，借此将职前教师的执教资格与教育实习建立起实质性联系。1928年，德国先后公布了《国民学校教师考试规程》和《国民学校教师第二次国家考试规程》。其中规定：第一次国家考试设在第四学期后，包括笔试和口试，考试的主要内容包括系统教育学和普通教学与教学方法。申请第二次国家考试有两个必备条件，一是通过第一次国家考试，二是经过两年的教育实习。1958—1960年，美国教师教育和专业标准委员会（the National Commission on Teacher Education and Professional Standards, NCTEPS）连续召开了三次由各专业学者参加的教师教育研讨会，共同讨论教师教育的改革问题。④会议提出，教师要有坚实的教育专业知识基础并经历严格的教育实习（约占教学计划的20%）。⑤会议制定了美国未来教师教育的方案，其中，重视教育实践和

---

① 梁启超. 论师范 [M] //朱有瓛. 中国近代学制史料：第一辑下册. 上海：华东师范大学出版社，1986：980.
② 王红. 中、英教育实习制度比较研究 [D]. 长春：东北师范大学，2004.
③ 常艳丽. 中美高师生教育实习发展之比较 [D]. 郑州：河南大学，2007.
④ 杨爱君. 高师教育实践课程研究 [D]. 西安：陕西师范大学，2012.
⑤ 杨之岭，林冰. 美国在师范教育改革中的探索与实验 [J]. 北京师范大学学报，1983（3）：18—26.

教育实习、重视同中小学协作培训教师等策略成为教师教育议案的重要内容。[①]

（二）小学教育见习与实习时间的延长

小学教育见习与实习在师范教育中有着重要的地位和作用，而教育见习与实习时间如何安排对职前教师培养的质量具有重大影响。关于小学教育见习与实习的时间安排，可作三方面考虑：一是小学教育见习与实习安排在哪个时段进行；二是小学教育见习与实习的时间应延续多久；三是小学教育见习与实习是一次性完成还是分多次进行（弥散型教育见习与实习）。总的来看，小学教育见习与实习制度在成型时期有两个重要的趋势：一是小学教育见习与实习的周期明显延长，二是出现了弥散型教育见习与实习的初步设置。

但是，根据实际情况，各国对小学教育见习与实习时间的安排又有所不同。我国一般设在最后一学期进行集中实习。苏联则分两次进行教育实习，一次放在三年级进行，一次则放在四年级。[②] 美国的小学教育见习与实习集中在学程的最后，20 世纪 80 年代中期以前规定，"培养教师的大学本科标准课程应该包括约占整个教学计划 20% 的教育实习项目，对实习的课时要求一般为 12~14 周，占 10 个学分"[③]。英国和法国主张师范专业应该强调教育实习，在师资培训期间要进行多次小学教育见习和实习，以培养职前教师的教育、教学技能以及专业精神和专业道德，使职前教师获得实践经验，尽快适应教育、教学工作。例如，1906 年英国教育署对教育见习与实习做出规定，二年制的准教师培养过程中必须有三周的教育实习时间，三年制的准教师培养过程中必须有八周的时间用于教育实习。法国的教育见习与实习从最初的分两次进行（二年制师范学校），到后来的分三次进行（三年制师范学校），对教育见习与实习的时间都作了具体安排。分两次进行时，第一次是在师范学校的第一年进行一个半月的实习，第二次是在次年进行三个月的教育实习；分三次进行时，职前教师在第一年和第二年分别进行为期一个月的实习，第三年则进行为期三个月的实习。德国则实行两阶段教师培养模式。第一阶段是大学负责的修业阶段。在该阶段，实习安排分为平时实习和集中实习。在平时实习时段，每周将抽出两个半天进行实习，而且一个学期累计的实习时间必须达到五周；集中式实习分两次进行，每一次集中实习四周。第二阶段的实习由教育行政当局负责，实习周期长短不一，一般是 18-24 个月。在日本，教育见习与实习实行全程实践法。具体做法是在教育大学整个学习期间分期开展教育实践，一至四年级分阶段连续进行。这种教育实习一般分为观察（包括参观和见习）、参与以及在任课教师的指导下独立组织教育教学活动三个阶段。[④] 日本在教师教育改革中把原来的集中实习提前和分散，增加了教育实习时间，在一至四年级有计划地安排六至七次共 14 周的教育实习。

关于小学教育见习与实习时间的安排，过去通常的做法是将小学教育见习与实习集

[①] 成有信. 十国师范教育和教师 [M]. 北京：人民教育出版社，1990：148-149.
[②] 陈建华. 西方发达国家教育实习的时间安排及其启示 [J]. 外国中小学教育，2002 (3)：15-17, 22.
[③] 谌启标. 美国教师教育的制度变迁与改革实践 [J]. 比较教育研究，2003 (7)：66-71.
[④] 陈俊珂，徐彦伟. 国外高师教育实习改革的特点与趋势 [J]. 河南师范大学学报（哲学社会科学版），2001 (4)：99-102.

中安排在学程的最后一年。由于职前教师在见习、实习前对小学教育没有实际的接触,一次性小学教育见习与实习很难保证职前教师对教育实践的良好体验和领悟,很多学生只能将之前学习的理论生搬硬套于教育教学情境中,这显然不利于职前教师的培养。在小学教育见习与实习制度的成型时期,由于先进教育思想的影响和政府的干预,师范院校小学教育见习与实习的时间大幅延长,安排也更趋合理。各国根据自身的实际情况,不局限于某一特殊时间段,将教育实习穿插于各个阶段,使阶段性实习和连续性实习结合起来。

(三)小学教育见习与实习的内容不断扩展

小学教育见习与实习是职前教师走上教师岗位前的一个重要阶段。为了更加有效地进行小学教育见习与实习,各国都对小学教育见习和实习的内容做了补充与改良。这个时期,小学教育见习与实习的内容设置大致包括教育见习、教育调查、教学工作、组织课外活动、学校和班级管理、班主任工作、学生道德教育、学生心理辅导等。

一些国家对小学教育见习与实习的内容做了较为翔实的规定,除最基本的课堂教学外,还包括诸如教职工会议、家长会、年级大会等活动。职前教师在实习中还要学会充分考虑学校和班级的实际情况,营造出良好的学习氛围;学会有效地与学生沟通;学会班集体的创建和管理;学会设立班级制度;等等。这些小学教育见习和实习的内容不但丰富多彩,而且细致务实,具有较强的可操作性。以英国为例,职前教师在学习过程中,要在多所不同的合作学校(公立学校和私立学校)见习与实习。低年级职前教师每周到中小学见习半天,以了解中小学实际情况,熟悉并积累教师职业技能;高年级职前教师的教育实习则具有"重负荷教学训练的特点",职前教师需承担教师工作量的1/3,以获得足够的教学经验。[1] 除此以外,职前教师至少要有两周时间全面负责其任课班级全部教学活动的计划、实施和评价工作。而且,实习学校还鼓励职前教师掌握多个年级的教学经验,在音乐、艺术、体育和特殊教育等方面有个人专长或兴趣的职前教师有机会在这些非自身专业的学科进行教学。[2]

这一时期,我国小学教育见习与实习的内容仍以课堂教学及常规班级管理为主,或者帮助科任教师做一些简单的教学辅助工作,如批改作业等,涉及课外的日常管理及活动偏少。

三、发展时期

20世纪60年代以来,一些国家开始了轰轰烈烈的教师专业化运动。这个运动始于人们从对教师"量"的需求转向对教师"质"的关注。[3] 1966年,联合国教科文组织和国际劳工组织在法国巴黎召开"教师地位之政府间特别会议",通过了《关于教师地位

---

[1] 陈静安. 五国教育实习模式比较研究[J]. 课程·教材·教法,2004(5):81-86.
[2] 郑东辉,施莉. 国外教育实习发展概况及启示[J]. 高等师范教育研究,2003(5):69-74.
[3] 教育部师范教育司. 教师专业化的理论与实践[M]. 2版. 北京:人民教育出版社,2003:23.

的建议》，强调"教育工作应被视为一种专门的职业"。这是世界上首次以官方文件形式对教师的专业属性作出明确认定。1975年，联合国教科文组织第35届国际教育会议通过决议，主张教师的职前培养与在职进修相统一和贯通。此后，"师范教育"逐渐转型为"教师教育"，出现了"教师教育一体化"的概念。1980年，《世界教育年鉴》以"教师专业发展"为主题。之后，联合国教科文组织又多次以教师专业发展为主题召开国际会议。总体上看，20世纪60年代以后，世界各国对教师专业化发展以及教师素质的关注达到空前的高度。随着教师专业化运动的兴起以及师范教育向教师教育的转型，[①] 小学教育见习与实习制度受到各国政府和教育当局的进一步重视。学界也对小学教育见习与实习的各个方面进行了研究与探讨。这一切促使当代小学教育见习与实习制度得以确立和强化。

　　理论与实践关系的不同取向（技术理性取向与实践理性取向）是支撑小学教育见习和实习制度及其变化、演进的认识论基础。师资培养理念和操作系统的转变以及与此相关的小学教育见习与实习制度的完善和发展，与人们对理论与实践关系认识的转变密切相关。因此，对这两种取向的认识是把握小学教育见习与实习制度发展演进逻辑的关键所在。传统的教师培养模式的精神内核就是理论对实践的宰制，支撑其运作的基本原理是技术理性的思维框架。同样，传统的小学教育见习与实习制度也是基于以理论与实践二元对立为基础的技术主义哲学，这种学说坚持理论高于实践的立场，认为形式化的理论可以不加区别地适用于一切实践情景。就教师教育而言，"知而后行"成为基本信条。人们普遍认为，只要掌握了理论，职前教师就可以当好一个教师。因此，培养未来教师的主要任务和主要环节就是理论学习。在这种思维框架下，小学教育见习与实习不过是有了理论"武装"的职前教师在教育实践中的"小试牛刀"。按照美国教育家唐纳德·舍恩（D. Schon）的说法，这是典型的"理论的实践化"（Theory into Practice）。在技术理性的浸淫下，美国的师范教育也曾一度崇尚理论至上，将教师培养的目标设定为学者和专家。在此影响下，不少综合大学的教育学院热衷于对理论的传授，不仅对教育现实缺乏关注，还将小学教育见习与实习视为对教育理论的验证。为了获得更高的学术地位，人们将精力投入各种学术研究与课题活动，许多综合大学的教育学院在教师教育方面的研究乏善可陈。英国在这个时期所强调的也是教育理论研究。英国的师资培育者甚至认为，只要加强职前教师的理论素养，就能够充分提升其在教育教学实践中的能力。1966年，保罗·赫斯特（P. Hist）在《教育理论》一文中指出，教育理论是由哲学、心理学、社会学和教育史引导的，用以指引教育实践。然而，单就教师培养而论，在技术主义哲学的笼罩下，职前教师的确获得了一定学识，但教育教学实践的能力、技巧和策略严重缺失。这势必导致职前教师在未来的实际教育教学情境中陷入空有理论却不能有效展开教育教学实践的尴尬境地。

　　恰逢认识论由技术理性向实践理性转向，从20世纪60年代开始，世界范围内的教师教育也发生着深刻的变革和转型。这场变革的主导趋势就是支撑着教师教育的理念根

[①] 刘毅缓. 近现代美国职前教师教育实习历史研究[D]. 成都：四川师范大学，2014.

基由以往重视"理论"转向关注"实践",[①] 以至在当前的国际教师教育领域,到处都弥漫着实践理性的特征。其间,有研究者将知识划分为理论性知识和实践性知识。理论性知识是经过对相关知识体系的系统学习而获得的,其中既包括教师要向学生传递知识的基本储备,也包括教师从事其教育教学实践所必备的理论积淀,因而是教师职业所必备的知识基础。实践性知识是教师内心真正信奉的、在日常工作中实际使用的理论,支配着教师的思想和行为,体现在教师的教育教学行动中的知识。[②] 实践性知识理论的提出从根本上颠覆了"技术理性"取向。实践性知识理论在教师教育的具体操作中则强调小学教育见习与实习的重要意义和价值。人们已经明确意识到,小学教育见习与实习是职前教师接触和感悟"实践性知识"的重要途径。于是,"案例教学""反思性教学"等理论和实践受到高度重视。其中,詹姆斯·科南特(James B. Conants)提出的"教育临床教授"概念颇具妙味。科南特建议由"教育临床教授"来指导职前教师的小学教育见习与实习,"教育临床教授"既可以是大学教师,也可以是中小学教师。科南特认为,教师应该像医生一样,通过"临床教学"来获得教育教学实践的经验和技能。

1986年5月,美国的霍姆斯小组(the Holmes Group)发表题为《明天之教师》的报告。该报告对未来的教师教育提出了诸多构想和计划,其中就包括小学教育见习与实习。该报告主张加强综合大学的教育学院与中小学校的联系,加强研究与实践之间的交流和沟通,尝试新的见习和实习方式。为此,该报告首次提出建立"专业发展学校"(Professional Development School,PDS)的建议。这种学校是综合大学的教育学院与邻近的中小学校合作培养师资的一种学校形式,类似于医学院的教学医院。小学教育见习与实习就是专业发展学校兼具的多重功能中的一个。1986年法国教育部规定,把职前教师在校时间的1/3用于教育实习。职前教师一入学就到中小学参观,进行为期两周的职业感受活动;一年级还要分两次到中小学进行为期六周的入门教育实习;二年级则有12周分别在小学和中学进行局部教育实习,其中一周是体会小学与初中的衔接问题。[③] 此后,还要根据教师培养的不同层次安排与之相应的模拟实习、应用实习等。1990年,法国国民教育部开始建立师资培训大学级学院(IUFM)。[④] 以艾克斯-马赛(Aix-Marseille)学区的IUFM1997—1998年度初等教育师资培养课程为例,第一学年的课程中既有小学教育见习和实习的相关准备内容,又有122个学时的学校实习,其中跟踪性实习18个学时,实践指导的封闭性实习104个学时。[⑤] 当前,英国"以学校为基地"的教育实习模式始于英国政府1992年颁布的"职前教师培训改革"计划——"以学校为基地,通过大学与中小学之间建立伙伴关系来培训教师"[⑥]。这种模式强调大学与中小学的合作,重视职前教师实际教育能力的培养。[⑦] 当前,日本的小学教育见习

---

① 倪小敏. 实践取向:职前教师教育模式的重构[J]. 教师教育研究,2010(1):22-27.
② 陈向明. 实践性知识:教师专业发展的知识基础[J]. 北京大学教育评论,2003(1):104-112.
③ 刘影. 高师本科生物教育专业实践教学的现状与对策研究[D]. 长春:东北师范大学,2009.
④ 杨爱君. 高师教育实践课程研究[D]. 西安:陕西师范大学,2012.
⑤ 李其龙,陈永明. 教师教育课程的国际比较[M]. 北京:教育科学出版社,2002:86-88.
⑥ 赵静,武学超. 英国教师教育政策的演变及评析[J]. 教育发展研究,2006(4):69-73.
⑦ 杨爱君. 高师教育实践课程研究[D]. 西安:陕西师范大学,2012.

与实习一般安排在第三年。其中,实习前指导 12 天(分别安排在第 3 年的 5 月、6 月、8 月);具体实习安排在第三年的 9 月①,时间为小学教员四周,中学教员三周;实习后指导安排在第三年的 11 月、12 月,每月两天。在第四年的 6 月,参加为期两周的教育实习。② 2002 年,澳大利亚教育科学与技术部提出用"专业体验"(Professional Experience)代替"教学实习"(Teaching Practice),并将专业体验纳入整个教师职前教育计划。③ 所谓专业体验是指让职前教师深入中小学真实的、具体的、生动的教育教学情境之中,让他们以准实践者甚至实践者的身份身临教育教学的现实场域,真切体验来自实践的"现场震撼"(Reality Shock)。

综上所述,在实践理性占主导地位的时代背景下,当代小学教育见习与实习制度在形式、内容和途径上都呈现出丰富多彩的格局。在这一时期,各国都努力构建符合教师培养规律且适合于自己国情的小学教育见习与实习制度,小学教育见习与实习在实践操作上则凸显目标明确、时间充足、任务具体、内容丰富、形式多样、责任落实、管理规范、评价科学等特征。

四、分析与评论

通过对小学教育见习与实习制度历史沿革的梳理和探讨,我们可以看出小学教育见习与实习制度在其发展过程中的一些特点。这些特点既与其一定的历史、文化、社会等客观条件相关,更与小学教育见习与实习制度的母体——师范教育的发展状态相关,是这二者共同建构并支撑着小学教育见习与实习制度。

(一)小学教育见习与实习制度伴随着师范教育的产生而产生

在中世纪及其后很长一段时间,教会是重要的师资培训机构,培养了当时大多数教师。不论教会培训这些师资意欲何为,也不论这些教师的身份和角色以及他们所传播的文化类别和性质,当时教会和教士(教师)对教育的维系和推动作用是毋庸置疑的。就小学教育见习与实习制度的建构和发展而言,导生制和见习教师制无疑是一个重要的铺垫,而这又为当时初等教育发展和扩张提供了必要的师资力量。后来,随着师范教育的产生和发展,教师培养的内在规定性——培养教育教学的实践者——逐渐为人们所认同,小学教育见习与实习的实践及制度建设便登上了历史舞台。可以说,没有师范教育的产生就没有小学教育见习与实习制度的产生。

(二)小学教育见习与实习制度伴随着师范教育的发展而成熟

伴随着师范教育的发展,小学教育见习与实习引起各教育部门以及各相关教育机

---

① 刘影. 高师本科生物教育专业实践教学的现状与对策研究 [D]. 长春:东北师范大学,2009.
② 楼世洲. 日本师范教育课程体系的构成——和歌山大学教育学部的个案分析 [J] 师资培训研究,2001(2):60-62.
③ 钱小龙,汪霞. 美、英、澳三国教师教育课程设置的现状与特点 [J]. 外国教育研究,2011,38(4):1-6.

构的重视，并被视为培养职前教师的不二法门。早期小学教育见习与实习的内容比较简单，大多是关于课堂的教学技巧以及班级组织管理等。伴随着师范教育的演进，对职前教师知识和能力的要求也越来越高，简单的听课、备课、上课已经不能满足师范教育发展的需要。因此，各国便对小学教育见习与实习制度作了适时的调整和规定，如制作了实习指导手册，扩展小学教育见习与实习的内容（包括指导实验、课后辅导、课外活动的组织、学校管理、班主任工作和学生心理辅导等），丰富小学教育见习与实习的形式和路径。这些举措推进了小学教育见习与实习制度的规范与成熟，为职前教师实践能力的训练提供了可靠保障，进而为向各级教育机构输送合格师资奠定了更坚实的基础。

（三）小学教育见习与实习制度未来发展的态势

从小学教育见习与实习制度的历史发展脉络来看，小学教育见习与实习制度的未来发展有以下三大态势：

一是理论与实践结合且与专业发展并重。对职前教师的教育教学实践能力进行科学合理的训练和培养，必须以其专业发展为中心，并将理论学习与实践训练紧密结合。这应当是小学教育见习与实习制度建设和具体实践的一大趋势。在这样的趋势下，注重见习与实习前的理论学习和准备，见习与实习过程中实践策略、方法、能力等多方面的学习及培养，见习与实习后的科学评价等，应当是未来小学教育见习与实习的着力点。

二是丰富小学教育见习与实习的内容，延长小学教育见习与实习时长。丰富小学教育见习与实习的内容，实现其路径和方式的多样化，将之前较少涉及的道德教育、心理辅导、指导实验、课外辅导、家长工作、学生指导以及课外活动等内容有效纳入见习与实习范畴；分散和延长小学教育见习与实习时间，改变以往的集中实习方式；扩展教育实习基地，加强师范院校与中小学的合作，并制定相关考核监督机制；根据各地区、各学校的实际条件，尝试并构建适宜的多样化小学教育见习与实习模式……凡此种种都应当是今后小学教育见习与实习发展的趋势。

三是用立法来保障小学教育见习与实习的实施。鉴于小学教育见习与实习在教师教育中的重要地位及作用，国家应该通过立法手段来保证教育见习与实习的顺利实施。这是国外小学教育见习与实习制度发展过程中的成功经验，也应当是我国在小学教育见习与实习制度构建上最重要的借鉴。事实上，只有以法律为小学教育见习与实习制度的根本支撑，才能有效地规范和保障小学教育见习与实习相关方（地方教育当局、师范院校、中小学、督导教师、指导教师、职前教师等）的权利和义务，才能有效地进行管理、监督和评价，才有可能最大限度地保证小学教育见习与实习的良好运行和良好效果。

第二节　小学教育见习与实习的当代实践

本节从小学教育见习与实习的目标指向、组织与管理、总结与评价、比较与借鉴等方面，对英国、美国、日本等国的小学教育见习与实习活动进行梳理，以期对我国小学教育见习与实习制度改革和发展提供借鉴和启示。如前所述，小学教育见习与实习并非独立于教育见习与实习制度的独立系统，其制度运行方式与基础教育领域的见习与实习不存在实质区别。

一、目标指向

目标问题是小学教育见习与实习全部问题中的核心问题，它不仅规定了小学教育见习与实习所应该达到的标准，而且在很大程度上也影响着小学教育见习与实习的时间安排、内容设置、管理和评价等环节。为小学教育见习与实习设定一个科学、合理的目标，既能更好地促进见习与实习活动达到设定的标准，也使得各个环节更加合规，更是为大学和中小学之间的合作提供一个依据，有利于对见习与实习过程的管理和监督。在英国、美国、日本等国，政府以文件的形式设定教师职业标准，任何想要从事教师这一职业的人，不管通过何种形式的培训，必须达到这一标准。小学教育见习和实习也是严格按照"合格教师专业标准"来设计和实施的。达到合格教师专业标准，成为一名具有专业能力的教师就是小学教育见习和实习的目标。

英国教师标准局和师资培训署在 2002 年联合颁发了《英国合格教师专业标准与教师职前培训要求》，从专业的价值观和实践、知识和理解以及教学等三个一级指标，16 个二级指标和若干标准对小学教育见习和实习的目标进行了明确的规定。其中，"专业的价值观和实践"项下规定了教师应具备的态度和承担的义务；"知识和理解"项下要求合格教师在他们所教的学科中具备权威性和自信心；"教学"项下的标准涉及教师在授课过程中的计划、监控和评估的技能，以及教学管理和班级管理等内容。[①] 例如，教师在与学生相处的过程中应该"始终以尊重和体贴的态度对待学生""对所有的学生都抱有高的期望，并且承诺提高自己的教育成效"；在知识理解方面，"理解在国家课程手册中所提到的教学要求""知道学生的身体、智力等因素的发展对学生学习的影响"；在教学过程中教师能够"设立具有挑战性的教与学目标""恰当地运用一系列监控和评价策略""对教学加以区分，用不同的教学来满足学生不同的需要"等。

美国采取教育分权制度，美国各州对教育的理解和要求不同，导致各州在小学教育见习与实习的目标设定上有一定的差异。目前，美国专业教师标准有全国性的教师认证

---

① 夏惠贤，严加平，杨超. 论英国合格教师专业标准与教师职前培训要求［J］. 外国教育研究，2006（3）：51—56.

标准和州级教师专业标准,其中全国性标准影响最大。正如詹宁斯在研究美国教师标准对教学水平的影响时所言:"全国性教师标准在展现学科教师协会对教师理应掌握的学科内容方面的观点至关重要。"[1] 美国有四大全国性的教师专业标准制定机构,它们分别是美国全国教师教育认证委员会(NCATE)、美国州际新教师评估与支持联合会(INTASC)、美国国家教师专业教学标准委员会(NBPTS)和美国优质教师证书委员(ABCTE)。这些机构制定的教师标准也以它们各自的名称来命名。美国四大全国性教师专业标准的制定对象和大体内容如表2-1所示。

表2-1 美国四大全国性教师专业标准

机构	制定对象	总标准
美国全国教师教育认证委员会	候选教师	六大核心标准:熟悉学科内容;明白有效的教学策略;反思自己的教学实践并调整自己的教学;能从不同的文化背景角度给学生提供教学;接受教学导师的监督;能把教育技术应用于教学中
美国州际新教师评估与支持联合会	新教师	十大核心标准:掌握学科知识;了解学生的发展特点和学习方法;了解学生文化背景的多样性;熟悉并使用各种教学策略;营造良好的学习环境;善于利用有效的交流手段;制订科学的教学计划;掌握并使用正式和非正式的评价策略;具有反思能力与专业发展能力;具有合作精神
美国国家教师专业教学标准委员会	优秀教师	五大核心标准:教师应该致力于学生的发展和学习;教师应该熟悉所授学科领域的知识以及该学科的教学方法;教师应该负责学生学习的管理和监督;教师应该系统性地反思自己的行为;教师应该是学习共同体的成员
美国优质教师证书委员会	杰出教师	四大核心标准:扎实的学科知识;出色的专业化概念和领导水平;优秀的教学实践;巨大的正面影响力

资料来源:张治国. 美国四大全国性教师专业标准的比较及其对我国的借鉴意义[J]. 外国教育研究,2009(10):34-38.

日本历来注重教师的专业性发展,并在教育领域实行严格的教师资格证书制度来保证教师质量。1968年,日本文部省颁布的《基于教员养成的教育实习实施规范》中指出:"教育实习的基本目标是:有志于从事教职的学生,在学校教育现场,通过与学生、儿童的接触,形成成为教师的必要的技术与能力。"[2] 其中,所谓"成为教师的必要的技术与能力"基本可以概括为三个方面:教师在任何时代都应具备的素养与能力;适应社会发展和要求的资质能力;具有专业素养和丰富个性。[3] 在小学教育见习与实习中,以上三大标准被分解为六个方面的具体目标:把握儿童的发展特征和学生学校生活的实际情况;注重教育教学的研究与实践;参与学生的道德教育、特别活动和生涯指导;了

---

[1] Jennings J F. Using standards to improve education: A way to bring about truth in teaching and learning [J]. National Standards: A catalyst for reform,1996:17.
[2] 日本教育政策学会. 教育基本法と教育政策[G]. 東京:日本教育政策学会八月書館,2003:106.
[3] 日本教師学会教師教育に関する研究委員会. 教師教育の課題——すぐれた教師を育てるために[M]. 東京:明治図書,1983:23.

解班级管理、学校日常事务、教师勤务、教师研究活动的情况并积极参与；把握学校环境的具体情况；理解学校教育与家庭、地域环境、社会之间的关系。近年来，日本教师资格证书制度朝着综合化、弹性化的方向发展，从总体上反映出社会对教师的综合素质所提出的新要求。它强调教师应该深刻了解学生身心发展的阶段性特点，并全面了解适应不同年龄阶段学生的学校教育；在全面掌握所教授知识的同时，更应该全面掌握科学的教学方法；努力把学生培养成能够独立生存的个体，以成为未来日本社会的栋梁和支柱。

综上所述，英国、美国、日本等国在小学教育见习与实习的目标指向上具有以下共同特征：

一是小学教育见习与实习目标具体而清晰。发达国家对职前教师多方面的实际能力培养都落实在每一个细节的具体要求上，而且每一项能力都以"必须"或类似句式提出，表明对标准的要求是强制的、无条件的。

二是小学教育见习与实习的目标设定分阶段分层次，循序渐进，具有很强的操作性。发达国家把对合格教师的要求分成几大部分，并且将每一部分细分为操作性很强的多个方面。

三是重视专业能力培养的可持续性。比如，美国教师培养目标强调教师反思能力，建立"学习共同体"，加强教师之间的交流合作和资源共享。

二、组织与管理

小学教育见习与实习的组织与管理对于见习与实习的整体成效至关重要。其中，前期准备为见习与实习工作的顺利开展奠定基础，而在具体实施中，时间安排、内容设置、有效指导都成为实施过程中不可或缺的要素。

（一）前期准备

随着对小学教育见习与实习的关注愈发深入，人们逐渐认识到小学教育见习与实习前期准备的重要性。职前教师进入初等、中等学校教育现场，面对或介入真实的教育教学情境进行见习与实习，会面临一系列复杂而严肃的事项，前期准备是保证见习与实习活动顺利进行、实现见习与实习目的的重要前提。做好前期准备，有助于小学教育见习与实习取得事半功倍的效果。

在美国，小学教育见习与实习的准备一般采用模拟实习的方法，基本上是在教育学院或实验室内进行。模拟实习通常采用微格教学，利用声像手段对学生应掌握的各种教学技能和方法进行选择性模拟，对学生的讲授过程进行录像后由指导教师和其他同学作出客观的分析和评价，使学生对其教学形成清晰的自我认识，并熟练掌握整个教学过程的各种技能。这种模拟实习为今后的正式实习奠定技能和应用方面的扎实基础。

英国则多把见习活动视作教育实习的前奏，让学生走进中小学教育教学实际场景去观察和体会，协助中小学教师的教学工作，并承担一定的工作量。这项活动从大学一年级开始贯穿于二、三年级。值得一提的是，作为一种非常流行的实习准备形式，模拟实习却没能受到英国教师教育有关方面的重视。英国小学教育见习与实习受经验文化主义传统的影响，较为排斥让职前教师在虚拟的情境中进行模拟实习，而更加强调在真实教学情境中与学生互动交流，进行教育教学实践。

日本在小学教育见习和实习的前期准备中特别注重帮助学生"自觉形成教师形象"。在"形成教师形象"的过程中，学校极少用纯粹理论的讲解，而是采用恳谈会的形式。[①] 所谓恳谈会，就是把学生组织起来，针对"教师形象"这个主题进行回忆、交流和总结。在交流和讨论的过程，学生通过回忆记忆中优秀老师的形象，逐步构建出心目中理想老师的特质和形象，更深入地体会到教师工作的神圣性，从而为成为一名优秀老师打下良好的思想基础。

（二）具体实施

教育见习与实习活动能否达到既定目标，取得预期效果，主要取决于四个因素：一是见习与实习的时间安排是否合理，二是见习与实习的内容设置是否周全，三是指导和管理是否恰当，四是见习与实习的效果评估是否科学、完善。

1. 小学教育见习与实习的时间安排

在一些国家，职前教师的小学教育见习和实习相当于医生、律师等职业的"临床"实习，在时间安排方面具有明确的规范和要求。

英国大学每学年分为秋、春、夏三个学期，因此教育实践的时间也根据三个学期来安排，一般要求四年不少于18周的小学教育见习和实习（见表2-2）。

表2-2 英国小学教育见习和实习的时间安排

四年制本科合格教师资格课程	160天（32周）
两年或三年制合格教师资格课程	120天（24周）
中等研究生教育证书课程	120天（24周）
初等研究生教育证书课程	90天（18周）

另外，英国在小学教育见习与实习时间安排上采取了分散与集中、阶段性与延续性相结合的原则，将小学教育见习与实习分散安排在每一学年中。一般来说，第一、第二学年的见习和实习时间比较短，内容多以参观和见习为主。第三、第四学年的见习和实习时间增多，内容开始涉及教学工作和班级管理。

在美国，教师培训中的早期实地经验从大学一年级开始，贯穿于第二、第三学年。正式的教育实习安排在大学的第四学年，时间长短各州有各自的规定，但许多州都明确了下限。在日本，一般院校小学教育见习与实习的时间安排在第三、第四学年进行，占总学时的7%~8%。但定向为中小学培养师资的教育大学，则在整个四年学习期间分期开展教育实践。[②] 而在德国，小学教育见习与实习是以学期或学年为时间单位来安排

[①] 清水茂. 实地教育·教育实习の实践的研究 [M]. 东京：溪水社，2002：37.

[②] 姚云. 中外师范生教育实践的比较及其启示 [J]. 比较教育研究，1998 (1)：29-31.

的。其间，跟正常教师一样，职前教师每星期至少要从事 12 课时的教学活动。如此密集的实习安排对职前教师形成了较大的压力，职前教师所承担的责任也相应加大。但这样的见习与实习安排能让职前教师在毕业后迅速适应工作，所以深受中小学校的欢迎。

美国、英国、日本和德国小学教育见习与实习的时间安排虽然各不相同，但总体来说有两个特点：一是见习与实习时间较长，整个教育实践课程在全部课程中所占比重较大；二是分散与集中相结合，教育见习分散在大学的前三个学年中，而正式的教育实习则集中在第三或第四学年。

2. 小学教育见习与实习的内容设置

20 世纪 80 年代，全球教师教育进入以"能力本位"为导向的阶段。教师培养开始以合格教师所具备的教育教学技能为主要目标，小学教育见习与实习则是实现这一目标的基本路径和方式。可以说，小学教育见习与实习内容是职前教师形成教育教学技能的决定性因素。

在英国，人们在教师教育实践中发现，教师培养的关键在于职前教师教育教学实践能力的训练，而进行相关训练的最理想场域就是中小学现实的教育实践。因此，中小学在职前教师实践能力的训练中具有独特而重要的作用。在这个观念的影响下，英国逐渐形成了以中小学为基地的小学教育见习与实习模式，该模式的显著特点是重负荷教学训练。以英国"教育学士学位"（Bachelor of Education，BEd）课程为例，通常，"教育学士学位"课程是以模块化的形式设计实施的。在课程的总体内容方面，该课程由"核心课程研究""专业研究""学科研究""学校体验"四大模块构成。其中，英国将职前教师到中小学进行教育见习与实习的模块称为"学校体验"，包括教育见习、实习、在中小学做教育实践研究等诸多方面的内容，旨在"提供一种情境，使整个培养计划形成了一个有意义的整体"（见表 2-3）。[①]

表 2-3 英国小学教育见习与实习的内容设置

学年	秋季学期	春季学期	夏季学期	总计（周）
第一学年	春秋学期各有 4 周（到小学各个年级），每周 2 天		连续 4 周，在第一学段	7
第二学年		连续 4 周，在第二学段	连续 2 周，内容为基于学校的研究	6
第三学年	连续 5 周，在主攻科目的班级		连续 3 周，开展基础科目的教学；组织学生活动	8
第四学年		在主攻科目的班级见习及实习准备一周，集中实习 8 周		9

资料来源：王艳玲，苟顺明. 试析英国教师职前教育课程与教学的特征［J］. 教育科学，2007，23（1）：78-82.

从表 2-3 可以看出，小学教育见习与实习是与其他课程模块交叉进行的。也就是

---

① 王艳玲，苟顺明. 试析英国教师职前教育课程与教学的特征［J］. 教育科学，2007，23（1）：78-82.

说,小学教育见习与实习和理论课程的学习相互交替,互为支撑。例如,第一学年"核心课程研究"模块中的内容如果为"科学",该模块中有一半左右的学分职前教师只有通过小学教育见习与实习才能获得。另一方面,这一阶段大学的教育学院在组织实施"专业研究"这一模块课程的内容时,也要求职前教师必须结合教育教学实践、参与研讨或参加见习等。这样做的目的主要是帮助职前教师实现理论学习与实践体验的结合。

英国对小学教育见习和实习的具体内容也有比较全面、丰富的设置,既包括教学实习、班级管理实习,也包括教育调查和研究,熟悉学校的政策,组织活动,与专家研讨,与学生家长、社区建立良好的关系等。而且,对小学教育见习与实习内容的设置也比较具体详细,具有非常强的操作性。例如,针对职前教师具体需要完成什么任务,用多少课时以及需要借助什么方式去做,都会给出明确的要求和指导。[①]

日本在小学教育见习与实习方面实施"研修计划",研修方式主要包括校内研修、教师中心研修和专题研修三类,分别涉及班级经营、学科指导、道德教育、课外活动和生活辅导等方面。另外,为顺利实施研修计划,日本各都、道、府、县都要设置"实施协议会",以各都、道、府、县教育委员会教育次长为会长,负责研制年度研修计划书,并解决实施上的各种问题。校长依据研修计划书,斟酌学校特征以及社会环境和指导教师等情况,拟定该校各年度对职前教师的指导计划。[②]

3. 小学教育见习与实习的有效指导

在小学教育见习与实习的训练下,职前教师能更加良好地认识、理解并体验教育实践,理解自己的教学行为,认识自身的不足,更好地完成小学教育见习和实习工作。在整个小学教育见习与实习过程中,绝大多数指导工作是由指导教师完成的。指导教师对于职前教师来说至关重要,无论是指导教师的认同、鼓励,还是批评、建议,都将对职前教师产生重要的影响。

在英国和美国,每位职前教师一般由三名导师共同负责指导,分别是大学指导教师、实习学校指导教师以及协调导师。为了保证实习的效果和质量,对指导教师的选择和管理都有明确的标准和规定。大学指导教师要满足以下条件:对教学工作有强烈的热情;熟悉中小学教育教学实际;与中小学教师和管理人员有良好的关系;具有一定实习指导经验等。实习学校指导老师一般由中小学领导或者教育行政主管选定,要有热爱工作的专业态度,在学校中有良好的表现,对学校行政体系与运作流程有清醒的认识等。协调导师要具备良好的沟通能力。三位导师各司其职,侧重于指导工作的不同方面:实习学校指导教师负责带领职前教师了解学校教育环境,进行示范教学以及相关内容的指导;协调导师负责组织和协调方面的工作;大学指导教师则负责职前教师更高层次上的理论分析和经验提升。另外,为了顺利推进小学教育见习和实习工作,英国许多地方还专门编写了指导手册。手册的内容全面翔实,明确规定了职前教师在小学教育见习与实习结束时应该达到的目标以及阶段性具体目标,甚至为每一天的工作制订出详细的计划。例如,阿伯丁大学教育学院一年级的指导手册要求:小学教育见习的第一天,职前

---

① 杨秀玉. 教育实习:理论研究与对英国实践的反思[D]. 长春:东北师范大学,2010.
② 杨深坑,欧用生,王秋绒,等. 各国实习教师制度比较[M]. 台北:师大书苑,1994:121-125.

教师报到后,由中小学教师介绍学校的情况,然后进入指定班级。这一天职前教师要了解学校的校风、办学特色、教师的工作内容,教室、学校,资源的准备及运用,访问员工及学校的相关部门。[①]

日本大多数地区对职前教师采用以"指导教师为中心"的见习与实习制度。指导教师由校长负责聘任,选定范围包括该校的教导主任、教师或兼职教师,最终由主管教育行政机关任命指导教师。为了做好职前教师的指导工作,指导教师还得减少自己的授课时数及校务工作。指导教师在校长和教导主任的指导下,依照年度指导计划,对职前教师进行指导和建议。校长和教导主任要依照年度指导计划和研修项目内容,对指导教师进行指导。但东京并不采取这种以"指导教师为中心"的见习与实习制度,因为有较高称职的指导教师不易聘请,而且指导教师也并非十全十美。因此,东京采取以"校长为中心"的集体指导制度,各校校长在校内成立实习指导组,教导主任为指导组负责人,并任命指导教师一人负责具体的指导工作。行政主管以及教师要依据年度指导计划,协助职前教师的指导工作,使全校形成有组织的协同指导体制。[②] 采取这种方法,职前教师可以从许多教师那里获得指导和帮助,不但比从特定指导教师那里获得的指导效果好,而且不会使自己孤立于学校组织系统外,成为孤立无助的一方。[③]

三、总结与评价

小学教育见习与实习过程实际上是一个经验学习过程,是一个程序性知识的学习过程,与陈述性知识的学习具有质的差异。职前教师在这个过程中获得的首先是感受和体验,这些主观感受和体验必须经由反思环节才能凝练为经验和实践技能。对小学教育见习与实习的评价必须充分考虑它的这些特质。在教师教育比较发达的国家,小学教育见习与实习的评价是一个有机的体系。在这个体系中,有相对固定的评价主体、科学合理的评价标准以及先进的评价方式与手段。一个合理的小学教育见习与实习的评价机制,能最大限度地保障其有效性。[④]

英国在小学教育见习与实习的评价环节尤其强调中小学的地位和作用,所以在小学教育见习与实习活动的评价中,评价主体除了职前教师所在大学的指导教师和职前教师本人以外,实习学校的领导和教师、实习学校的学生家长等人的评价也受到格外重视。评价内容涉及实习过程的各个要素与层面,主要包括:所教授的学科内容、个人教学特色、课堂秩序的维持与管理、与实习学校教师及学生的人际关系等。评价过程一般分为两个阶段:一是对职前教师在教育教学实践中表现出的优缺点进行过程性评价;二是在期末阶段对职前教师的实习成绩进行终结性评价。另外,职前教师教育教学能力、班级管理能力等的养成是一个循序渐进的过程,而非一蹴而就。因此,职前教师需要在指导

---

① 张文军,王艳玲. 职前教师教育中的"学校体验":英国的经验与启发 [J]. 全球教育展望,2006 (2):23—28.
② 欧阳霞. 中日新任教师培训制度之比较 [J]. 重庆职业技术学院学报,2006 (4):10—12.
③ 杨深坑,欧用生,王秋绒,等. 各国实习教师制度比较 [M]. 台北:师大书苑,1994:125—126.
④ 刘慧贤. 教育实习:英国的经验及启示 [D]. 成都:四川师范大学,2014.

教师的帮助下，在实际的教育教学情景中日积月累，不断提高自己的授课水平和解决实际问题的能力。小学教育见习与实习评价的主要方法有：职前教师开展交流讨论会、撰写书面实习观察报告、填写各类有关实习表现的评价表、撰写实习日记来进行自我反思与评价，中小学生为实习教师填写反馈表，职前教师教学表现的音频或视频录像反馈等。① 不仅如此，英国对小学教育见习与实习的评价非常注重终结性评价和阶段性评价的结合。在一个阶段的实习进行到下个阶段以前，指导教师需要对职前教师进行 200 字左右的书面总结与评价，并对书面评价进行口头解释。书面总结和评价要用复写纸写好，一式两份，一份交给教师保存，另一份由职前教师自己保留。在拿到最终的实习成绩前，每个职前教师一般可以收到三份书面评价，通过三次成绩的比较，更清楚地看到自己的进步，指导教师也以发展性评价取向来给出职前教师的最终成绩。②

美国全国教师教育认证委员会认为，对职前教师见习与实习情况的评价不能只关注最终的结果，还应加大对职前教师见习与实习的过程性评价。各州的评价程序和方法不尽相同。在佛罗里达州，对职前教师见习与实习情况的评价是通过支援小组实现的。支援小组通过观察和会议形式，获取职前教师在教学技巧和基本能力上的进展情况。因此，支援小组每位成员至少须进行两种形成性评价，而基层行政人员另外还需完成两项总结性评量。这些文件由基层行政人员做成档案并负责保管，待见习与实习结束时由其撰写证明报告，陈述该职前教师是否有取得正式证书的理由，再交由督学做最后决定，然后由教育委员会确认该职前教师是否顺利完成初任教师方案。③

德国为了保证小学教育见习与实习的质量，在为期两年的见习与实习结束后会为职前教师安排一次国家级考试，考试内容包括书面论文、演示课和口试三部分。各个部分在考试总成绩中所占比例为：平时表现占 30%，书面论文占 20%，演示课占 30%，口试占 20%。考试由答辩委员会组织，委员会由文化教育部部长（或其他领导）与教师联合会代表、职前教师所在的教师培养机构代表各一名以及三名指导教师组成。④

检讨会是日本对职前教师小学教育见习与实习情况进行评价时最常用的一种方式。检讨会通常要在职前教师记忆犹新时举行，以便职前教师能从检讨中得到充分的反馈。讨论的内容包括教材教法的运用、教学资源的使用、行政管理以及中小学校人事关系等方面。检讨会尽量在轻松愉快的气氛下进行，指导教师在口头评价时会对表现较好的方面予以鼓励，并对需要改进的地方进行说明，以减少职前教师的挫败感和焦虑情绪。⑤

四、比较与借鉴

从目标指向、时间安排、内容设置、管理、总结与评价几方面分析我国小学教育见习与实习制度的基本情况。

---

① 刘燕红. 美国临床实践型职前教师教育实习模式探究 [D]. 重庆：西南大学，2012.
② 王艳玲，苟顺明. 试析英国教师职前教育课程与教学的特征 [J]. 教育科学，2007，23（1）：78-82.
③ 杨深坑，欧用生，王秋绒，等. 各国实习教师制度比较 [M]. 台北：师大书苑，1997：132.
④ 陈永明. 国际师范教育改革比较研究 [M]. 北京：人民教育出版社，1999：35-36.
⑤ 清水茂. 实地教育·教育实习の実践の研究 [M]. 東京：溪水社，2002：37.

（一）小学教育见习与实习的目标指向

我国教育部曾在 1957 年 2 月 25 日颁发《高等师范学校教育实习暂行大纲》，规定教育实习的目的在于使职前教师把平时学习中所获得的知识和技能综合地应用于教育和教学实践，使他们基本上具有在中等学校独立从事教学和教育工作的能力。迄今为止，我国小学教育见习与实习的目标基本沿袭了上述规定。结合英国、美国、日本等国的实践情况看，小学教育见习和实习目标应在此基础上做出更具体的安排和要求，以便使职前教师根据目标进行有步骤、有计划的教育实践，帮助指导教师更有针对性地对小学教育见习与实习进行指导和评价。以英国的小学教育见习与实习目标为例，依照合格教师专业标准分为专业的价值观和实践、知识和理解以及教学等 3 个一级指标，16 个二级指标和若干标准。这样的小学教育见习与实习目标相对具体清晰，有较好的针对性和操作性。比如，职前教师要达到的合格教师专业标准中有关引导学生学习、教学评价和班级管理等能力，并将其细分为操作性强的多个层面。同时，小学教育见习与实习目标的实现不是一蹴而就的，而是根据职前教师见习与实习的时间分为多个阶段，由浅入深、由易到难一步步实现的。

（二）小学教育见习与实习的时间安排

从我国一些师范院校小学教育见习与实习的实际执行情况看，小学教育见习与实习在时间上常采用短期集中、一次性解决的方式。这样的时间安排可能导致两个不良结果：一是，临近毕业的学年实习，加上就业、考研等压力，学生很难把时间和精力集中到实习活动中，直接导致教育实习效率低下；二是，短期集中小学教育见习和实习的方式造成见习与实习内容的局限性，课堂体验和班级管理体验不够充分，一些职前教师被作为小学教师的助理（帮忙管学生、改作业），职前教师不能充分和深入体验小学教育实践。

20 世纪 80 年代以来，一些国家注重小学教育见习与实习制度改革。在小学教育见习与实习的时间安排方面打破了以往单一的集中实习方式，更为合理地规划了小学教育见习与实习时间，在整个大学期间采取连续实习和多次实习相结合的策略，使之弥散于整个大学的各个学段。另一个重要举措是延长小学教育见习与实习的时间，给职前教师充裕的时间在实践中掌握教育实践的技能。这些对改进我国师范院校小学教育见习与实习是颇具借鉴价值的。

（三）小学教育见习与实习的内容设置

小学教育见习与实习的内容是整个小学教育见习与实习的中心部分。从我国一些师范院校小学教育见习与实习内容的实际安排来看，尽管都有课堂教学、班级管理、实践研究等内容规定，但在实际执行过程中，跟班听课、讲课和实习总结成为主要内容，在校实践主要集中在两个方面——学科教学和一些勤务性质的班主任工作[①]，很少有机会参加更多的班级活动、课外活动、学生心理辅导、考研等。

---

① 刘慧贤. 教育实习：英国的经验及启示［D］. 成都：四川师范大学，2014.

一些国家的小学教育见习与实习在内容设置方面较为丰富、细致，有实用性和操作性。例如，英国职前教师小学教育见习与实习的内容不仅仅局限于课堂教学，还有诸如观察和熟悉实习学校环境和氛围、学习理解学生、学习创设良好的班风、参与学生的在校管理、准备开放日的教室布置、心理辅导、学生成绩评定等工作[①]。丰富的小学教育见习与实习内容让职前教师在多种活动中得到亲身体验，有助于培养起职前教师在品德教育、传授知识、制订教学计划以及管理班级等方面的实际工作经验和能力，有助于他们踏上正式工作岗位后尽快适应工作、进入状态。

（四）小学教育见习与实习的组织管理

小学教育见习与实习是一项涉及面广、综合性强的社会实践活动，不仅仅是师范院校内部的教育事务，还与地方教育行政部门、小学校密切相关，需要各方有效配合与协调。近年来，广大师范院校普遍重视对职前教师专业实践能力的培养，对包括小学教育见习与实习在内的实践教学环节加强管理。但也需看到，小学教育见习与实习管理松散的情况依然在个别专业领域存在，缺乏体系严密、方式多元的管理及评价体系。由于师范院校（U）与地方教育行政部门（G）、小学校（S）的"U-G-S"协同机制不够成熟，小学教育见习与实习的管理事务一般由师范院校（U）负责，地方教育行政部门（G）和小学校（S）成了配角，三者之间缺乏聚焦职前教师实践能力培养的合力。这就造成一个既成事实，既然没有法律或上级部门的硬性规定，地方教育行政部门和小学校就没有义务扎实落实师范院校的小学教育见习与实习工作。在很多情况下，小学校只是出于"帮忙""交易"或"情面"的心态不得已接待职前教师。如前所述，一些国家实行了"三位一体"的小学教育见习与实习领导联合体，使教育行政部门官员、大学专职指导教师和实习学校代表共同参与小学教育见习与实习的管理，有效提高了小学教育见习与实习的管理水平和效率，也为小学教育见习与实习的具体运作提供了保障。

（五）小学教育见习与实习的总结和评价

毋庸讳言，在小学教育见习与实习的评价方面仍存在不足，如评价目的片面、评价范围狭窄、评价手段单一、评价主体局限等。在评价的具体实施过程中，也存在着简单化、唯量化的弊端。我们有必要正视不足，借鉴一些国家提出的"以小学为基地"的小学教育见习与实习评价方式，不断优化现行小学教育见习与实习的评价制度。小学教育见习与实习评价要立足于全面、发展、动态的原则，摒弃一次总结定终身的传统做法；要重视在交流讨论中完成评价，即大学指导教师和职前教师、小学指导教师和职前教师、职前教师之间在讨论交流中回顾见习与实习过程、反思实习行为、总结教育实践的成效与不足。总结和评价不单在实习结束之后进行，还应穿插在小学教育见习与实习的过程之中，把过程性评价与终结性评价有机结合起来，这也是教育研习的重要内容。

---

① 邓李梅，刘波. 从比较中看我国高等师范院校教育实习存在的主要问题[J]. 湖北师范学院学报（哲学社会科学版），2009, 29 (1): 128-131.

【本章小结】

本章主要讨论了两个主题：小学教育见习与实习的历史沿革和一些国家小学教育见习与实习的当代实践。

小学教育见习与实习的历史分为初创、成型和发展三个时期。小学教育见习与实习发展演进的内在动因是教师教育（师范教育）的内在要求；就外在动因而言，小学教育见习与实习制度起源于个人、师范学校和中小学、基督教教会、社会组织等局部的尝试；其逐渐成形主要得力于各国政府、地方教育当局和相关学校的有力推动；国际组织的介入和教师专业化运动的兴起则使小学教育见习与实习走向更加成熟和完善。

以英国、美国、日本等国为例，简要介绍了国外小学教育见习与实习的当代实践情况。主要维度包括：小学教育见习与实习的目标指向、组织与管理、总结与评价、比较与借鉴。以其他国家小学教育见习与实习的实践情况作为对比，为优化我国小学教育见习与实习制度提供借鉴。

【教学自测】

1. 简述小学教育见习与实习的历史沿革。
2. 简述小学教育见习与实习在初创、成型和发展三个时期具备的特征。
3. 简述小学教育见习与实习制度发展和演进的内在动因与外在动因。
4. 简述部分西方国家在小学教育见习与实习的目标指向方面的特征。
5. 试述你对部分西方国家在小学教育见习与实习在内容和时间安排上的看法。
6. 试述我国与部分西方国家在小学教育见习与实习制度上（目的、内容、时间安排等）的异同。
7. 试述部分西方国家当代小学教育见习与实习的可借鉴价值。

第三章　小学教育见习与实习的理论基础

【要点提示】

本章的主要内容是小学教育见习与实习理论基础的阐释分析，包括理论与实践关系理论、实践性知识理论和教师专业化理论。

第一节是基于理论与实践关系理论对小学教育见习与实习的剖析。理论与实践的关系是认识论问题。理论与实践存在着内在的、普遍的、多样的联系，两者相互依存、相互促进。理论与实践在其本真意义上是统一的、融通的，在内涵上是相互关联的，在作用上是相互促进的。理论与实践二元对立的思维模式下，教师教育与中小学活生生的教育实践相分离，重视理论知识的学习，轻视实践感的训练和养成。对于职前教师而言，理论学习和教育实践都具有重要意义。理论学习对教师的生成具有奠基作用，教育实践对教师的生成具有核心意义。小学教育见习和实习作为一种实践活动，其实质就是理论与实践的关系问题。作为理论主体和实践主体相统一的小学教育见习与实习理应是知行合一的实践过程。

第二节是基于实践性知识理论对小学教育见习与实习的阐述。实践性知识的研究最早源于西方，从"实践性样式"到"反思性实践者"再到"缄默知识"，均证实了教师实践性知识的客观存在及其对教师教育的重要价值。教师实践性知识是一个复合体，它源于实践、针对实践、指向实践，它依存于情景的经验性知识、策略性知识，是与具体的对象相对应的，是被对象所"绑定"的。但实践性知识不同于外显的理论性知识，它既存在外显的部分，也存在具有内隐性的缄默知识部分。因此，教师实践性知识具有经验性、策略性、对象性、复合性、内隐性等特征。实践性知识是教师专业发展的起点与重要支撑，决定着教师的教育教学行为，是形成教育机制的重要条件。小学教育见习与实习对职前教师实践性知识的生成具有核心意义，职前教师可以通过"潜在经验学习""行动中反思""实践共同体"的构建等途径进行实践性知识的生成。

第三节是基于教师专业化理论对小学教育见习与实习的阐述。教师专业化主要对教师基本素质和专业素质提出新要求，基本素质主要指教师的身体素质和心理素质，专业素质主要涵盖了教师的专业知识、专业技能、专业态度三个方面。小学教育见习与实习影响职前教师的职业选择，强化职前教师的职业意识和职业态度，促进了职前教师教育理论与教育实践的结合，是沟通职前教师职前教育与职业生涯的桥梁。因此，作为教师教育的重要路径，小学教育见习与实习为教师专业发展奠定了坚实基础。

【学习目标】

知识目标：

- 掌握理论与实践的关系。

- 理解理论与实践关系对小学教育见习与实习的意义。
- 了解实践性知识的研究缘起。
- 掌握实践性知识的内涵及特征。
- 理解实践性知识的意蕴。
- 明确实践性知识与小学教育见习与实习的关系。
- 了解教师专业化运动的兴起与发展。
- 掌握教师专业化对小学教师素质的新要求。
- 理解小学教育见习与实习为职前教师职业生涯奠基的价值。

能力目标：
- 学会如何在小学教育见习与实习中生成实践性知识。
- 学会如何在教师专业化条件下提升教师素质。
- 学会如何有效进行小学教育见习与实习。

【知识导图】

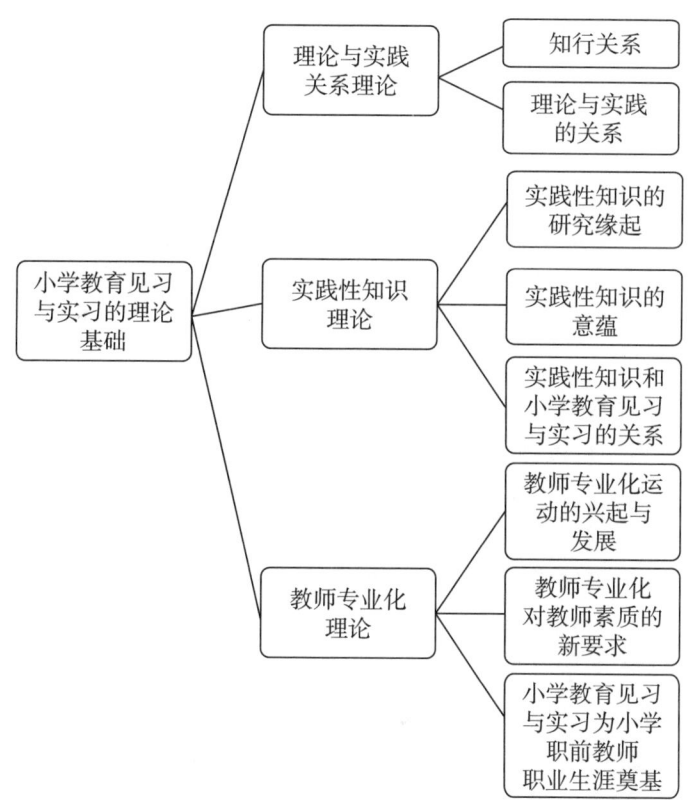

第一节　理论与实践关系理论

在一般意义上，实践是指"人们有意识地从事改造自然和改造社会的活动"[①]；而理论是指"人们由实践概括出来的关于自然界和社会的知识的有系统的结论"[②]。实践是人们在特定的时空背景下所进行的具体、感性以及社会性质的活动，如生产、教育、教学等。与之相对，理论则代表着一种通过抽象和概括的思维手段，如概念、符号、公式以及命题等来呈现的知识体系。在理论的形成过程中，事物本身所有的表面的、非主要的、非本质的属性被舍弃，而那些共同的、主要的、本质的属性则被抽取出来凝练为思辨性的、观念形态的知识。如此，理论就由个别上升为一般，由具体上升为抽象。于是，理论也就具备了巨大的统摄力——对具体的、个别的事物（现象）的统摄力。这就引发了一个重大的认识论主题：理论与实践的关系。

一、知行关系

（一）知行关系的一般观点

"知"和"行"是我国哲学史上的一对重要范畴，是我国哲学先贤们长期关注的一个重大哲学主题，并一直贯穿于我国哲学史的始终。其中，"知"是指认识、知识、理论；"行"是指行动、实践。由于我国古代哲学主要是伦理哲学，因此，知行关系问题也主要与道德认识和道德实践相关，但在一般意义上，"知行关系"与西方哲学中的"理论与实践的关系"可以被视为同一问题。知行关系问题发轫于《左传》和《尚书》。此后，哲学家对于知与行之先后、轻重、难易等问题有诸多议论。

先秦时期的哲学家已经注意到知行关系问题，并对知和行的含义、来源，知行的可能性，主体的认识能力等问题进行思考和研究。在儒家的认识传统中，"知"主要是指道德认识；"行"主要是指道德实践。

孔子认为，人有"生而知之""学而知之"和"困而学之"三类。可见，在孔子看来，"知"有多重前提，所以他主张知行结合。"孟懿子问孝。子曰：'无违。'"孔子的解释是："生，事之以礼；死，葬之以礼，祭之以礼。"（《论语·为政》）由此可知，孔子相信，对孝的"知"是建立在对孝的"行"（事、葬、祭）的基础上的。在孔子的学说中，我们见到了"知行并重"的最初构想。后来，墨子认为，认识源自"闻之见之"，主张"口言之，身必行之"《墨子·公孟》）。而孟子则主张人有"不学而能"和"不虑而知"的"良知""良能"（《孟子·尽心》），认为知可以先于行。孟子在"生而知之"

[①] 中国社会科学院语言所词典编辑室. 现代汉语词典 [M]. 7版. 北京：商务印书馆，2016：1185.
[②] 中国社会科学院语言所词典编辑室. 现代汉语词典 [M]. 7版. 北京：商务印书馆，2016：799.

的维度上继承了孔子的衣钵。荀子认为"行"重于"知",其"不闻不若闻之,闻之不若见之,见之不若知之,知之不若行之"(《荀子·儒效》)的说法与孔子的"知行并重"观相一致。对知行关系的讨论在两汉(董仲舒、王充)、隋唐(佛教哲学)等时期也有重知轻行、知行并重、知行合一等不同主张。

到宋朝以后,知行关系遂成为思想界的一个热点问题。程朱学派主张知先行后,强调知的作用;朱熹主张"性即理"。他指出"知之愈明,则行之愈笃;行之愈笃,则知之益明"(《朱子语类》卷十四)。也就是说,在知识的来源上,知先行后,但行对知也有增进。陆九渊主张"心即理"(《与李宰书》),亦强调知先行后。针对程朱理学和陆九渊"知先行后"的观点,陆王心学的集大成者王守仁根据其"心即理"的本体论思想,提出"知行合一"的著名论断。王守仁指出,造成知行脱节、知而不行的原因在于"分知行为两事"的认识传统,而且"今人却犹将知行分作两件事去做,以为必先知了,然后能行"。他把"知行合一"视为克服知行脱节之弊的一剂良方。王守仁相信"知行本体",因为"知是行之始,行是知之成"(《传习录》卷上),"知之真切笃实处即是行,行之明觉精察处即是知"(《传习录》卷中)。可见,王守仁深谙知与行融合、辩证的关系。其"知行合一"的命题在我国哲学思想史上占有重要地位,对后来我国哲学理论的发展也具有深远影响。

明清之际的理学家王夫之批判了朱熹和王守仁的知行观,认为他们是"异尚而同归"。王夫之认为知行两者固然不可分,但又不能等量齐观。他指出,知行关系的内核是"知行相资以为用""并进而有功",但"行可兼知,而知不可兼行"(《尚书引义·说命中二》)。显然,王夫之是在行优于知、行高于知的前提下主张"知行合一"的。

总的说来,从古代我国的先秦时期一直到明清时代,先贤们对知行关系的思考和论辩经历了一个近乎完整的"肯定—否定—否定之否定"的循环。尽管这个过程出现诸多变数,但儒家知行观的总体特征是强调知与行的辩证统一、强调践履的认识论意义。

(二)知行关系对小学教育见习与实习的影响

小学教育见习与实习对职前教师具有重要意义和价值,是职前教师成为一个名副其实的教师最重要的环节、教育见习与实习使职前教师真切地感悟、领会和把握实践,从而获得作为教师的实践感。对于职前教师而言,理论学习和教育实践都具有重要意义。

1. 理论学习对教师的生成具有奠基作用

理论学习使职前教师对教育、教学、教师、学生、课堂、课程等有一个初步的、粗浅的理解。所谓初步是指,理论学习是教师生成的第一阶段。在现代社会,教师教育已然构成制度化教育体系的重要一环;教师专业化运动也强烈主张,一个人要想成为教师,接受必要的理论学习是先决条件。而接受理论学习只是一个人成为教师的先期准备。一朝"出炉",终身受用的教育理念已经过时。而一个从师范院校毕业的"准教师"与一个合格教师还有相当遥远的"距离"。所谓粗浅是指,一个职前教师对所谓教育、教学、教师、学生、课堂、课程等的理解和领会,是相当粗糙、相当肤浅的。跟律师、医生等职业相类似,教师职业具有极强的实践性(个体性、情景性、对象性等)特征。对教师工作的"实践感",只有做一个"货真价实"的教师(不是参观者),才能真切地经历、体验和感悟。任何情景对其不同的当事人都具有不同的、特殊的意义。以一堂课为例,课堂情景对任课教师、参观者、视察者、课堂上的学生的意义是迥然不同的。

2. 教育实践对教师的生成具有核心意义

教师工作的根本规定性就是实践性。其一,教师对学生非智力因素(人格、意志、情绪、胸襟、抱负水平等)的影响只能依赖于教师的实践。其二,教师对学生智力的影响是教师凭借个人的程序性知识,将其所拥有的陈述性知识转化为学生的陈述性知识。而其程序性知识正是实践智慧、实践策略、执行力等。这些都只能通过实践转化,别无他途。

可见,"学高为师"是一个错误命题。"学高"并非"为师"的充分条件。事实上,某人知道 $(a+b)^2=a^2+2ab+b^2$ 并不能天然地保证他可以很好地将这个公式教给一群孩子。

一个教师的生成历程是从他成为一个师范生那一刻发端的,而最关键的时段则是从他成为一名教师那一刻开始。当他以一个教师的身份踏进课堂、面对学生的时候,他才真实地体验到教育、教学、课堂、学生、师生关系等的实在含义。从这一刻起,他开始了教师的实践。这意味着他开始了教师生涯。实践对于一个实践者(如教师、医生、律师、军人等)而言具有核心意义,可以说,没有实践就没有实践者。实践者的生成绝不可能仅凭纸上谈兵。所以,一个教师是在实践中生成,在实践中成长、发展的。

艾斯纳指出:"真正核心的问题是教师的实践本身。教师通过实践形成的是一种解决问题的智慧,它是与每个具体情境相连的,它必须考虑到在实践中的各种复杂性,它依赖于随时生成的各种判断和决定,它根据各种不确定因素而发生改变,它关注各种特别事件,它随时会在过程中因需要而改变其预定目标。"[①]

中华人民共和国成立后,我国师范院校比较注重职前教师的教育见习与实习工作。改革开放后,因师范院校数量的增加和规模的扩大、综合性大学介入教师培养,以及高校教师职称评审与晋升等因素的影响,职前教师的教育见习与实习受到了严重挑战。小学教育见习与实习时间短、次数少、内容单调、基地不稳定、教师指导不足等,导致职前教师教育实践感的缺失和教育实践能力的下降。

小学教育见习与实习作为一种实践活动,其实质就是理论与实践的关系问题。20世纪上半叶,陶行知先生在阐述生活教育理论时就旗帜鲜明地指出"行是知之始、知是行之成""劳力上劳心""教学做合一"等观点。陶行知把教育实践看作行知合一的过程。作为理论主体和实践主体相统一的小学教育见习与实习理应是知行合一的实践过程。小学教育见习与实习是一种富有想象力和情感体验的实践活动,职前教师在此过程中所遇到的情境、问题以及自身的认知状态、教学能力等都处于动态变化的过程。没有知行合一,没有教育教学理论与教育实践的有机结合,不立足于教育实践的具体情境,教育理论就不能和教育实践发生实质性的"对话"与互动,而实践也难以修正、检验和完善理论。知行分离,脱离教育实践的教育理论必将成

---

① Eisner E W. From episteme to phronesis to aristry in the study and improvement of teaching [J]. Teaching and Teacher Education, 2002 (18): 375-385.

为一种空洞苍白的教条。因而，教育理论必须关怀教育实践，从实践中吸取营养。小学教育见习与实习应坚持实践理性的价值取向，在教育实践中认识教育实践，在教育实践中形成、丰富教育理论。

小学教育见习与实习是职前教师获取教育教学理论的沃土和源泉，职前教师所掌握的理论没有小学教育见习与实习的支撑就会失去活力和着力点。职前教师的成长需要教育实习的锻炼，职前教师个体化的教育教学认识、理论、情感、能力、智慧与品质是在小学教育见习与实习的实践中生成的。职前教师在小学教育见习与实习中置身于真实的教育场景，在真实场景中发现、分析和解决真实的教育实践问题，在实践中培养亲近实践的情感，在实践中亲身感受与体认教育教学理论，给教育教学理论找到合适的实践基础和支撑，学会在实践中自我反思、培养情感、提高教育教学能力。

当教育理论脱离具体的活生生的教育情境时，无教育实践感的教育理论往往处于"失真"的状态，此时的教育理论往往显得苍白无力。教育理论在转化和迈向教育实践的过程中，职前教师对教育理论所展现的教育实践形态的感知与感悟尤为重要。教育实践不是一种技术性的实践，教育理论也不同于自然科学的一般原理。因而，教育理论与教育实践不是一种简单的"技术应用"的关系，也不是一种"规训指导"的关系。教育实践不是教育理论"公式化"的应用，因为教育实践具有复杂性、情境性、动态生成性等特点。教育实践涉及具体的教育情境、教育情感、教育教学能力与品质等方面的内容，因此对教育理论的理解和教育实践的准确把握，需要职前教师具有相当的教育实践感和教育实践智慧。而教育实践感和教育实践智慧正是职前教师从小学教育见习与实习开始生成的。离开教育实践，职前教师个性化的教育理论就成为无源之水、无本之木，教育实践感和实践智慧就无从谈起，必将阻碍职前教师的专业发展。因而，职前教师在小学教育见习与实习中要处理好知行关系、教育理论与教育实践的关系，自觉摒弃教育实践是教育理论简单的"技术应用"的观念，树立在教育实践中感知实践、理解理论、生成教师专业素养的小学教育见习与实习理念，为自身专业持续健康发展奠定坚实的基础。

二、理论与实践的关系

（一）理论与实践的关系的一般观点

与我国先贤们颇为相似，古希腊的哲学家也把世界理解为一个整体，认为主体与客体、理论与实践本身就是一体的、融通的。亚里士多德的哲学体系明显地体现了这一点。

作为实践哲学的奠基人，亚里士多德认为，实践在人类生活中具有至高无上的地位，因为实践本质上是人类最根本、最通用的行为方式。在亚里士多德看来，人类活动的三种主要形式分别是实践、制作和沉思。其中，实践是人类最普遍的、为了实现"善自身"而从事的道德活动。对于这种道德活动来说，行动是最为重要的，反而普遍的知

（科学）的作用非常微弱。① 可见，其一，实践与功利无关，或者说，实践统和着行为和目的，它以本身为目的，并在行动中实现自己。其二，"'实践'这一词语和概念系列，其自身规定根本不是从与理论对立中获得的"②。"制作"是一种在技术指导下的生产活动，它具有依循理性和原则进行操作的特性，旨在追求一种具体的善——制作（生产）的具体目标和具体的产品，普遍的知（科学）对于制作具有重要的作用。③ 因此，制作是功利性的，其目的是外在的，其过程受制于具体的产品或结果。"沉思"是对本质的、不变的、必然的事物本性的思维活动。因此，"沉思"也是人的一种生活方式。"在最高的意义上，只有那些在思维领域从事活动，并且仅由这种活动决定的人，才能被称为行动者。在这种情境下，理论本身也被看作是一种实践。"④

亚里士多德所强调的"实践"主要涵盖了人际交往的道德活动，这些活动直接追求至善的目标，实践是一个伦理学和政治学的范畴，它本质上是人实现"善"的活动。因而，实践是目的与手段的统一，本身就是目的，而不仅仅是达到某个外部目标的手段，是一种综合的、内在丰富的经验。它是自我圆满的、自我调节的自由活动，良好的实践自身便是目的。在善的实践活动中，人才能通过内在的超越、成长和自我完善，实现自己作为人的本质。亚里士多德强调，实践知识是一种特殊性的知识，是在特殊情境中，用日积月累的生活经验对事物的判断，这种实践性知识只能在具体的环境中才能直接应用于行动。可见，亚里士多德主张避免理论与实践的对立、主体与客体的对立。

随着中世纪的结束和资本主义经济的萌芽与发展，人们理解世界的方式产生了根本性变化，即由基督教理解世界的框架不断转向同生活世界密切联系的世俗化倾向。"实践"的含义与内容也随着人们理解世界方式和框架的改变而发生着如伽达默尔所说的"技术化"的根本改变。实践的范畴不断拓展，从单纯的道德实践延伸至生产活动和与此相关的实验自然科学等具有显著功利价值层面的实践活动。由此，自然哲学、科学哲学和生活哲学终于从根本上冲破了道德哲学、政治哲学和神学的藩篱，使实践哲学从高高在上的"神坛"走向世俗化的生活世界。在培根等一大批科学家、哲学家的批判和努力下，实践哲学的内涵和性质发生了天翻地覆的变化，从早期古希腊的道德哲学和政治哲学，到占据整个中世纪的神学，转向了自然哲学、科学哲学。培根认为，轻自然哲学的实践哲学传统极大地阻碍了自然哲学的发展。他在《新工具》一书中，对归纳法这一新的自然研究方法进行了系统性探讨，从方法论角度对受希腊理性主导的自然哲学研究进行了批判。弗朗西斯·培根基于对亚里士多德实践哲学传统的批判，彻底改变了理论和实践的概念，将实践重新定义为"科学的技术应用"，并将理论与实践这两个领域在这一狭隘意义下重新联系起来。

于是，自培根起，实践的含义开始转变成科学的应用，理论成为一种用来探究真理和搜集新知识的实用工具。培根在《新工具》中提出了两种实践：一种是在形而上学之下的所谓幻术，一种是在物理学之下的机械学。前一种实践注重反思、内省和自我修养

---

① 亚里士多德. 尼各马可伦理学［M］. 廖申白，译. 北京：商务印书馆，2003：177.
② 伽达默尔. 科学时代的理性［M］. 薛华，等译. 北京：国际文化出版公司，1988：79.
③ 亚里士多德. 尼各马可伦理学［M］. 廖申白，译. 北京：商务印书馆，2003：16—17.
④ 伽达默尔. 科学时代的理性［M］. 薛华，等译. 北京：国际文化出版公司，1988：78.

等，是一种道德哲学；后一种实践注重功用、价值，是一种自然哲学。他欣赏的是后一种实践，认为这是一种能够产生功用的实践，即科学的技术化活动。培根的努力使实践哲学发生了领域的转换，由注重道德哲学转向注重自然哲学，也使实践的性质发生了根本性变化，由超功利性转向功利性。

自工业革命以来，科学技术在促进社会发展方面日益彰显出强大的力量与价值，科学技术强大的威力使得人们对其顶礼膜拜，科技理性的强势侵袭导致了严重的文化危机，使得科技理性支配的科学世界（理论世界）与由价值理性支配的生活世界（实践世界）相脱离。面对理性内部的分裂和矛盾，许多西方哲学家都提出了重新统一理性或构建完整理性的思想。韦伯明确提出"工具理性"与"价值理性"概念；胡塞尔多次强调理性的统一性和完整性；伽达默尔明确指出，如果说科学的理性（知性）是一个半圆，那么，德行的理性是科学的知性所不能包括的另一个半圆。

随着科学理性价值的彰显，理论与实践的关系演变为科学知识及其应用之间的矛盾，这在古代是不可想象的。理论与实践之间的现代关系形成了如下的逻辑："理论只是方法，它必须能有'用处'，实践则是方法的运用。"[①] 理论演变成一种旨在解决现实世界问题并提供新知识的工具，它受到人们的追求主要是因为它具有一定对人类有益的效用。相应地，实践的重要性在于其对理论或科学知识的应用。在这种思维模式的影响下，现代社会已经不再强调追求理论本身的价值，而更强调理论必须具备实际应用的作用，否则就是无效的。

在实践理念上，西方传统哲学，特别是近代以来的西方哲学，逐渐抛弃了古希腊的实践哲学思想，并把理论、理性看作优先于实践，在思维方式上存在着理论和实践、主体和客体等二元对立，所以造成一定的社会和精神危机。[②] 理论与实践的关系实质上被理论与应用的关系所取代，这种关系转换意味着没有严格意义上的实践科学，技术理性或工具理性取代了人类真正的实践活动。在技术统治社会的时代，技术的力量弥漫着整个社会，导致技术控制着人们的头脑，进而导致实践沦落为技术。

当代西方实践哲学是一种影响广泛而深刻的思潮，其基本立场是反对近代以来以生产劳动为范型的、主客体二元对立的实践理念，强调恢复古希腊以社会交往为范型的、主客体统一的实践理念。实践理念的转变是建立在批判西方传统理性哲学的基础上的。它强调实现实践理念的根本变革在于用交往理性或非理性来替代科学理性，倡导通过社会交往，尤其是语言交往，来重新构建现代实践哲学。理论与实践之间存在内在、普遍且多样的联系，它们相互依赖、相互促进。理论的本质在于实践，其最初的动机和目的根本上属于实践领域。因此，理论与实践在其本质意义上是统一的、相互渗透的，具有内在联系、互相促进的作用。

（二）理论与实践二元对立思维对小学教育见习与实习的影响

教育理论与教育实践脱离的问题是一个多年"煮不烂"的老问题。在认识论上，

---

① 张汝伦. 历史与实践 [M]. 上海：上海人民出版社，1995：254.
② 孟宪清. 当代西方哲学中实践理念的转变与马克思实践哲学的意义 [J]. 马克思主义与现实，2010（2）：66—71.

理论与实践的二元对立使人们产生了一个错觉——理论与实践是彼此分离的、彼此割裂的。这不仅割裂了二者的关联,也使人们产生了"理论崇拜情结",颠倒了理论与实践的关系,天然地以为理论先于实践且高于实践。事实上,理论认识只是认识了世界的一般性、共性,这并不是世界的全部。理论因其抽象而注定片面、生冷而僵硬,而实践却是鲜活、柔性而完满的。就二者的关系而言,实践是理论的母体,是理论之源。必须还原实践的母体地位。正如布迪厄所言:"理论的谬误在于把对实践的理论看法当作与实践的实际关系,更确切地说,是把人们为解释实践而建构的模型当作实践的根由。"[①]

以课堂教学为例,理论家 A 和理论家 B 依据各自对各式各样的、具体的、生动的课堂教学实践的理解、认识和抽象,剥离了实践中所谓的枝节的、表面的现象,形成了课堂教学理论 AL 和 BL。从表面上看,这些理论提升了人们对实践的理解,但实际上,这些理论根本就不是对实践的还原,却恰恰是(通过抽象)滤去了实践中最有生命力的要素(如人的情感、态度、实践的节奏和律动、主体间的微妙关联等),因而远离了具体的课堂教学情景和实践。因而,任何理论对实践的阐释都不可能是精确的、完整的。对实践最权威的解释只能是实践本身,而不是关于实践的理论。尽管实践有些"粗糙",但它是事态的本相。关于课堂教学的理论因其抽象,可以囊括天下的课堂教学,却不可能是任何一堂课的本来面目。教育理论是回应教育实践的呼求而生,服务于教育实践问题提出的论证。[②] 正如席勒马赫所言:"理论自身并不能控制实践,教育的任何科学的理论总是在实践中发展出来的。理论只是在实践完结时才有了自己的空间。"[③]

除此以外,理论与实践的二元对立也对教师教育产生负面影响。在理论与实践二元对立的思维框架下,人们相信,理论可以指导实践、没有理论指导的实践是盲目的,这成了一个几乎毋庸置疑,也几乎无人质疑的"公理"。长期以来的教师教育以及小学教育见习与实习都是在这一"公理"的制约下进行的。因此,"只要很好地掌握了教育教学理论,职前教师就可以当好一个教师",以这样的观念为基础,传统的师范教育(教师教育)体系都是在"知而后行"的基本假设之下建构的。师范教育培养教师的主要逻辑就是使职前教师在还没有获得教育教学经验之前先拥有理论知识、必要的职业意识和职业技能等。这些职业意识和职业技能主要是通过大学的理论型教学传授给职前教师的,而不是通过职前教师的自身实践自然获得的。面对非逻辑的教育实践,教育理论往往是灰色的。其实,实践才是教师专业发展的根本途径,师范生只有在小学教育见习与实习的实践中才能培养实践感、增强对教育教学实践的体验、提高教育教学能力和智慧。现代师范教育制度建立起来之后,支撑其运作的基本原理是技术理性的思维框架。传统的教师培养模式的精神内核就是理论对实践的宰制。于是,理论和知识的学习构成教师培养的主要环节。

---

① 布迪厄. 实践感 [M]. 蒋梓骅,译. 南京:译林出版社,2012:115.
② 王艳霞. 教育实践中忽视理论的倾向与矫正 [J]. 中国教育学刊,2017 (2):30—34.
③ Cherryholms Cleo. Power and Criticism:Poststructural Investigations in Education [D]. New York:Teachers College Press,Columbia University,1988:135.

我国教师职前教育的课程分为三个板块——普通教育课程、学科专业课程和教育专业课程（内容一直是教育学、心理学和学科教学法三科加上教育见习与实习），以学科专业课程为主。此板块课程在高等师范教育总课时所占比重的情形大体如下：学科专业课程一般占高等师范教育总课时的50％以上，有的高达70％，是美国的1倍多，比日本多1/3；教育专业课程所占比重，我国为7％～11％，英国为25％～40％，日本为16.5％，韩国为14.3％，新加坡为39.2％；教育见习与实习，我国4～6周（专科）或6～8周（本科），英国12～14周，日本7周以上；普通教育课程所占比重（美国称"普通课程"，日本称"基础课程"，我国有的学者称"通识课程"），我国为20％～25％，美国为40％，日本为37.7％，德国为33.3％，俄罗斯为37％。各国普遍重视基础教育课程的设置，并认为广博的知识是从教的必要条件。普通教育课程包括自然科学、社会科学、人文科学和艺术、语言学等。[①] 我国的教师教育课程中，普通教育课程比例较低，且内部结构不合理；教育专业课程比例也明显偏低，不但门类少、学时少，而且彼此相互独立，理论脱离实际；学科专业课程比例过大，过于强调课程的专业性；实践课程趋向弱化，职前教师的实践创新能力欠缺。这种课程设置是理论与实践二元对立的思维模式在教师教育中的集中体现。这种教师教育与活生生的教育实践相分离，重理论知识的学习，轻视实践感的训练和养成。或者说，未来教师们的实践（涉及内容、形式、对象、场景、关系等）与当下的教师培养几无关联。

准确地说，理论学习对教师的生成是必要的，但未必是充分的。职前教师若要领悟实践，就需要借助一定的教育理论解读和建构自己的教育实践行为。小学教育见习与实习并不排斥理论的学习和准备，严密、系统、完善的教育理论可以更好地解释、指导、规范小学教育见习与实习活动。理论在现实中有两种不同的存在形态，一种为群体所共有的普遍形态，它脱离于产生理论的主体，以文字、符号等形式存在；一种为个人或部分特殊群体所拥有的私我和局部形态，其中包括个体因学习而内化的个人理论，还包括尚未完全脱离产生理论主体的，以言说和一定范围内的共同经验的存在形态。个人理论的后者形态可称为理论的原始态，它在没有文字记载的社会中已经存在，并成为当时人们认识和进行各种生产、生活实践的重要工具。即使在今天的信息社会中，这种理论形态依然广泛存在。个体内在理论与每个人的认识和工作、生活实践息息相关，并成为促进个人发展，形成新的共有普遍形态理论的、生生不息与丰富多彩的资源。忽视后一种形态理论的存在，不仅会导致理论发展资源的缺失和个人发展的停滞，同时也会造成理论僵化、单一化，并导致自以为掌握理论的、唯我独尊的、霸权式理论权威的滋生。[②]

[①] 李其龙，陈永明. 教师教育课程的国际比较［M］. 北京：教育科学出版社，2002：251.
[②] 叶澜. 思维在断裂处穿行——教育理论与教育实践关系的再寻找［J］. 中国教育学刊，2001（4）：3-8.

第二节 实践性知识理论

一、实践性知识的研究缘起

关于实践性知识的研究源于20世纪60年代美国著名课程专家约瑟夫·施瓦布（Joseph Schwab）关于"实践性样式"术语的提出。[①] 在课程探究方面，他主张采用"实践理性"的原则构建"实践模式"，以重新强调"实践性话语"在教育课程中的重要性，并将"实词结构"（Substantive Structure）和"句法结构"（Syntactic Structure）的概念引入学科结构中。其中，"句法结构"的概念强调了教师知识结构中实际操作技能的重要性。同时，他还提出了"技法"的概念，这代表一种具有多元观点的深度思考能力，以及在实际决策时综合运用多种理论和方法的技巧。教师在运用知识时并非简单地将理论分析框架自动转换，而是基于实际场景进行自主选择。[②] 这些阐述引发了学术界对于教师知识的实践理性特征和实践性话语特征的深入思考和广泛关注。

20世纪80年代中期以后，"反思性实践家"的概念和以"活动过程中的反思"为核心的认识论获得了教育研究者和教师的狂热支持，数年后成为推动教师教育和教学研究的范式转换的原动力。这一范式的崛起导致了传统的以技术理性为核心的教师教育模式逐渐式微，同时催生了以教师"实践性知识"的构建为核心的新型教师教育和教学研究范式的形成。

其中，以美国学者舍恩的理论较具代表性。舍恩在批判"技术理性"的基础上，倡导"反思性实践家"取向的教师定位，从而引领学界认识到实践性知识应当成为教师专业知识的重要维度。他指出："教师的专业是具有不稳定性、不确定性，同时又是充满许多潜在的价值冲突的专业，在这类专业中，执业者的知识隐藏于艺术的、直觉的过程中，是一种行动的默会知识。"[③] 他认为"在行动中反思"，个体能够应用在实践中培养的默会知识，对问题进行反复建构和深入思考。这种反思过程将实践者转变为实际情境中的研究者，从中积累了正式而深刻的专业知识。同时，这种专业知识"是教师在学习理论和亲身实践中逐步形成自己的'使用理论'，当在新情境中面临新问题时，教师会通过自己的'使用理论'与情境互动，共同对面临的问题进行'重新框定'，进而寻找新的解决问题的对策"[④]。舍恩的理论阐释了教师"使用理论"（教师实践性知识）的基本样态和使用方式，标志着教师实践性知识研究序幕的正式开启。

[①] 佐藤学. 课程与教师[M]. 钟启泉, 译. 北京：教育科学出版社，2003：388.
[②] Schwab J J. The practical: A language for curriculum [J]. The School Review, 1969 (1): 1—9.
[③] Schon D A. The reflective practitioners: how professionals think in action [M]. New York: Basic Books, 1983: 49.
[④] 邹斌, 陈向明. 教师知识概念的溯源[J]. 课程·教材·教法, 2005 (6): 85—89.

随后，英国学者弗莉玛·艾尔贝兹（Freema Elbaz）进行了具有开创性意义的研究，拓宽了实践性知识领域的范畴，为教师实践性知识的学术研究开辟了新的领域，并为此领域的研究奠定了基础。她吸纳了英国科学哲学家波兰尼的"缄默知识"理论，认识到"知识除了能够用书面文字、地图、数学公式来展示以外，还有另一种形式，它们在'焦点意识'中没有被明确察觉，难以精确表述，并主要在行动中充当'支援意识'的角色"①。并将其理论的研究成果引入教师研究中，率先正式提出"实践性知识"的概念，通过一系列实证研究系统讨论了"实践性知识"的相关问题。她认为："教师以独特的方式拥有一种特别的知识，即实践性知识。它突出了教师情境的行动和决策取向的属性，并在一定程度上，将教师知识理解为教师对该情境反应的一个函数。"②她在著作《教师实践性知识：案例研究报告》和《教师思想：实践性知识研究》中集中阐释了教师实践性知识的本质、特征、取向和认知风格等问题，不仅提出了教师实践性知识的五种取向（情境、理论、个人、社会和经验）③，还将教师实践性知识区分为五方面内容，从而搭建起教师实践性知识的结构。这些研究既证实了教师实践性知识的客观存在，也说明了教师实践性知识对于教师教育的重要价值。

日本学者佐藤学也对教师实践性知识（他称为"实践性学识"）作了系统梳理。在其《课程与教师》一书中，他根据舍恩的"反思性实践家"的理论模型重申了教师实践性知识的作用，并结合以施瓦布为代表的学者关于教师知识的系列研究和自己的调查与实践案例研究得出了关于教师实践性知识的性质、特征和提高策略等相关结论。④

国内关于教师实践性知识的研究起步较晚，直到 1996 年，何敏芳翻译加拿大学者 D. 琼·柯兰迪宁（D. J. Clandinin）和 F. 迈克尔·康内利（F. M. Connelly）的《专业知识场景中的个人实践知识》一文引领国内学界开始对教师实践性知识进行本土化研究。其中，具有代表性的当属清华大学教授石中英和北京大学教授陈向明等关于教师实践性知识作为"知识"的合法性问题的研究。石中英认为："人类有目的的实践行为都是受知识支配的。""教师的教育教学实践活动本身并不缺乏教育知识的基础，那是另外一些性质和存在方式方面都不同的教育知识。"在《缄默知识与师范教育》一文中，他从缄默知识的视角出发，对教育知识与行为脱节这一基本问题做出了深入的分析，挖掘了其教育认识论根源，为实践性知识的研究提供了有力的理论依据。⑤ 陈向明等人对这一问题进行了更为深入的研究。他们从知识论的视角，对教师实践性知识作为一种特殊的知识类型进行了论证。首先，他们对教师实践性知识的"真实性"做出解释。她认为教师的实践性知识"不是（或者说不仅仅是）客观实在，而是由人的直觉信念所形成，是由在场者某个信念系统中各个部分之间相互蕴含、推论和解释而成"⑥。其次，

---

① 迈克尔·波兰尼. 科学、信仰与社会 [M]. 王靖华，译. 南京：南京大学出版社，2004：111.
② Elbaz F. Teacher thinking: a study of practical knowledge [M]. London: Croom Helm, 1983: 5.
③ Elbaz F. Teacher thinking: a study of practical knowledge [M]. London: Croom Helm, 1983: 101-102.
④ 佐藤学. 课程与教师 [M]. 钟启泉，译. 北京：教育科学出版社，2003.
⑤ 石中英. 缄默知识与师范教育 [J]. 高等师范教育研究，2001（3）：36-40.
⑥ 陈向明等. 搭建实践与理论之桥——教师实践性知识研究 [M]. 北京：教育科学出版社，2011：148.

通过对亚里士多德的实践哲学、杜威的实用主义哲学的解读,他们得出结论:在以实践改进为取向的研究中,"有用性"而不是纯学术的所谓"真实性",成为衡量研究成果质量的重要标准。这一研究以"有用性"丰富了对"知识之真"的理解,为教师实践性知识的研究奠定了基础。

二、实践性知识的意蕴

(一) 实践性知识的内涵

由于基于不同的视角,所以国内外学者对实践性知识的界定也呈现出某些差异。英国学者艾尔贝兹在对教师实践性知识进行系统性研究时,将教师以独特的方法拥有的一种特殊的知识看作实践性知识,认为教师在实际情境的指导下,借助个人的价值与信念,对其全部专业理论知识进行整合与统整所形成的知识便是实践性知识。[1]而加拿大学者柯兰迪宁和康内利则把教师的实践性知识视为教师的"个人实践知识"。他们指出:"个人实践知识贯穿于教师的实践过程,存在于教师过去的经验中、目前的身心中、将来的计划和行动中,即个人实践知识对教师现在的把握以至于对未来的重构,对任何教师都有帮助。"[2]

国内学者林崇德等认为,教师的实践性知识是教师所具有的课堂情景知识以及与之相关的需要面临有目的的行为的实现所具备的知识,更具体地说,这种知识是教师教学经验的积累。[3]叶澜指出,实践性知识泛指教师基于前一时期的专业学科知识和一般教学法知识,对课堂中遇到的问题进行处理的知识,是体现教师个体特点和智慧的一种知识,能集中体现课堂教学的复杂性、互动性。[4]邹斌和陈向明认为,教师的实践性知识"是教师对教育教学的认识所表现出来的实际运用和(或)在其教育教学实践中所真正相信的"[5]。

综合以上观点,笔者认为,教师的实践性知识是教师作为实践者,从教育教学实践中衍生出来的,是针对实践而来的,是旨在解决实践问题的一个融知识、技能、直觉、经验、机智、策略等为一体的、非形式化、非逻辑化的复合体。

(二) 实践性知识的特征[6]

实践性知识的特征有以下五个。

---

[1] Elbaz F. Teaching thinking: a study of practical knowledge [M]. London: Croom Helm, 1983: 5.
[2] F·迈克尔·康内利,D·琼·柯兰迪宁,何敏芳. 专业知识场景中的教师个人实践知识 [J]. 华东师范大学学报(教育科学版), 1996 (2): 5—16.
[3] 辛涛,申继亮,林崇德. 从教师的知识结构看师范教育的改革 [J]. 高等师范教育研究, 1999 (6): 12—17.
[4] 叶澜,白益民,王枬,等. 教师角色与教师发展新探 [M]. 北京:教育科学出版社, 2001: 200.
[5] 邹斌,陈向明. 教师知识概念的溯源 [J]. 课程·教材·教法, 2005 (6): 85—89.
[6] 佐藤学. 课程与教师 [M]. 钟启泉,译. 北京:教育科学出版社, 2003: 228—229.

1. 经验性与策略性

实践性知识是一种策略性知识，依存于情景之中。与理论性知识相比，实践性知识缺乏严密性和广泛性，是一种功能性、策略性知识，具有多义性、柔韧性和弹性。教育教学来本身就是一种情景性很强的社会实践活动。教师的实践性知识常常根植于具体的教育教学实践，是教师在复杂的教育教学情境中应对具体问题的判断和决策的内在依据。这种判断和决策，既依赖于教师的自身实践经验，又取决于教师的实践策略。同时，教师的实践性知识具有明确的问题指向性和功能性，即针对具体问题的解决。

2. 对象性与积累性、传承性

教师的实践性知识形成于具体的教师、课堂、教材、学生，或针对具体的教育教学问题。换言之，教师的实践性知识是与且仅与特定的、具体的对象相对应的，是被对象"绑定"的。相应地，教师的实践性知识是积累和传承来的。因此，案例研究有助于这种知识的形成。

3. 复合性

实践性知识不能还原为传统的单一的专业领域（如哲学、社会学、政治学等），它超越了已知学术知识的框架，是一个知识的"跨界"复合体。实践的复杂性特征决定着实践性知识的复合性特征。实践性知识旨在深入探究不确定的状况，求得未知问题的解决方案。学习者个体的多样性、教育教学情境的不确定性，更有与之相联系的诸多教育教学因素等都是教师在丰富、生动、多义的教育实践活动中所必须面临的。教师想要完成实践任务，必须结合自己的多种认知、技能与情感。所以，教师的实践性知识是多学科的复合性知识，围绕着实践性问题的解决而展开。

4. 内隐性

实践性知识不仅是能够用语言、公式、图表等符码系统加以表述的显性知识，更是蕴含于教育教学实践当中，在教师行动中体现出来的类似于经验、智慧、教育机智、对情景或问题的应急反应等不稳定的、无法言说的、只有通过感受和体验才能默会的内隐知识（缄默知识）。

5. 个性化

实践性知识是具有个性品格的知识，其形成以个人的知识、经验等为基础，其表现的特征也具有明显的个性化"标签"。教师的实践性知识体现的个性化意味很强。一方面，教师实践性知识建构的方法具有个性化的特点，这是因为教师在年龄、性格、教龄、生活环境、思维方式、行为方式等方面存在个体差异，因而具有鲜明的个性化色彩。另一方面，教育教学实践也决定了教师教育教学方式、教育教学风格的个性化。这是因为每位教师对教育教学实践情境的认知、理解、判断、行动均存在着个体差异性。所以，教师的实践性知识是每一位教师自己掌握的知识，是个性化的，也是绝无仅有的。

（三）实践性知识的具体意蕴

实践性知识对于教师而言有以下 5 种意蕴。

1. 实践性知识是教师专业发展的起点

理论性知识是一个人的"凝固态"知识,这种知识是主体从他处由外而内地接受的,是基本上与主体(情感、经验、价值观等)无涉的客观知识。而且,理论性知识与具体的实践(人、情景、事件等)无涉。理论性知识这种外在于实践的特征决定着它对实践的"旁观者"立场,也决定着它无法与实践构成某种须臾不可分离的血肉联系。于是,理论性知识对实践者应对具体实践的价值就要被打上几分折扣。换言之,理论性知识对具体实践的所谓指导,只能是某种外在的指导。相反,实践性知识是与实践密切相关的,是在实践中通过主体与实践的互动而生成的,是针对具体实践的,是问题指向的,是与理论性知识不同质的一种知识类型。如果说理论性知识类似于陈述性知识,那么,实践性知识则贴近程序性知识。这两类知识对不同的职业具有不同的价值。理论性知识是理论家的必备条件,而实践性知识则是实践者的"看家本领"。教师职业的实践性特征是毋庸置疑的。事实上,教师工作的核心是实践,教师须在良好的感知、理解实践的基础上,通过对实践问题的分析和判断,建立适宜的应对策略,从而掌控教育教学实践。这一切都只能依赖实践性知识。对于实践者而言,实践性知识是第一位的,是实践品质的决定性因素。当然,对于教师这类实践者,理论性知识是有价值的,然而,它只是某种前提或铺垫,或者是教师的教育教学素材,或者为教师的实践提供参照。

在教师的日常教育教学实践活动中,经过不断地摸索和积累,形成了影响以至于改变教育教学情境的实践性知识。教师在实践性知识积累的过程中,会不断地开展反思活动,从而培养个人独立思考问题的能力,培养个人研究问题的能力。承认教师实践性知识的重要性,与肯定教师职业的专业地位是一样重要的,这样对教师的职业发展也会有更多的信心和益处。因此,可以用教师的教学经验以及实践性知识是否丰富作为评判教师教学优劣的重要标准。尽管新手教师在刚步入职场的时候所拥有的理论性知识的丰富程度并不比"老"教师低,但是由于缺乏教学经验,实践性知识的拥有量少,因此他们很难引起他人的注意、认同、重视等。综上所述,教师只有不断观摩经验丰富的教师的授课过程并从中积累经验,不断充实自己的知识经验储存库,才能促进个人专业发展。

2. 实践性知识决定着教师的教育教学行为

教育教学活动具有很强的实践性。教师每天都在学校里、课堂上进行着教育教学活动,因此教师能够从中积累丰富的教育教学经验,也就是实践性知识。这也正是新手教师与资深教师的一道分水岭。经验丰富的教师能够在日常教育教学活动中运用自身已经具备和拥有的个人经验与实践性知识去扩充和充实教育教学内容和活动,这也就有利于让学生在建构知识、发展能力、健全人格的过程中更加轻松愉快。"怎样教"和"教什么"之类的问题已经不再使教师觉得受拘束、受束缚、受局限。现在的教师逐渐开始注重在平时教育教学实践中,灵活运用实践性知识来进行教学。同时,教师的其他知识,诸如科学文化知识、教学法知识、教学情境知识、反思知识等,都是在教师的教学实践中才能体会到的。只有教师的实践性知识得到了丰富,其他理论知识才能发挥出最大的效用。①

同时，在实践性知识的运用上要注意：有些资深教师对课堂教学的整体把握较好，对实际知识的掌握也比较丰富，教学效果较好，所以有的新手教师就把别人的实践知识按部就班地背下来，造成课堂上的教学法知识和专业知识的脱节。实践性知识是教师在教学实践中不断积累的。一些教师经过不断否定、肯定、筛选和评价，使教学达到最佳效果，最终成为一名出色的教师。因此，新手教师在教学实践中要注意积累实践性知识、积累实用性较强的知识。②

3. 实践性知识是教师专业发展的重要支撑

很多人把教师定位为"布道者"。在现实中，专家型教师所需要的知识内容是十分丰富的，其生成过程也是错综复杂的。一名教师不仅要将理论知识与实践知识完美契合，更要凭借多年积累的教育教学经验，才能成为一名优秀的教师。从某种意义上说，教师所掌握的理论性知识大同小异，但在实践性知识的掌握上，却有着天壤之别。专家型教师比起新手教师，实际掌握的知识要多，因为他们有更加丰富的经验。具备足够的实践知识，能使教师对教育教学实践的掌控更加轻松自如，使知识传授、能力训练等过程更加清晰，轻松自如。③

当教师成为一名优秀教师后，他的专业地位自然提升了，他的形象也会随之发生变化，自信心会增加，对其专业和特长也会有促进作用。教师既是知识的传授者，又是知识的生产者，教师在不断地积累知识过程中，也产生了很多新的知识。实践性知识本身具有独特性，当教师拥有了各种个性化的、独特的知识后，教学水平提高了，其专业地位自然也就提高了，同时权利也会增加。教师职业的专业地位的提升和权利的提高则会推动整个教师职业生涯的发展，促进教师专业发展。因此，掌握实践性知识是其重要的方法与途径。④

4. 实践性知识的积淀是教师形成教育机智的重要条件

一些学者把教师在实践过程中合理运用实践性知识称为实践智慧。赫尔巴特将这种实践智慧称为教育机智，他认为教育机智在教师工作中扮演非常重要的角色，是教师成为优秀教师的重要条件。他曾指出："在教育实践界，日常事务的繁忙、带有驳杂的印象的各自的经验，使人们的眼界大打折扣。""在这里，人们没有必要以普世的观念去思考哲学。然而尽管如此，在卓越杰出的理论家中，无论是谁……在理论与实践之间，总会潜入一个中项——健全的机智。"同时指出，"机智，当为实践之主宰……谁将成为良师，只有一个问题左右着，这就是如何形成这种机智的……"⑤。

教师在教育教学实践中掌握的丰富的实践性知识，促使他们形成了寓教于乐的教育机智与教育策略。这也说明了为什么教育实践丰富的教师所达到的教育教学水平和品质

---

① 姜琳，张文君. 论实践性知识在教师专业发展中的作用 [J]. 商业文化（上半月）. 2012（2）：245.
② 姜琳，张文君. 论实践性知识在教师专业发展中的作用 [J]. 商业文化（上半月）. 2012（2）：245.
③ 姜琳，张文君. 论实践性知识在教师专业发展中的作用 [J]. 商业文化（上半月）. 2012（2）：245.
④ 姜琳，张文君. 论实践性知识在教师专业发展中的作用 [J]. 商业文化（上半月）. 2012（2）：245.
⑤ 筑波大学教育学研究会. 现代教育学基础 [M]. 钟启泉，译. 上海：上海教育出版社，1986：240.

要高于其他教师。在教师专业发展中，教育机智起着举足轻重的作用。教师在拥有教育机智之后，会促使理论知识与实践知识更好地契合，从而更加明确教育教学的目标，使教育教学内容与教学活动不断扩大、丰富，灵活且恰当地运用教育教学方式和方法。[①]"教师和学生应该建立一种新的关系，从'独奏者'的角色向'伴奏者'的角色过渡，教师不再以传授知识为主，而是帮助学生发现知识、组织知识、管理知识，引导学生而不是塑造学生，而且始终要有极大的坚定，特别是在那些指导学生终身的基本价值上。"[②] 显然，这样的教师更易于解决教育教学过程中的各类问题，从而确保良好的教育教学效果，确保学生的健康发展。

三、实践性知识和小学教育见习与实习的关系

（一）小学教育见习与实习对职前教师实践性知识的生成具有核心意义

一个教师的生成历程是从他成为一个师范生那一刻开始的，而最关键的历程则是从他成为一名"教师"那一刻开始，即从职前教师的小学教育见习与实习开始。对于一个教师而言，实践性知识是其专业成长的核心指标。而实践性知识只可能在实践中获得。埃尔斯（Ayers）指出："教学的真正秘密存在于局部的细节上和教师的日常生活中；教师可以作为教学知识的最丰富和最有用的来源；那些希望理解教学的人必须在某一时刻转向教师自身。"[③]

当职前教师以一个教师的身份踏进课堂、面对学生的时候，他才会真切地体验到教育、教学、课堂、学生、师生关系等的实在含义。从这一刻起，他开始了教师的实践，也意味着他开始了教师生涯。实践对于一个实践者（如教师、医生、律师、军人等）而言具有核心意义，可以说，没有实践就没有实践者。实践者绝不可能仅凭纸上谈兵而生成。一个实践者对实践情景和实践意蕴的体认和把握只有亲临实践才能获得。一个教师的实践感的养成大致经过四个过程：由被动性习得过渡到主动性习得，由虚拟性实践过渡到现实性实践，由规定性发展向迁移性发展过渡，由实践的一般感受性向实践的反思性过渡。[④]

总之，一个教师是在实践中成长、在实践中发展的。作为教师专业成长核心指标的实践性知识是在实践中生成的。因此可以说，小学教育见习与实习对职前教师实践性知识的生成具有核心意义。

---

① 姜琳，张文君. 论实践性知识在教师专业发展中的作用［J］. 商业文化（上半月）. 2012（2）：245.
② 联合国教科文组织国际教育发展委员会. 学会生存——教育世界的今天和明天［M］. 华东师大比较教育研究所，译. 上海：上海译文出版社，1979：136—137.
③ Schubert W, Ayers W. Teacher lore: Learning from our own experience［M］. New York: Longman, 1992：5.
④ 吴志华，柳海民. 论教师专业能力的养成及高师教育课程的有效教学途径［J］. 教师教育研究，2004（5）：27—31.

(二) 小学教育见习与实习是职前教师实践性知识生成的重要途径

1. 通过"潜在经验学习"生成职前教师的实践性知识

实践与实践者是一体的,并且实践是实践者的根本规定性。这就决定着,职前教师的"实践感"的习得,始终与其对教师作为实践者的这一身份认同感交织在一起。正所谓,"你正在成为什么人,决定性地、根本性地形塑着'你所知道的'。'你所知道的'也许更应看成是做事,而不是拥有什么"①。对于职前教师而言,从参与到学校教育实践的第一天起,他们就从学校的教师共同体成员中感受到教师之所以成为教师的那些东西,他们逐步接受、认同、共享这一群体拥有的规范、价值观和游戏规则,开始着他们对"教师"这一身份的体验与理解。正如有职前教师在其实习总结中所写的,"到实习快要结束的时候,我才想通了一些道理,找到了做老师的感觉"。这里的所谓"做老师的感觉",实质上就是教育实践者在教育情境中所产生的强烈的身份意识。② 职前教师的小学教育见习与实习过程实质上就是他们逐步丰富自己对教师的理解,并依赖于这些理解来指导自己的实践,并最终在过程中认同自己是教师中的一员的过程。小学教育见习与实习赋予了职前教师"实习教师"的称号,但作为从未从事过教育实践活动的个体,他们对这一身份仍缺乏规范性的认识,直至小学教育见习与实习开始,才慢慢了解这个称号的意义。所以,从这个意义上说,见习与实习的过程,就是以实践为基础,以不断生成和发展经验,推动自身产生以"习性"为特征的"实践感"的过程。③

职前教师在小学教育见习与实习过程中所积累的经验,既包括成功的经验,也不排除失败的教训。对于后者而言,当职前教师遭遇失败的教训时,能否正确认识失败、能否对失败进行深思熟虑和恰当归因,就显得尤为重要。如果职前教师主体缺乏反思,这样的经验或许会对其日后的教育教学实践产生负面影响。可见,在小学教育见习和实习中,当职前教师以"反思"的态度来对待自己的教育教学实践,帮助自己从"例行"的或者"冲动"的教育教学行为模式中解放出来,以"审慎"的方式行动时,这样的"深思熟虑"在某种程度上也就成为对自我"习性"深度挖掘的工具。习性被外显而得以更新、改进的过程无疑就是作为"实践感"的教师实践性知识不断生成、改进的过程。④

2. 通过"行动中的反思"促进职前教师实践性知识的发展

小学教育见习与实习给了职前教师行动和学习的机会,因此,职前教师可以以实践的方式亲身体验教育教学的真实活动,获得相应的实践经验。经验的获得并不直接导致实践性知识的产生。⑤ 因此,小学教育见习和实习,也需要相应地回应理论学习,也就

---

① Scott Cook, John Brown. Bridging epistemologies: the generative dance between organizational knowledge and organizational knowing [J]. Organization Science, 1999 (4): 381-400.
② 李利. 职前教师实践性知识发展研究 [D]. 苏州: 苏州大学, 2012.
③ 李利. 职前教师实践性知识发展研究 [D]. 苏州: 苏州大学, 2012.
④ 李利. 职前教师实践性知识发展研究 [D]. 苏州: 苏州大学, 2012.
⑤ 李利. 职前教师实践性知识发展研究 [D]. 苏州: 苏州大学, 2012.

是支持实践的理性思考，这就是反思的行动学习要求。有研究表明，如果职前教师学习教学的过程，被其内在的需求所引导，并根植于自己的经历或心得，职前教师又能对这些心得进行具体的专业学习将更有成效。① 行动与反思的互动，意味着作为动作学习的教育实践活动，不仅仅是一个"做中学"的过程，更是一个"想中学"的过程，是一个"边实践"的过程。这也意味着，职前教师从一开始就不仅仅是一个简单的"行为"，而是一个"实习"，身份有点"研究员"的味道。实践的参与者，需要在教育实践活动的行动学习中，围绕自身特定教育教学情境的体验、体会和感悟，发现自身在教育教学实践中遇到的困惑，尝试对教育问题的认识、诊断和解决。

"在行动中反思"是舍恩在对专业实践者进行了大量的案例研究后所提出的实践认识论的核心，能有效促进职前教师实践性知识的发展。"在行动中反思"突出体现了专业实践的特点：实践者对自己的实践行动、内隐的知识和观念进行反思，以提高自己的行动为目的。② 所以，跟行动相结合的反思与实践者的发展息息相关。

要推动职前教师有效地"在行动中反思"，培养对情境的敏锐性、善于对相关信息进行架构、善于对问题进行框架性描述是首要的一点。在职前教师的教育实践活动中，每堂课都是"直播"，这对职前教师的心灵无疑会产生巨大的震撼。职前教师需要在这个"紧迫感"很强的时空里，瞬间完成大量短促的判断力、说理性、行动力。③ 正如舍恩所指出的，此时，思想在行动上更多依靠的是比喻，而不是逻辑上的言说。需要行动者在众多的实例、图像、认知、经验中，根据当下的情境提炼出元素，瞬间组合起来，形成一个动作方案。而且，这种提取的教师的信仰、情感、人生经历、经历等各种因素的综合作用，是极其复杂的。由于职前教师缺乏"经验库"，以及对教育情境的不敏感等诸多原因，他们往往无法从稍纵即逝的教育情境中捕捉到这种"将信将疑"的状态，或无法对问题进行正确的框定，从而与适宜的"行动中的反思"失之交臂。④

这说明，培养职前教师"在行动中反思"的能力，需要指导教师敏锐地捕捉到教育情境中的典型事件，并以此为契机，通过对比当前情境和"实例"情境，挖掘出个别"经验银行"中的实例，帮助职前教师对问题进行正确的框定，从而使自己的"经验银行"得到更新和拓展。⑤ 有效的"在行动中反思"不仅体现在其独特的过程中，而且体现在反思的不同层面上。教师在教育教学情境中表现出的交往的敏感、对学生学习意向的关注、对教学情境的诊断和释疑等实践性的反思，都是教师追求教育本真的意义。对于职前教师来说，"在行动中反思"的重点在于通过审视和重构自己在教育教学实践中无意识的"习性"，不断突破自己的自觉和能力。以此为旨向，在小学教育见习与实习中，如何促进其有效的"在行动中反思"，不应只着眼于反思的方法，而应将反思的深

---

① 杨秀玉. 实践中的学习：教师教育实习理念探析 [J]. 首都师范大学学报（社会科学版），2009 (5)：57—61.
② 唐纳德·A. 舍恩. 培养反映的实践者——专业领域中关于教与学的一项全新设计 [M]. 郝彩虹，张玉荣，雷月梅，等译. 北京：教育科学出版社，2008.
③ 李利. 职前教师实践性知识发展研究 [D]. 苏州：苏州大学，2012.
④ 李利. 职前教师实践性知识发展研究 [D]. 苏州：苏州大学，2012.
⑤ 李利. 职前教师实践性知识发展研究 [D]. 苏州：苏州大学，2012.

度提升到合适的情境中去。

3. 通过"实践共同体"的构建促进职前教师实践性知识的发展[①]

情境学习理论告诉我们，学习和知识生成是一个合作性参与的实践过程。实习生踏入实习学校，拿到了职前教师的身份，就慢慢地走进了教师这个职业共同体。这个社群对学习者的形塑作用，也成为职前教师积累实践性知识的重要影响因素。

但是，实践共同体是无法事先规定的。从某种意义上说，它具有生命体的特性，是在不断进化的、发生的。我们能做的就是鼓励活力的产生，通过合理的设计来促进社群的有机成长。按照这样的要求，形成与现有的实习教师、指导教师、高校督导教师这种在组织层面上相对松散的实习组合。首先，这个实习组合要以高校督导教师、指导教师为核心，保持核心成员的相对稳定为基础，构建稳定的共同体。其次，要通过设计观课评课、案例研讨、集体备课等一系列有意义的社团活动，切实推动各类成员包括职前教师的积极参与。所谓有意义，强调的是活动对成员个人有价值，对社群也有价值。个体对共同体活动的参与，只有当活动显示出潜在价值时，才具有内在的意愿。这是共同体活动的一个核心特点。活动的共同体价值体现在信仰层面，是一个共同的愿景。这种共同愿景源于成员之间的共同愿景交集。只有在这种共同愿景的激发下，实践共同体对于职前教师的营养供给才有可能被激发出来，从而在实践性知识的发展中更好地促进成员各方的进步。

第三节　教师专业化理论

"专业"（Profession）一词源于拉丁语，最初的词意是公开表达自己的观点。而教师专业化中的"专业"（Profession）不是指教师所教的学科"专业"（Major），而是把教师的"教育行动与教育活动"视为其专业表现的领域。[②] 教师专业化的过程是教师专业素养形成、发展的过程，也是教育质量的提升过程。因此，可以说教师专业化既是一个过程，也是一种结果。一方面，教师专业化是教师个体通过不断的学习以及自身素养提升而逐渐成为一名专业人员的过程和结果；另一方面，教师专业化是指教师作为一种专门的职业真正被社会承认的过程和结果。可见，教师专业化一方面体现了对教师所进行的教育和培养过程，另一方面也是指教师教育的目的以及教师职业发展的必然趋势。

教师专业化运动是近 50 年来一场声势浩大的世界性教育运动。发动这场运动的诉求和愿景是提升全社会公共教育的质量，提升人才培养的品质和水准。而这又无疑以提升教师的素养和水准为前提条件。于是，教师培养、教师工作、教师职业等领域的品质和水准遂成为这场运动的轴心。介入这场运动的有个人、学校、团体、学会、政府、国际组织机构等。这场运动已经取得很多理论和操作成果，对教师教育（培训）、教师政

[①] 李利. 职前教师实践性知识发展研究 [D]. 苏州：苏州大学，2012.
[②] 刘捷. 专业化：挑战 21 世纪的教师 [M]. 北京：教育科学出版社，2002：65.

策乃至整个教育事业都产生了显著影响。这场运动仍在推进、仍在深入。人们有理由相信，教师专业化运动必将为社会造就一幅全新的教育图景。

一、教师专业化运动的兴起与发展

（一）教师专业化运动的兴起

教师专业化运动的缘起可以追溯到 20 世纪 60 年代。第二次世界大战结束至 20 世纪 60 年代左右，全球经济发展迟缓，各国纷纷缩减公共支出，教育培训机构首当其冲地成为缩减对象。与此同时，欧美地区的许多发达国家却对此保持着乐观积极的态度，他们认为教育可以帮助社会问题甚至道德伦理问题的解决，但是最终结果不尽如人意，导致人们对教育的诸多不满。于是，各国开始进行教育改革。20 世纪 60 年代以后，随着教育事业的发展，学界对教师教育的研究有了诸多进展和突破，人们对教师职业的认识也不断深化。许多国家认为教师应该成为一种专业性职业（Profession），就像社会所承认的其他专业职业一样，比如律师、医生等。于是，"教师教育"的核心由对教师的培养和培训开始向促进教师职业的专业发展的方向转变。教师专业化运动由此发端。

1966 年，联合国教科文组织和国际劳工组织在法国巴黎召开"教师地位之政府间特别会议"，通过了《关于教师地位的建议》，其中强调指出"教育工作应被视为一种专门的职业，这种职业要求教师经过严格地、持续不断地学习和研究，才能获得并保持专门的知识和专门技能"[①]。这一建议的通过标志了这是世界上首次以官方文件的形式对教师的专业属性作出了明确界定。在此之后，促进教师专业发展逐渐成为教师教育领域的重要议题。1975 年，联合国教科文组织第 35 届国际教育会议通过决议，强调教师职前培养与在职进修相衔接、相统一的必要性。1980 年，《世界教育年鉴》以"教师专业发展"为主题。以后又多次以教师专业发展为主题召开国际会议。

（二）教师专业化运动的发展

20 世纪 80 年代以后，随着全球经济和科技的快速发展，以及各行业竞争的加剧，世界各国都把教育摆到了社会发展的战略位置，提高教师地位的呼声日益高涨，教师专业发展成为人们关注的焦点，西方的教师专业化运动进入了一个新的阶段。

第二次世界大战结束以后，美国政府在应对日本和德国经济飙升方面承受着巨大压力，于是重新审视了本国的教育状况。1983 年 4 月，美国国家教育促进委员会经过一年半的调查，发表了著名的《国家在危急中：教育改革势在必行》报告，指出美国教育正处于困境，亟需全社会的努力。报告强调，应注意改进教师的培养，使教师未来达到较高的教育标准，既有从教的愿望，又有从教的专业能力，使教师成为一个报酬高且受人尊敬的职业。以这份报告为起点，美国兴起了自上而下的教师教育改革的"第一次浪

---

① 筑波大学教育学研究会. 现代教育学基础［M］. 钟启泉，译. 上海：上海教育出版社，1986：442.

潮"。这次改革旨在追求教师的"卓越",对教师引进了"职能测验"。① 1986年,美国的卡内基工作小组、霍姆斯小组(现已改名"霍姆斯伙伴关系")相继发表《国家为培养21世纪的教师作准备》(一译《准备就绪的国家:21世纪的教师》)、《明日之教师》两个重要报告,建议创立全国教师专业标准委员会,把教师培养从本科阶段过渡到研究生阶段。这两份报告指出,公共教育的质量只有当学校教学成为一个成熟的"专业"时才能得以改善。报告主张强化教师岗位梯度,提高职业报酬,在全国范围内推行教师资格证书制度,推动教师职业成为真正的"职业"。② 这两份报告对美国教师教育的发展产生了深远影响,被称为美国教师教育改革"第二次浪潮"的起点。这次改革旨在追求教师的"专业化"。③

日本早在1971年就在中央教育审议会通过的《关于今后学校教育的综合扩充与调整的基本措施》中指出,"教师职业本来就需要极高的专门性",强调应当确认、加强教师的专业化。在英国,随着教师聘任制和教师证书制度的实施,教师专业化进程不断加快,20世纪80年代末建立了旨在促进教师专业化的校本培训模式,1998年教育与就业部颁布了新的教师教育专业性认可标准——"教师教育课程要求"。④

总而言之,教师专业化运动在发达国家起步早、发展快。20世纪80年代以来,教师专业化成为发达国家教育改革的主旋律。在美国,20世纪90年代被人们称为"教师专业发展的年代"。在英国,教师专业化水平已被视为教育改革的关键所在。在日本,教师专业发展受到了政府和教育界等的高度重视。随着时代的发展,不仅发达国家日益重视教师专业化及其发展,教师专业化在发展中国家也受到越来越多的关注。为促进"教师专业发展",我国建立了相应的法律依据和保障。1994年,我国实施的《中华人民共和国教师法》把教师明确界定为"履行教育教学职责的专业人员",教师职业则成为一种专业化的职业。1995年,我国颁布了《教师资格条例》,教师资格证书制度的实施,规范了教师专业的资格,是提高教师专业水准的又一实质性的举措。1996年,联合国教科文组织在第45届国际教育大会上,提出:"在提高教师地位的整体政策中,专业化是最有前途的中长期策略。"1999年,在德国科隆举行的八国集团首脑会议上,在讨论21世纪的教育政策时,教师在教育中的作用和地位再次被高度重视。会议发表的《科隆宪章——终身学习的目的与重要因素报告》强调:"教师在推进现代化进程和提高现代化水准方面是最重要的资源。技术的采用、训练、配置及其素质能力实质性提升,是任何教育制度取得成功的极其重要的因素。"⑤

在全球教育改革的巨大浪潮中,有越来越多的人认识到教师是教育活动和教育改革的重要力量,而教育改革首先涉及的就是教师教育、教师培养、教师政策等的改革。教师在实施科教兴国战略中肩负着不可替代的使命已成为共识。要巩固和提高教育质量,关键在于师资队伍建设质量的提高。师资队伍建设的目的在于提高教师专业化程度,提

---

① 教育部师范教育司. 教师专业化的理论与实践 [M]. 北京:人民教育出版社,2003:114.
② 教育部师范教育司. 教师专业化的理论与实践 [M]. 北京:人民教育出版社,2003:114.
③ 教育部师范教育司. 教师专业化的理论与实践 [M]. 北京:人民教育出版社,2003:114.
④ 李飞飞,尹爱青. 论教师专业发展与教师教育专业化 [J]. 天津市教科院学报,2011(04):64-66.
⑤ 李其龙,陈永明. 教师教育课程的国际比较 [M]. 北京:教育科学出版社,2002:1.

升教育质量。在全球性教师专业化运动及其发展中，我们可以看到，世界各国对教师专业发展以及教师素质的关注达到了空前的高度。

综上所述，教师专业化是一场波及全球的教育思潮，它既是一个过程，也是一种希冀。其主旨有二：一是教师个体通过不断学习（职前教育和在职培训）从而提高其个人素质和工作品质，逐渐成为一名专业人员，进而使教师的工作达到某种不可替代的"专业"水准；二是提高教师职业的技术含量，使这个职业获得某种不可替代的"专业"地位。

可见，教师专业化运动的愿景大致可归纳为：（1）教师素质和工作品质的提升；（2）教师入职门槛的上移；（3）教师社会地位的提高；（4）学校教育水平的整体性提升。

二、教师专业化对教师素质的新要求

教师素质是教师稳固的职业品质，是教师履行职责，完成教育教学工作时所必备的各种观念、意识、情感、态度、知识、能力、经验等身心特征和职业修养。本节主要讨论教师的基本素质和专业素质两个方面。

（一）基本素质

教师的基本素质主要指教师的身体素质和心理素质。

身体素质，也就是我们常说的体质，是人类活动所具有的机能，是指人体在运动、劳动、生活中所表现出的力量、速度、耐力等能力。健康的身体是从事一切事业的物质基础。一名教师必须拥有良好的身体素质，因为良好的身体素质是教师完成教育教学工作、取得良好教学效果的前提条件。教师精力充沛，精神状态良好，不仅有利于提高教育效率，还会对学生的意志、情绪等产生明显的积极影响。同时，拥有良好的身体素质有利于教师承担繁重的教学和科研任务，促进教师专业发展。

教师的工作性质决定了教师在工作中需要协调众多关系，需要面对学生、学生家长、其他教师以及学校领导等。多方位的角色转换需要教师具备良好的心理素质。由于教育教学工作复杂，教师应与学生、同事、学生家长及其他社会成员保持良好的人际关系，因此，教师需要具备良好的人际关系处理能力。同时，教师工作的复杂性和高压力特征对教师心理情绪的调控能力也提出了很高的要求。面对工作中的压力和困难，教师应主动调节和控制情绪，不为环境和情绪所控制，不因消极情绪影响正常教育教学工作。另外，一个健康的心态，如乐观、自信、平和的心态，可以帮助提高一个人的免疫系统，有效抵御疾病的侵袭，从而促进身体健康。健康的心理是教师生活与生命质量的重要保障。

（二）专业素质

专业素质是从业人员从事某一职业所必备的个人修为和品质。教师的专业素质与教师的职业特点紧密相关。与其他职业相比，教师不仅仅要向学生传授知识，还要承担教育、塑造学生的道德、意识、态度等职责。因此，在教师专业化过程中，教师的专业素质一直是学界关注的焦点。教师的专业素质主要涵盖了教师的专业知识、专业技能、专业态度三个方面。

1. 专业知识

作为一名专业领域的专业人员，教师必须具备教学所需的各种专业知识。教师专业知识是一个动态的系统结构，包括基础文化知识、所教学科知识和教育科学知识。一名优秀的教师应将基础文化知识、所教学科知识和教育科学知识三个方面的内容加以整合、融通，从而形成一个动态的教师专业知识体系。

首先，教师需要具备的就是基础文化知识。这是因为，一方面，教育工作的对象是发展中的人，因此强调教育工作的"人文性"特点，强调教师对普通文化知识的掌握，因为普通文化知识本身具有陶冶人文精神、养成人文素质的内在价值。[1] 另一方面，教师的职责之一是传授知识，因此教师除了精通所教学科的知识外，还要有广博的知识储备。其作用在于以下几点：对于学生来说，一是满足每个学生多方面的探究兴趣和多元发展的需要，二是帮助学生了解丰富多彩的客观世界；对于教师自身来说，一是帮助自己更好地理解所教学科知识，二是帮助自己更好地理解教育科学知识，三是提高自己在学生和家长中的威信，如果教师知识越多，他在家长及学生中的威信和信誉就越高。[2]作为"人类灵魂的工程师"，教师需要不断积累自然科学和社会科学的基础知识，努力构建多元的知识结构，只有这样才能培养出具有广博学识的学生。因此教师必须具有现代科学和人文的基础知识，这是教师知识结构中的基础层面。

其次，为完成教学任务，教师应该精通所教学科的知识。专门学科知识对于职前教师而言主要是"为教而学"，这就决定着在教育中职前教师积累所教学科知识的重要性。教师必须深刻理解和掌握所教学科的基础知识——知识要素和知识结构；了解本学科产生和发展的历史脉络；熟悉相关学科的知识。所谓相关学科是指与教师所教学科具有一定关联的学科群。该学科群可作若干层级划分，如图 3—1 所示，A 是所教学科，B 是与所教学科最相关的学科群，C 是与所教学科层级相关的学科群，以此类推。对所教学科知识而言，所谓一个教师合理的知识结构，就是其所拥有的知识在 A、B、C 之间保持适度的比例，又在知识的质和量上具有合理的比重。这个知识结构对一个教师的有效教学意义重大，因为优秀教师在教学中所有的深入浅出、触类旁通、旁征博引等精彩和妙味无一例外地与该知识结构相关。职前教师在求学阶段所获得的知识只能为其合理的知识结构奠定基础，合理知识结构的构建是一个漫长的历程，需要一个教师在其职业生涯中的长期努力。

---

[1] 李飞飞，尹爱青. 论教师专业发展与教师教育专业化 [J]. 天津市教科院学报，2011（4）：64—66.
[2] 教育部师范教育司. 教师专业化的理论与实践 [M]. 北京：人民教育出版社，2003：57.

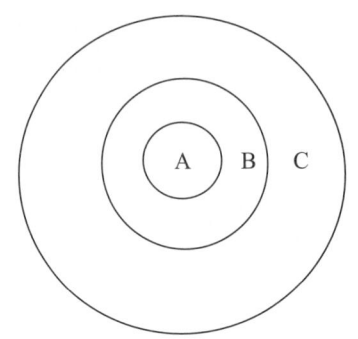

A：所教学科
B：与所教学科最相关的学科群
C：与所教学科层级相关的学科群

图 3-1　学科群层级划分

教师的工作是一种培养人的工作。面对不同的学生，教师除了掌握自身所教授学科的专业知识以外，还应该掌握教育相关领域的科学知识，如教育学、心理学、教学法等方面的知识。拥有这些知识，可以使一个教师很好地理解和把握教育作为科学和艺术综合体的规律、原则和方法体系，以及学生作为一个鲜活个体成长和发展的规律和特点，如年龄特征、个性特征、心理特征、认识特征等。一个教师的实践智慧、教育机智具有两翼结构：一翼是对这类知识的把握，一翼是对具体实践情景的理解。此二翼所构成的经验系统是教师应付复杂教育实践的核心资源。

2. 专业技能

教师必须具备完成教育教学工作的基本技能。1994 年，原国家教委颁布的《高等师范学校学生的教师职业技能训练大纲（试行）》，把教学工作技能分为五个方面：教学设计技能；使用教学媒体技能；课堂教学技能；组织和指导课外活动的技能；教学研究技能。[①] 以下的讨论主要围绕这五项技能和教师的反思能力展开。

教学设计技能指的是教师根据教学大纲，设计出符合教学对象需求的教学计划的能力。教学设计必须兼顾对所教学科内容的分析与对学生的分析，其核心技术，是将一定的教学内容（包含知识、能力、情感、态度等诸多要素）重构并演绎成一定年龄阶段的学生能够并乐于接纳的课程资源。

使用教学媒体技能包括教具使用、现代化教学手段（如信息技术、多媒体技术、微课技术等）的应用能力。必须申明，如果把媒体理解为实现信息从信息源传递到受信者的一切媒介或路径，那么，不可否认，教师本身就是教学过程中最重要的"媒体"资源。事实上，教师作为最核心的媒体资源已经成为共识。因此，教师的"三字一画一话"（粉笔字、钢笔字、毛笔字、简笔画、普通话）、肢体语言、板书技术等都应归属此类。

课堂教学技能指教师掌控教学情境、有效实施教学计划的能力。教师对教学情境的掌控并不是简单的控制与反控制，也不是僵硬的权力制约下的纪律。毋宁说，对教学情境最有效的掌控恰恰是学生的积极参与。因此，调动学生的参与热情和适当的调控构成教师掌控教学情境的高超技术——不动声色地实现精彩。同时，教学计划的实施也不是

---

① 教育部师范教育司. 教师专业化的理论与实践 [M]. 北京：人民教育出版社，2003：57.

单向的信息传输，而是教师和学生共同进行的意义建构。直言之，学生才是教学过程的重要角色，教学过程演进的实质是学生经验的拓展；没有学生的进步，任何教学都是失败的。

组织和指导课外活动技能包括组织学生小组、指导学生合作的能力。课外活动是学生实现合作和发展的重要途径，是学生的知识和能力得以展现的综合平台。课外活动的主体是学生，教师可以是策划者、导演、辅佐者、技术指导者，但一定不能越俎代庖。教师在组织、指导课外活动方面的技术要点是：策划、协调、指导。

教学研究技能指的是教师能够对现实所发生的教育教学现象进行研究的能力。教师作为研究者已是世界性命题。教师的研究对象是教育教学实践中的问题或现象；研究的目的在于加深自己对教育、教学、学生、课程等的理解，提高自己教育教学的效率。教育教学研究过程所涉及的要素有：发现问题、问题分解、开题、展开研究、调查、搜集资料、成果表述、结题等。

反思能力也是教师专业技能的重要组成部分。"反思"是指主体在行动与思维时，根据情境的反馈，重构问题框架，不断调适自己行动的一种思维活动。[①] 教师之所以要进行反思，原因在于，教师面对的是不确定、不稳定、独特的充满价值冲突的教育实践情景。教师要实现对自己实践的良好理解和实际掌控，就必须获得并提升自己的"实践性知识"。只有借助于反思，才能从自身的实践中提炼理论，用以改进自己的实践。对教师而言，反思既是一种能力和技术，更是一种意识和态度。因此，开放的心态、"问题诊断"的意识和习惯、对习以为常的观念和做法保持质疑、自我批判意识（对自己保持一份警觉）、换位思考、逆向思维和多向思维等都是教师进行实践反思应具备的意识和能力。

掌握这六方面的能力有助于教师将教学的各个要素有序地形成教育教学方案和策略，高效地将知识传授给学生，促进学生的发展。

3. 专业态度

专业态度指的是个人选择和从事某种职业所持有的牢固持久的评价和行为倾向。专业态度是个人的意向、抱负、情感、价值取向、自我期望等要素与个人对职业的认知际会的产物。一经形成，专业态度将成为一个人对其职业强有力的操守和执着，对一个人的职业生涯产生强大的支撑作用。专业态度包括专业理想和专业精神。

教师专业理想是教师对其教育事业的一种向往和追求。这种向往和追求是主观条件和客观需求的匹配，是一个教师凭借其对个人条件、所处环境、职业前景等的评估，确立的个人专业发展目标，即个人意欲达到的专业境界。"专业理想"是一个褒义词。因而，所谓"个人发展目标"虽然不排斥物质目标，但精神目标当为主要指向。知识、道德、修为、尊严、社会地位及影响、专业效能、专业成就等要素构成专业理想的主要内容。确立合理的专业理想，要求个体对主客观条件进行充分、恰切的分析和评估，找到个人条件与专业期许的良好契合点。教师专业发展的目标是通过专业理想确立的。就教

---

① 陈向明. 搭建实践与理论之桥——教师实践性知识研究［M］. 北京：教育科学出版社，2011：12.

师专业的发展动力机制而言，专业理想是一个人的热情、积极、活力、执着等品质最好的温床，也就无疑是助推教师专业发展的核心内驱力。

教师专业精神主要表现为专业自我、专业责任感和敬业精神。菲利浦·赫尔·库姆斯（Phillp Hall Combs）提出："一个好的教师首先是一个人，一个有独特人格的人，是一个知道运用'自我'作为优先工具进行教学的人。"[1] 有"自我意识"的教师会以一种积极的方式对待他们的工作，以此获得职业满足感。格特·凯尔克特曼（Geert Kelchtermans）则用"专业自我"（Professional Self）的概念来说明教师的自我意识。他认为，专业自我包括以下六个方面：自我意象（Self-image），即教师的自我描述；自我尊重（Self-esteem），即教师针对自身专业行为作出的评价；工作动机（Job Motivation），即教师留在教学工作岗位的动机；工作满意感（Job Satisfaction），即教师对工作的满意度；任务知觉（Task Perception）即教师对工作任务的理解；未来前景（Future Perspective），即教师对未来个体发展的预期。[2] 专业自我是个体对教师专业的个人价值和社会价值的认识和领会，从而构成教师专业精神和专业发展的基础和核心，而专业责任感和敬业精神则是教师专业精神的集中体现。

教师素质是教师从教的基础，是教师获得专业发展的前提，也是其教育教学工作质量和水平的根本保障。提高教师的素质有多种途径，教师教育放在首位。教师教育中的两大维度对应着职前教师的理论和知识素养以及职前教师的教育实践能力。教育见习与实习作为职前教师教育中的重要一翼，对职前教师的专业知识、专业技能和专业态度的生成具有重要的、不可替代的意义和价值。

三、小学教育见习与实习为小学职前教师职业生涯奠基

作为教师教育的重要路径，小学教育见习与实习为小学职前教师专业发展奠定了坚实基础。教育见习与实习是职前教师基于真实的教育教学情境进行实践活动的情景学习过程。科南特认为，"教育实习是教师教育中'无争论余地'的必要因素，在职前教师教育过程中具有'画龙点睛'之效"[3]。实践性强是小学教育见习与实习最显著的特点。小学教育见习与实习要求以真实的教育教学活动作为职前教师感受、体验、学习实践的载体。职前教师必须参加各种教育教学活动，从中获得对教育教学实践的真切的理解和把握，获得对教师职业的体认，锻炼并形成自己应付复杂实践情景的能力，强化自己的职业意识和职业态度，形成自己粗浅的实践感和实践性知识。显然，小学教育见习与实习构成教师专业发展的重要基石。

---

[1] Combs A W. The professional education of teachers [M]. Allyn&Bacon, Inc. 1965: 6-9.

[2] Kelchtermans G, Vandenberghe R. Teachers' professional development: a biograghical perspective [J]. Journal of Curriculum Studies, 1994, 26 (1): 45-62.

[3] Zeicher K M. Myths and realities: field-based experiences in pre-service teacher education [J]. Journal of Teacher Education, 1980, 31 (6): 45-55.

(一) 小学教育见习与实习影响职前教师的职业选择，强化职前教师的职业意识和职业态度

许多新教师在入职头几年都会碰到这样那样的困难和障碍。新教师职前预备工作的缺失，也导致了辍教率的居高不下。基于真实的教育教学实践情景的小学教育见习和实习为职前教师提供了初涉教师职业的体验机会，是职前教师原有知识、观念、能力与教育实践的首次磨合。通过小学教育见习与实习，职前教师亲身感受教师工作和生活的真实场景，体验、认识和理解教师职业的具体格局，也清晰地感受到自己未来的职业——教育教学工作的现实样态。这无疑增强了职前教师对教育现实和自己未来职业工作的心理准备和适应能力。同时，小学教育见习与实习也可以让职前教师了解和辨识自己是否适合做一名教师。换言之，小学教育见习与实习已经成为职前教师认识和发现自己的职业倾向的重要契机。一名英国的实习教师就表示，"教育实习能够使我实验各种不同的教学策略，同时发现最适合于自己的教学策略。并且，享受教学的过程证明了，我选择了对自己而言正确的工作"[1]。美国的相关研究也证实，小学教育见习与实习对职前教师的职业选择有显著的影响：职前教师的初始教学实践经历有着深刻的影响。如果没有专家的指导、支持和反思自己实践的机会，大多数人成功的可能性将大大降低。因为最初的实践经历不仅会影响到教师整个职业生涯的态度和能力的形成，也会对新教师做出是否继续执教的决定产生影响。[2] 因此，经历了小学教育见习与实习，职前教师对教师职业的理解会更加深刻、更加体己。基于这种理解所作出的职业选择就会更加契合个人的个性取向，因而必定更加稳固、更加长久。这不仅有利于缩短入职适应期，减少离职率，也是未来教师队伍稳定性的基石。

(二) 小学教育见习与实习促进职前教师教育理论与教育实践的结合

首先，小学教育见习与实习有利于职前教师理论知识的发展与整合。在职前教育阶段，学校的理论学习已经使得职前教师对教育、教学、教师、学生、课堂、课程等相关概念有了一个初步的、粗浅的理解。这固然是教师生成的一个基础，但一个职前教师对这些对象的理解和领会是相当粗糙、相当肤浅的，因而难以实现教育理论知识的内化。跟律师、医生等职业相类似，教师职业具有极强的实践性。小学教育见习与实习可以很好地促进职前教师熟悉和了解中小学教育的理念、原则、步骤、方法、策略等，更好地体验和领会中小学教师的角色、工作和生活。这些对职前教师强化其专业思想，进一步掌握先进的教育教学理论和方法都具有重要意义。也就是说，通过小学教育见习与实习，职前教师延展了其先前所学的理论知识，并逐渐兑现他们固有知识和理论与教育实践之间的融通与整合。

其次，小学教育见习与实习有利于职前教师建构和累积实践性知识。艾尔贝兹

---

[1] John Furlong, Len Barton, Sheila Miles, etc. Teacher education in transition: re-forming professionalism [M]. Buckingham: Open University Press, 2000: 131.

[2] Linda Darling-Hammond. 美国教师专业发展学校 [M]. 王晓华，向于峰，钱丽欣，译. 北京：中国轻工业出版社，2006: 4.

（Elbaz F）认为，教师在教学时所运用的知识是融合了个人的教学信念、价值观、过去教育与生活的经验以及专业理论知识的一种综合性知识。这种知识能有效解决教师当前教学情境中的各种复杂问题。艾尔贝兹将这种以教学情境为取向的知识称为"实践性知识"。[①] 教师实践性知识的获取离不开实践，离不开教师自身在实践情境中的参与和互动。艾斯纳（Eisner E W）指出："真正核心的问题是教师的实践本身，教师通过实践形成的是一种解决问题的智慧，它是与每个具体情境相连的，它必须考虑到在实践中的各种复杂性，它依赖于随时生成的各种判断和决定，它根据各种不确定因素而发生改变，它关注各种特别事件，它随时会在过程中因需要而改变其原定目标。"[②] 教师对于不确定和不可预测的教学情境做出的解释和决策，依赖于其实践性知识，而这种实践性知识又与教育实践活动的微妙细节密切交织。埃尔斯（Ayers W）等说："教学的真正秘密存在于局部的细节上和教师的日常生活中；教师可以作为教学知识的最丰富和最有用的来源；那些希望理解教学的人必须在某一时刻转向教师自身。"[③]

对于职前教师而言，当以一个职前教师的身份踏进课堂、面对学生，以"局内人"的身份展开实践和反思时，他才真切地体验到教育、教学、课堂、学生、师生关系等概念的实在含义。只有经历备课、上课、班级管理等实践，职前教师才能获得或生成自己的实践性知识。同时，通过参与真实的教育教学情境，职前教师获得了初步的教育教学经验，也使专业能力得到一定程度的训练和提升。

（三）小学教育见习与实习是连接职前教师职前教育与职业生涯的桥梁

小学教育见习与实习对职前教师而言是一个宝贵的实践经历，这个经历衔接着职前教师两个重要的人生阶段：职前教育与职业生涯。这是一个全方位的衔接，其维度涵盖角色、意识、心态、知识、能力，其性质兼具生活、学习、工作。人们往往以为，大学毕业前是学习的历程，大学毕业后是工作的历程。事实上，生活永远是一个整体，大学的学习一定与未来的工作关联，而所谓职业生涯也断然少不了学习。小学教育见习与实习恰恰构成一个复合性平台，其间融合着学习与工作、理论与实践、思考与操作、学生（身份）与教师（身份）。这一阶段保障着职前教师学习与就职学习的顺利过渡，它既促进职前教师知识的拓展与整合，又使职前教师的实践经验得以生成和生长，还向职前教师展现着一个全新的职业生活。同时，小学教育见习与实习并不是职前教育的终结，相反，作为职前教师职前教育和职业生涯的过渡和桥梁，小学教育见习与实习淡化了教师职前学习和职业工作的界限，贯通了教师的职前教育和在职培训，为教师持续的专业发展、教师职业生涯的一体化进程奠基。

---

① Elbaz F. Teacher thinking: a study of practical knowledge [M]. New York: Nichols, 1983: 25.

② Eisner E W. From episteme to phronesis to artistry in the study and improvement of teaching [J]. Teaching and Teacher Education, 2002（18）: 375—385.

③ Schubert W, Ayers W. Teacher lore: learning from our own experience [M]. New York: Longman, 1992: 5.

【本章小结】

通过本章的学习，职前教师了解和掌握了小学教育见习与实习的三个理论基础，分别是理论与实践关系理论、实践性知识理论和教师专业化理论。

理论与实践是一体的、融通的。实践是理论的母体，是理论之源，而理论是从属于实践的，是第二位的。教育者应当在实践理性的基础上理解、认识和实施小学教育见习与实习。对职前教师而言，理论学习是必须的，但小学教育见习与实习对他们教育实践感的生成，进而对他们的职业生涯的发展同样具有决定性意义。

实践性知识研究的缘起证实了教师实践性知识的客观存在，也说明了教师实践性知识对于教师教育的重要价值。本章通过对实践性知识的内涵、特征与意蕴的分析和阐述，明确实践性知识与小学教育见习与实习之间的关系。可见小学教育见习与实习对职前教师实践性知识的生成具有核心意义，是职前教师实践性知识生成的根本途径。

教师专业化是一场波及全球的教育思潮，教师专业化运动的愿景主要为：教师素质和工作品质的提升、教师入职门槛的上移、教师社会地位的提高以及学校教育水平的整体性提升。教师专业化对教师素质的新要求主要包括基本素质与专业素质两个方面。本章对教师的基本素质和专业素质两个方面的具体内容和结构做出阐释，并提出针对性建议。良好的小学教育见习与实习构成良好的教师素养的前提条件，而良好的教师素养构成良好的教师专业发展的前提条件。因此，良好的小学教育见习与实习为职前教师良好的职业生涯奠基。

【教学自测】

1. 简述理论与实践的关系。
2. 简述理论与实践的二元对立对教师教育的影响。
3. 论述理论学习和见习与实习对职前教师的意义。
4. 简述"实践性知识"的缘起。
5. 简述"实践性知识"的内涵、特征与意蕴。
6. 试述学习"实践性知识"的路径。
7. 试述小学教育见习与实习对掌握"实践性知识"的意义。
8. 简述教师专业化运动的兴起与发展。
9. 论述教师专业化对小学教师素质的新要求。

第四章　小学教育观摩

【要点提示】

本章的主要内容是小学教育观摩概述、小学课堂观摩和小学教育活动观摩解析,以及对小学教育观摩案例的分析。

第一节是对小学教育观摩的概括性介绍。教育观摩是小学教育见习和实习的重要环节,是在较为自然的学校场景条件下,通过感官或借助一定的科学仪器,在一定时间、一定空间内进行的有目的、有计划地考察并描述教育现象的方法,具有目的性、直接性、客观性和翔实性的特点。小学教育观摩的实施程序主要包括观摩前的准备、观摩的实施、观摩资料的分析整理及观摩报告的撰写。

第二节是对小学课堂观摩的阐述。课堂观摩是观察者通过使用自身感官和相关辅助工具,直接或间接收集课堂情境中的资料,并根据这些资料进行相应研究的过程,是一种具有明确目的的教育研究方法。课堂观摩包括定量课堂观摩和定性课堂观摩。课堂观摩的视角多种多样,具体可分为学生学习、职前教师教学、课程性质、课堂文化四个维度。课堂观摩的记录方式包括定性记录方式和定量记录方式。课堂观摩的操作程序包括观摩前的准备、观摩现场和观摩后的反思。

第三节是对小学教育活动观摩的阐述。教育活动观摩是一种有目的、有计划的行为。小学教育活动观摩记录能提高记录语言的客观性和规范化,主要包括现场观摩记录、事后回忆记录以及现场与事后相结合的综合性记录。

第四节是对小学教育观摩案例的分析。本章主要呈现了提问技巧和课堂管理的观摩案例。通过观摩研究的反馈,职前教师可以有意识地调整自己的提问行为,从而提升提问的有效性。职前教师对课堂管理进行观摩研究,可以帮助自身有意识地实施课堂管理,提高教学效率。

【学习目标】

知识目标:

- 了解小学教育观摩的含义、特点和基本类型。
- 掌握小学教育观摩的操作程序。
- 明确小学教育观摩的优缺点。
- 了解小学课堂观摩的含义、类型和视角。
- 明确小学课堂观摩的记录方式。
- 掌握小学课堂观摩的操作程序。
- 了解小学教育活动观摩的性质。
- 掌握小学教育活动观摩记录的重要性。

- 明确小学教育活动观摩记录的分类。
- 掌握小学教育观摩案例的分析技巧。

能力目标：
- 学会小学课堂观摩的具体操作。
- 学会小学教育活动观摩记录的具体方法。
- 能够将小学教育观摩案例应用于具体的教育实践活动。

【知识导图】

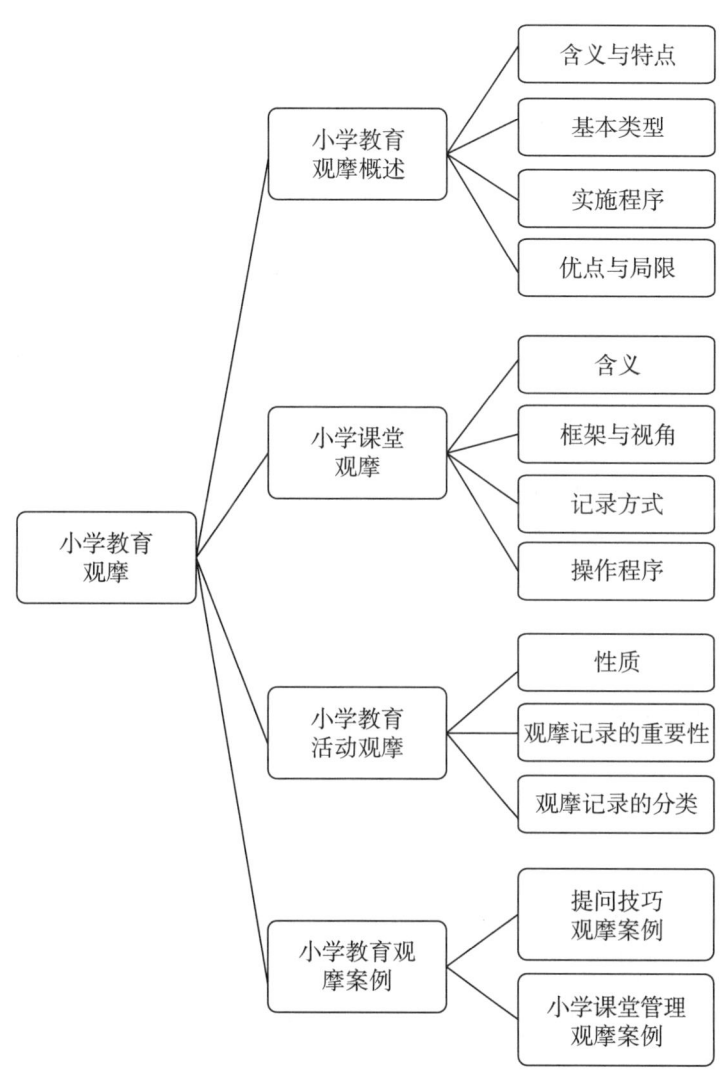

第一节 小学教育观摩概述

观摩既是教育学、心理学研究中的传统方法，也是当代教育学、心理学研究最基本、最普遍的研究和实践方法之一。随着我国教育的发展和改革的不断深入，教育观摩在小学教育见习与实习过程中发挥着越来越重要的作用。

一、小学教育观摩的含义与特点

（一）小学教育观摩的含义

观摩是有目的、有计划地通过感官和辅助仪器，对处于自然状态下的客观事物进行系统考察，获取经验的一种方法。① 小学教育观摩是在观摩基础上提出的，指小学教育研究者或实践者在自然条件下，通过感官或借助一定的科学仪器，在一定时间、一定空间内对小学教育进行的有目的、有计划地考察，并描述小学教育现象的一种实践方法。②

（二）小学教育观摩的特点

观摩有两种，一种是广义的观摩，即一般的日常观摩。它通过主体亲身感受或体验获得有关研究对象的感性材料。它具有一定的自发性和偶然性，因此所获得的信息往往是零散的、不全面的，难以揭示事物的真实面貌。另一种是科学观摩。研究者按照预定的目的、计划和特定的方法、步骤观摩处于自然条件下研究对象的言语、行为等外部表现，收集事实材料并予以分析，从而获得对事物的深入了解。③ 教育观摩是了解学生的重要窗口，因而掌握科学的观摩方法对于职前教师获得关于学生和其他教育现象全面客观的材料较为关键。教育观摩属于科学观摩，有以下四个特点。

一是目的性。根据研究的需要，预先确定所观摩的目标要项，并在实施中紧紧围绕目标要项展开观摩。这种方法目的比较明确，观察者通常会根据自己的目的，有意识地专注于观察对象，并排除环境中其他无关因素的干扰。为确保观摩的顺利进行，研究者通常需要提前确定观摩的目的、对象、条件、范围和方式等，以便有计划、有目的地开展观摩活动。

二是直接性。观摩是在观摩者与观摩对象之间直接进行的一种活动，观摩者可以直接观摩到观摩对象的行为表现，而不需要通过其他中介。

三是客观性。观摩是在保持对象自然状态下，不对其环境条件和活动状态与进程进行任何改变的情况下进行的。在这个过程中观摩者与观摩对象之间互不干预。对于观摩结果而言，观摩者按照预先规定的、统一的记录方法，对观摩结果作明确、周密、详细的记录，记录结果不会因观摩者个人的能力、喜好等的差异而不同，从而保证了结果的客观性。④

四是翔实性。在观摩过程中，观摩者可以随时记录观摩对象的行为，并可以对某一

---

① 张爱军. 课堂观察：从"前专业化"走向"专业"的三重转换 [J]. 当代教育科学，2011 (4)：41-43.
② 莫利娟. 试述教育观察法的实际应用 [J]. 学周刊，2012 (33)：4-5.
③ 薛瑞敏. 欠发达地区农村初中英语教师专业发展研究——以河南省濮阳市为例 [D]. 无锡：江南大学，2012.
④ 李玉芳. 多彩的学生评价 [M]. 北京：教育科学出版社，2009：1.

方面进行更加深入的观摩。通过对教育教学活动和日常生活中自然的、真实的行为和表现的记录，获得真实、可靠、客观、生动甚至是用语言难以描述的第一手资料，同时保证观摩的翔实性。

二、小学教育观摩的基本类型

教育观摩的基本类型有以下几种。

（一）自然观摩与实验室观摩

按观摩的情境条件，教育观摩可分为自然观摩、实验室观摩。自然观摩是在自然情境中，在观摩环境和观摩对象不加改变和控制的状态下进行的观摩。比如，在课堂上对学生进行的观摩是一种自然观摩，观摩到的是学生在真实环境中的自然表现。实验室观摩是指观摩者有意识地把学生放到预先设计和安排好的环境中来观摩学生行为表现的一种方法。自然观摩因其是在自然环境中进行的，观摩者只能被动地等待观摩对象自然地出现目标行为，而实验室观摩是人为地创造条件，促使观摩目标行为的出现，便于研究者获得相关资料。

（二）直接观摩与间接观摩

按观摩方式，教育观摩可分为直接观摩、间接观摩。直接观摩是只凭借观摩者自身的眼睛、耳朵等感觉器官，而不借助仪器直接进行观摩活动的方法；间接观摩指观摩者借用一些手段或仪器等中介进行观摩的方法，如通过课堂教学监控录像、录音等对学生进行的观摩。在直接观摩中可能由于人的感觉器官或时间与空间条件受一定的限制而难以获得资料，这时可以借助间接观摩。

（三）参与性观摩与非参与性观摩

按观摩者是否直接参与观摩对象的活动，教育观摩可分为参与性观摩、非参与性观摩。参与性观摩是为了获取更可靠的资料，观摩者隐瞒自己的研究者身份，将自己融入观摩对象群体中，与他们一起参与活动，并进行隐蔽的观察和记录的方法。其优点是不会干扰观摩对象的活动，保持其真实性。例如，我国作家贾鲁生曾装扮成乞丐，混入乞丐中流浪、乞讨，写出了《丐帮流浪记》。非参与性观摩则不要求观摩者参与到研究对象活动中，而只是作为旁观者来获得和记录有关的资料信息。但这种观摩容易使被观摩者意识到自己正被观摩而使行为发生变化，如有外人在课堂听课时学生会表现得更认真听话，导致研究者得不到更客观的材料。

（四）结构性观摩与非结构性观摩

按观摩实施的方法，教育观摩可分为结构性观摩和非结构性观摩。结构性观摩是指有明确的目标，按照一定的步骤与项目进行的观摩。结构性的观摩通常经过周密的设计，明确规定需要观察的项目，使用预先设计好的工具进行记录，并且实施严格的控制措施。非结构性观摩对研究问题的范围采取弹性的态度,是根据具体情况而有选择地进行的观摩,观摩中研究者既无事先确定的观摩项目,也无既定不变的、详细的观摩提纲,只有一个粗略的观摩思路。非结构性观摩控制不多,方法灵活,但获得的资料不够系统完整。

三、小学教育观摩的实施程序

小学教育观摩的实施主要包括四个步骤:观摩前的准备、观摩的实施、观摩资料的整理与分析以及撰写观摩报告。

(一)小学教育观摩前的准备

教育观摩前的准备有以下 5 点。

1. 确定观摩目的及内容

明晰观摩要了解什么,这是进行观摩的前提。观摩前必须明确观摩目的,以确保观摩能有计划地开展,而不是盲目观摩。观摩目的既要包括宏观的总体目的,又要包括细化的具体目标。唯有采取这样的观摩方式,才能排除掉那些与主要研究对象无关的内容和过程,从而让主要研究对象得到充分展现。

2. 选择观摩对象

观摩对象包括所要观摩的人及其行为。这里的行为并非观摩对象的所有行为,而是与观摩目的有关、可以观摩到的行为。确定观摩目的及内容后也就确定了观摩对象的总体范围。究竟选择哪些个体作为研究对象,要根据研究课题的性质确定。

3. 确定观摩方法

根据观摩目的以及内容确定观摩方法。比如,要进行严谨的研究,可以选择有明确的目标,详尽的计划、步骤和方法的结构性观摩法;想得到较为客观的观摩结果,可以选择将观摩者作为局外人的非参与性观摩。观摩者可以根据自己的观摩目的选择合适的观摩方法。

4. 准备观摩工具

观摩者需要依据观摩目的、内容对象和方法选择合适的观摩工具;可以充分利用科学仪器,发挥仪器的功能,确保观摩结果的相对客观性、准确性。

5. 制订观摩计划

观摩前需计划好何时(观摩时间)、何人(观摩者)、采用何种方式(观摩方式)、于何地(观摩地方)、如何(观摩工具)、对何人(观摩对象)进行观摩,以及用何种记录方法。其中,记录方法可以分为频数记录法、描述记录法、等级记录法和连续记录法四种。频数记录法即在规定的观摩项目上以符号"√"记录被观摩者在该项目所指的行为现象中出现的次数的方法;描述记录法是对学生在学习过程中比较典型的、有代表性的行为进行记录的方法;等级记录法就是要把所要观摩的具体项目事先划分成几个等级,然后根据被观摩者的具体表现给予等级评定的方法;连续记录法即利用录音机、录像机对观摩到的现象的全过程进行记录的方法。观摩计划做得越具体、越充分,就越能有针对性地获取详尽的观摩资料。

(二)小学教育观摩的实施

观摩者根据预先制订好的观摩计划进行观摩并作出准确的记录。在进行观摩时,首先要根据所采用的观摩方法选择相应的观摩策略,以求获得最佳效果。其次,要充分利用记录表及评定量表做好观摩记录。然后,要充分利用录音录像等工具进行实地的和全程的记录。最后,观摩者要注意捕捉细节,要善于从行为表象分析其实质,而不是记录表面现象。

(三)小学教育观摩资料的整理与分析

观摩活动结束后,接下来最关键的是及时对观摩资料进行整理和分析。在此过程中有两个问题需要注意。

第一,对观摩材料进行检查、分类并保存多份,以免遗忘或丢失。在统计数据时,对于一些简单且目的单一的观摩量表所收集的数据,可以从记录中推算出一些能说明问题的百分比、频数或排序,并将其呈现在观摩量表上;对于更复杂的数据,则可以通过计算频率和百分比来绘制出能够说明问题的图表。也可利用计算机软件进行数据分析。对材料的整理力求真实地还原当时观摩的情境。

第二,考证观摩资料的获得是否遵循了科学的程序;是否有一定的理论依据;是否采用多种观摩方法进行比较;是否进行了多次观摩,确保观摩现象不是偶尔发生,而是有规律的现象。要确保观摩资料的客观性、科学性、全面性、准确性。观摩者对观摩资料进行整理分析后基本上就解决了观摩前提出的问题,得出了观摩结论。[①]

(四)小学教育观摩报告的撰写

观摩结束后,观摩者需要对自己的观摩活动做一个系统的观摩总结,以便发现规律,形成自己对某一问题的新认识,收获研究成果。同时,观摩结果不仅仅是观摩者了解就可以,所以撰写观摩报告有助于分享研究成果,为相关研究提供依据。

四、小学教育观摩的优点与局限

(一)小学教育观摩的优点

小学教育观摩可及时记录实地观摩到的现象或行为的发生,获得较为全面的资料。例如,职前教师的提问所引起的学生积极投入的气氛,都需要即时的观摩记录。实时地观摩不但可以把握具体的现象和行为,而且可以感受到特殊的气氛与情境,这些资料平

---

① 宋淑娟. 如何创设美好的教学情景[J]. 职教论坛,2004(23):35.

常是难以获取的。

小学教育观摩在自然状态下进行，可获得真实的资料。在研究对象不知情的情况下进行观摩，其行为完全是在日常生活中的自然表现，这样所获得的资料是真实可靠具有客观性的，如透过单向玻璃观摩在活动室活动的儿童的行为。

小学教育观摩可以节省被观摩者的时间和精力。观摩者与被观摩者的活动是同时进行的，被观摩者并不知道自己处于观摩之中，因而两者互不干扰，既不妨碍被观摩者的学习生活，也不需要被观摩者提供帮助，这样节省了被观摩者的时间与精力。

依靠小学教育观摩能够得到研究对象不能直接报告或不肯报告的隐性资料。例如，儿童不愿报告其感想，需要通过观摩获取。对一些敏感问题、与社会规范不符的行为，如攻击性行为，当事人从维护个人自尊的心态出发，往往不愿如实报告，需要用观摩法来获取相关资料。

（二）小学教育观摩研究的局限

小学教育观摩结果易于表面化。人们的行为与心理世界的关系极其复杂，总会有一些不一致的地方，甚至有相反的现象。因此，观摩记录的行为并不能完全真实地反映内心世界，只能停留于表面。

小学教育观摩不够经济并且观摩样本少。若样本太多，容易顾此失彼。要获得较多观摩对象的数据，则需较多的观摩人员或观摩次数，从而费时费力较多，整体来说不够经济。

小学教育观摩容易受具体时间、空间及情境的限制。虽然观摩法可以随时随地进行，但人的行为会受到时间、空间的限制和影响，可能会导致同一观摩对象对同一事物发生不同的反应，从而得到不够准确的观摩结果。

小学教育观摩结果带有一定主观性。观摩易受观摩者主观因素的影响。观摩者个人的意识形态、价值观念、知识背景、情感色彩都会影响观摩结果及对结果的分析和解释。

第二节　小学课堂观摩

虽然职前教师可以随时随地对学生进行观摩，但是课堂观摩是职前教师日常了解学生的主要途径。在课堂中，学生可以全面展现他们的学习态度、学习兴趣、学习方法、思维品质等。有效的课堂观摩能为课堂研究、教育教学研究提供真实的第一手资料，并成为其最为有效的起点。

一、小学课堂观摩的含义

小学课堂观摩是一种科学的观摩。作为一种研究和实践方法，它不同于一般意义上的观摩，即日常的观摩。日常观摩是个体在实践中有意识或无意识地自然习得的一种能力，因此每个人或多或少都掌握一些。而课堂观摩是在日常观摩的基础上发展起来的一种特殊技术，它具有明确的目的，除了运用个体的眼睛、心智之外，还经常借助特殊的观摩工具。[1] 在观摩前，需要进行精心的组织和设计，以确保观摩者对课堂事物的洞察更具深度和广度。[2] 概言之，课堂观摩是观察者通过使用自身感官和相关辅助工具，直接或间接收集课堂情境中的资料，并根据这些资料进行相应的研究，是一种具有明确目的的教育研究方法。

二、小学课堂观摩的框架与视角

（一）小学课堂观摩的框架

小学课堂观摩大致分为定量课堂观摩与定性课堂观摩两大类。

1. 定量课堂观摩

定量的课堂观摩是运用事先准备的一套定量的结构化记录方式进行的观摩。在这套记录体系里，要明确地规定需要观摩的行为或事件的类别、观摩对象以及观摩的时间等。定量观摩的主要样式包括编码体系、记号体系（或项目清单）、等级量表。收集的数据资料可以表现为不同的数据形式，包括频率计数（次数）、事件发生的百分比、等级量表的分数等。[3]

2. 定性课堂观摩

定性观摩是观摩者根据粗略的观摩提纲，在课堂现场对观摩对象进行详细且全面的记录，并在观摩后根据回忆加以必要的追溯性的补充与完善。与定量课堂观摩不同的是，定性课堂观摩以非数字形式表现观摩内容，如书面文字描述、录音设备记录的口头语言转录，以及其他工艺学手段记录的影像及照片等。具体来说，定性观摩有四种主要的记录方式：描述体系、叙述体系、图式体系、工艺学记录等。[4]

3. 定量课堂观摩与定性课堂观摩的特点与区别

定量课堂观摩与定性课堂观摩的特点与区别如表4-1所示。

表4-1 定量课堂观摩与定性课堂观摩的特点与区别

	界定	特点	区别
定量课堂观摩	对课堂观摩进行结构化资料收集，并以数字化方式呈现	三种记录方式：编码体系、记号体系（或项目清单）、等级量表 两种抽样方法：时间抽样和事件行为抽样	观摩前提出问题，然后具体设计指标系统来分析

---

[1] 曾海刚，李霓虹. 新课标理念下中小学课堂教学观察量表的优化设计——以《越秀区中小学课堂教学质量评价表》修订为例 [J]. 课程教学研究，2022 (6)：107-112.
[2] 赵美玲. 课堂观察报告 [J]. 现代妇女 (下旬)，2013 (10)：121-122.
[3] 朱定兰. 学生课堂状态观察引发的思考 [J]. 教育实践与研究 (B)，2011 (2)：49-51.
[4] 杜寒梅. 小学数学新手与熟手教师课堂教学时间管理对比研究 [D]. 天津：天津师范大学，2014.

续表

	界定	特点	区别
定性课堂观摩	对课堂观摩进行质性资料收集，并以非数字化形式（如文字等）呈现	依据粗线条的观摩提纲，对观摩对象做详尽多方面的记录，呈现形式是非数字化的，分析手段是质化的。 四种主要记录方式：描述体系、叙述体系、图式记录、工艺学记录	在搜集了大量客观资料后提出问题。研究问题常在研究过程中不断被重构，时间较长

（二）小学课堂观摩的视角

要进行课堂观摩需要了解课堂的构成因素，华东师范大学崔允漷教授提出了课堂观摩框架中的4个维度20个视角68个观摩点。[①]（见表4—2），可以作为小学课堂观摩的基本参考。这样一个四维框架的形成既有理论依据又有实践依据。理论依据主要基于对课堂构成要素的理解，这包括学生、职前教师、课程及课堂文化。这四个要素各有其特定的含义，但又相互关联，共同构建了课堂的多元化和复杂性。而实践依据则是每一个课堂观摩都要面对的问题——"我观摩什么课"。由这个问题可推导出（1）学生在课堂中是怎样学习的，是否有效；（2）职前教师是如何教的，哪些主要行为是适当的；（3）这堂课是什么课，学科性表现在哪里；（4）我在该堂课待了40分钟，整体感受如何。

表4—2　课堂观摩框架中的4个维度20个视角68个观摩点

维度	视角	序号	观摩点举例
学生学习	准备	1	学生课前准备了什么？是怎样准备的？
		2	准备得怎么样？有多少学生做了准备？
		3	学优生、学困生的准备习惯怎么样？
	倾听	4	有多少学生能倾听老师的讲课？能倾听多少时间？
		5	有多少学生能倾听同学的发言？
		6	倾听时学生有哪些辅助行为（记笔记、查阅或回应）？有多少人？
	互动	7	有哪些互动行为？学生的互动能为目标达成提供帮助吗？
		8	参与提问或回答的人数、时间、对象、过程、质量如何？
		9	参与小组讨论的人数、时间、对象、过程、质量如何？
		10	参与课堂活动（个人或小组）的人数、时间、对象、过程、质量如何？
		11	学生的互动习惯怎么样？出现了怎样的情感行为？
	自主	12	学生可以自主学习的时间有多少？有多少人参与？学困生的参与情况怎样？
		13	学生自主学习形式（探究/记笔记/阅读/思考）有哪些？各有多少人？
		14	学生的自主学习有序吗？学生有无自主探究活动？学优生、学困生情况怎样？
		15	学生自主学习的质量如何？

---

① 崔允漷. 论课堂观察LICC范式：一种专业的听评课[J]. 教育研究，2012（5）：79—83.

续表

维度	视角	序号	观摩点举例
学生学习	达成	16	学生清楚这节课的学习目标吗？
		17	预设的目标达成有什么证据（观点/作业/表情/扮演/演示）？有多少人达成？
		18	这堂课生成了什么目标？效果如何？
职前教师教学	环节	19	由哪些环节构成？是否围绕教学目标展开？
		20	这些环节是否面向全体学生？
		21	不同环节/行为/内容的时间是怎么分配的？
	呈示	22	怎样讲解？讲解是否有效（清晰/结构/契合主题/简洁/语速/音量/节奏）？
		23	板书是怎样呈现的？是否为学生学习提供了帮助？
		24	媒体是怎样呈现的？是否适当？是否有效？
		25	动作（如实验/制作）怎样呈现的？是否规范？是否有效？
	对话	26	提问的对象、次数、类型、结构、认知难度、候答时间怎样？是否有效？
		27	职前教师的问答方式和内容如何？有哪些辅助方式？是否有效？
		28	有哪些话题？话题与学习目标的关系如何？
	指导	29	怎样指导学生自主学习（阅读/作业）？是否有效？
		30	怎样指导学生合作学习（讨论/活动/作业）？是否有效？
		31	怎样指导学生探究学习（实验/课题研究/作业）？是否有效？
	机智	32	教学设计有哪些调整？为什么？效果怎么样？
		33	如何处理来自学生或情景的突发事件？效果怎么样？
		34	呈现了哪些非言语行为（表情/移动/体态语）？效果怎么样？
		35	有哪些具有特色的课堂行为（语言/教态/学识/技能/思想）？
课程性质	目标	36	预设的学习目标是什么？学习目标的表达是否规范和清晰？
		37	目标是根据什么（课程标准/学生/教材）预设的？是否适合该班学生？
		38	在课堂中是否生成新的学习目标？是否合理？
	内容	39	教材是如何处理的（增/删/合/立/换）？是否合理？
		40	课堂中生成了哪些内容？怎样处理？
		41	是否凸显了本学科的特点、思想、核心技能以及逻辑关系？
		42	容量是否适合该班学生？如何满足不同学生的需求？
	实施	43	预设哪些方法（讲授/讨论/活动/探究/互动）？与学习目标适合度如何？
		44	是否体现了本学科特点？有没有关注学习方法的指导？
		45	创设了什么样的情境？是否有效？
	评价	46	检测学习目标所采用的主要评价方式是什么？是否有效？
		47	是否关注在教学过程中获取相关的评价信息（回答/作业/表情）？
		48	如何利用所获得的评价信息（解释/反馈/改进建议）？

续表

维度	视角	序号	观摩点举例
课程性质	资源	49	预设了哪些资源（师生/文本/实物与模型/实验/多媒体）？
		50	预设资源的利用是否有助于学习目标的达成？
		51	生成了哪些资源（错误/回答/作业/作品）？与学习目标达成的关系怎样？
		52	向学生推荐了哪些课外资源？可得到程度如何？
课堂文化	思考	53	学习目标是否关注高级认知技能？
		54	教学是否由问题驱动？问题链与学生认知水平、知识结构的关系如何？
		55	怎样指导学生开展独立思考？怎样对待或处理学生思考中的错误？
		56	学生思考的人数、时间、水平怎样？课堂气氛怎样？
	民主	57	课堂话语（数量/时间/对象/措辞/插话）是怎么样的？
		58	学生参与课堂教学活动的人数、时间怎样？课堂气氛怎样？
		59	师生行为（情境设置/叫答机会/座位安排）如何？学生间的关系如何？
	创新	60	教学设计、情境创设与资源利用有何新意？
		61	教学设计、课堂气氛是否有助于学生表达自己的奇思妙想？如何处理？
		62	课堂生成了哪些目标/资源？职前教师是如何处理的？
	关爱	63	学习目标是否面向全体学生？是否关注不同学生的需求？
		64	特殊（学习困难、残障、疾病）学生的学习是否得到关注？座位安排是否得当？
		65	课堂话语（数量/时间/对象/措辞/插话）、行为（叫答机会/座位安排）如何？
	特质	66	该课体现了职前教师的哪些优势（语言风格/行为特点/思维品质）？
		67	整堂课设计是否有特色（环节安排/教材处理/导入/教学策略/学习指导/对话）？
		68	学生对该职前教师教学特色的评价如何？

三、小学课堂观摩的记录方式

（一）定性记录方式

小学课堂观摩的定性记录方式包括描述体系、叙述体系、图式记录、工艺学记录等四种。描述体系是一种采用非数字形式对观摩目标进行描述的方法，它建立在特定的分类框架下，以形成一种准结构的定性观摩记录方式。可以从这样几个角度来描述：空间、时间、环境、行动者、事件活动、行动、目标、感情等（见表4-3）。叙述体系是一种没有预先设定分类的方法，它对观察到的事件和行为进行真实详细的文字记录，并可进行现场的主观评价（见表4-4）。图式记录是一种直接呈现相关信息的记录方式，它使用位置、环境图等图像形式来表达信息。工艺学记录即使用录音、录像、照片等电子形式对所需研究的行为事件做现场的永久性记录。[①]

表 4-3 描述体系记录的课堂观摩

时间	观摩到的事件	观摩者的解释和疑问
10:10	职前教师阅读课文,眼睛始终盯着课本,没有看学生一眼	职前教师似乎对课本内容不熟悉
10:20	职前教师问了一个课本上有答案的问题,学生用课本上的答案齐声回答	职前教师似乎不注意鼓励学生用自己的语言回答问题。
10:30	职前教师问问题的时候,用自己的手示意学生举手发言。左边第一排的一位男生没有举手就发出了声音,职前教师用责备的眼光看了他一眼,他赶紧举起了左手。所有学生举手时都用左手,将手肘放在桌上	职前教师似乎对课堂纪律管理很严;绝大多数学生对课堂规则都比较熟悉
10:40	职前教师自己范读课文,学生眼睛盯着书本,静听职前教师范读	职前教师为什么不要学生自己先读呢?是否可以要一位同学来范读

表 4-4 叙述体系记录的课堂观摩

班级: 　　学生姓名: 　　日期:
行为描述:
分析说明:
观摩者:

（二）定量记录方式

定量记录方式主要有等级量表和分类体系等记录方式。等级量表是一种预先根据观摩目的编制的合理量表,用于在课堂观摩中评估观摩对象的行为表现,并根据其表现给予相应的等级评定,如表 4-5 所示。分类体系是预先列出可能出现的行为或要观摩的目标行为,并在观摩过程中以适当的时间间隔进行取样,对行为进行记录的方法,如表 4-6 所示。

[①] 崔允漷,沈毅,周文叶,等. 课堂观察 20 问答 [J]. 当代教育科学,2007 (24): 6-16.

表 4-5 等级量表记录的课堂观摩

	优	良	中	差
学习态度				
学习方法				
课堂参与				
学习结果				
……				

表 4-6 分类体系记录的课堂观摩

学校：			年级：			班级：			学生姓名：			
教学科目：				课题：				职前教师姓名：				
学习行为	出现次序	持续时间	出现次序	持续时间	出现次序	持续时间	非学习行为	出现次序	持续时间	出现次序	持续时间	出现次序	持续时间
听讲							交头接耳						
举手答问							看课外书						
举手提问							做小动作						
台前示范							看他人他处						
做课堂练习							与人打闹						
操作实践							擅自离开						

四、课堂观摩的操作程序

小学课堂观摩操作程序一般分为三个阶段，即观摩前的准备、现场观摩、观摩后的反思。

（一）课堂观摩前的准备

观摩前必须明确观摩的目的，并依据观摩目的制订观摩计划。首先，要确定观摩时间、地点、次数等。其次，根据研究目的确定需要观摩的对象及行为。最后，设计或选择观摩记录的方式或工具。观摩者应在观摩前根据观摩的目的和背景，选择最合适的记录方式或使用现有的观摩表。在课堂观摩前要做好以上各方面，准备越充分，观摩者就越能从课堂中收集到更多有用的资料。

(二)课堂现场观摩

课堂观摩的实施包括进入研究情境以及在研究情境中依照事先决定的记录方法对所需的信息进行记录。进入课堂前必须保证课堂是在自然状态下进行的,职前教师与学生不会因受到观摩者的干扰而表现得与平常情况不同。

在课堂中,按照确定好的记录方式对观摩对象进行观摩和记录。在此之前观摩者应当经过专门的培训,掌握一定观摩技巧。在记录过程中观摩者应尽量克服来自观摩工具、教育者以及环境的各种影响观摩信度和效度的因素。

(三)课堂观摩后的反思

课堂观摩结束后需要在及时对所收集的资料加以整理分析,以免长时间后遗忘而导致无法正确理解记录资料。资料分析是一项至关重要的复杂任务,它涉及对原始资料的充分利用以及对结果的精准解读。在整理分析资料后,研究者就能从中得出研究结果。虽然最后的结果是以研究报告或论文的形式呈现,但最终目的是促进教学,改善实践。

第三节 小学教育活动观摩

观摩是一切科学研究最基本的手段之一,但是有效的观摩并不仅限于会看,而且需要按照一定的结构、角度和方式去看,有客观、有效、规范的记录和记录工具。后者相对地独立于观摩的过程,具有自身内在的原则和技术要求,具有特定的类型和结构,并且反过来对观摩过程产生多方面的作用。

一、小学教育活动观摩的性质

(一)小学教育活动观摩是一种有目的的行为

小学教育活动观摩有多方面、多层次的目的,其不仅是观摩的一部分,更是观摩的延续和深化。在观摩中,所见所闻需要被精心记录,这样的记录不仅具有"朝前看"的功能,以形成新的、不断深化的观摩目的;也具备"朝后看"的作用,能够为职前教师提供自我管理和反思成长的机会。教育活动观摩的真正意义在于观摩内容是否能够被充分利用。如果观摩的内容没有经过深入整理、分析和反思,那么教育活动观摩作为观摩和反馈之间的中间环节,就失去了其本身的意义。

然而,小学教育活动观摩所获取的内容并非一次性的消耗品,而是可以被保存和重复利用的。这种内容不仅能够用于个人的学习和成长,还可以在研究、家长交流、同事讨论,以及各种评价和评比活动中得到应用。这种多重用途使得教育活动观摩成为丰富教学经验、促进教育改进的重要工具。通过不断的观摩、记录、分析和应用,教育活动观摩不仅为个体教师的成长提供了支持,也为整个教育体系的不断优化提供了宝贵的经验和素材。

(二)小学教育活动观摩是一种有计划的行为

小学教育活动观摩是一项系统而有计划的活动。这种计划性并不意味着排除了偶发和突发情况的可能性,而是建立在一定的规划基础上,包括时间安排、记录规模、观摩频率以及使用辅助工具等方面的详细计划。这样的计划有助于确保观摩的有效性和有序性,使观摩活动具备明确的目标和方向。同时,这种计划性也允许在特殊情况下灵活调整,以适应不同的教学场景和需求。因此,教育活动观摩的计划性既保障了观摩活动的有序进行,又为教育者在实际操作中灵活应对各种情况提供了空间。

二、小学教育活动观摩记录的重要性

小学教育活动观摩记录能提高记录语言的客观性。科学且恰当的书面记录在教育活动观摩中具有深远的重要性和附带效益。相较于仅依赖大脑记忆,书面记录更加客观、真实,且不会随时间消退。记录不仅能够加深观摩者的记忆,更是在意识中对所见现象进行整理和深思并外化为客观材料的过程。对于职前教师而言,通过书面记录,他们能够更深入地理解学生的发展轨迹、课程的生成过程以及教学行为的内在逻辑,从而激发他们进行反思和改进的决心。

小学教育活动观摩记录能促进记录语言的规范化。由于教育教学活动的实时性和场景性,很多教学过程中的教育现象、教育环境中的许多材料等都缺乏合适的命名。观摩记录则恰好相反,出于记录的科学性和客观性,记录要用规范化的书面语言来描述活动。因而,观摩记录能够促进教育工作者特别是职前教师更多地思考这些现象,进行深入理解,同时对观察到的现象和材料进行命名。

长期开展小学教育活动观摩的书面记录能产生多方面的效益。它不仅提供了对资源使用、学生兴趣、个别差异的深入了解,帮助观摩者发现问题并及时调整教学措施;且因为它规范、便利,让观摩过程成为一套完整规范的流程,在提升效率的同时使得之后的观摩更具有方向性。这些长期记录成为职前教师自我反思和专业提升的基础,帮助他们在教育实践中不断进步,为教学质量的提升贡献力量。

三、小学教育活动观摩记录的分类

(一)现场观摩记录

大量需要进行瞬间反应的表格式记录(有些涉及态度的表格是不需要也不大可能进行瞬间反应的)、特定事件中的速记,以及一些临时的感悟和发现记录,通常都需要甚至必须在现场完成,以免事后的遗忘和混淆。现场观摩记录能提供第一手资料,保证局部和细节的真实性,但仅能记录片段和突出行为,难以全面连续记录,也可能忽略潜在、次要或外部因素，因为观摩（有时甚至是参与的观摩）和记录同时进行，在时间和精力上都不能得到充分保障。

为了解决这些问题，观摩者也可以灵活采取一些策略。首先，可以考虑用专人或设备辅助记录，以确保记录的完整性和准确性。有专人负责记录，可以减轻观摩者的负担，从而更专注于观摩过程，确保不错过重要信息。其次，观摩者可以采取时间取样的方法，即在特定时间段内记录特定行为的发生情况。这种方法可以帮助观摩者更加有针对性地记录关键时刻，避免遗漏重要信息，也能够合理利用观摩时间，提高观摩效果。然而，由于现场观摩的一些局限性和限制，观察记录就特别需要以下两种方式进行补充。

（二）事后回忆记录

事后回忆记录的方法通常在开放性、质性研究（定性研究）中得以应用，尤其是在观摩者需要进行深入参与式观察或希望避免干扰教学现场的情况下。在观摩过程中，观摩者未能意识到的信息，在事后可能因联想或触动而被回忆起来。这种方法能够在观摩结束后，观摩者回顾所见所闻的情境时，帮助他们补充丰富观察记录的内容。因此，事后回忆记录不仅为观摩者提供了更多观察的视角，还允许他们在事后回想时结合自身的思考和情感体验，进一步深化和丰富记录的内容。这种方法的灵活性使其成为处理观摩信息的一种有益补充，为教育活动的深度观察提供了更多可能性。

（三）现场与事后相结合的综合记录

现场与事后相结合的综合记录的方法主要用于进行质性记录，尤其适用于个案记录或深入访谈。在此方法中，研究者通常将现场记录与事后记录相结合。例如，观摩者可以利用速记、录音或录像方式来记录重要片段和关键信息，然后在事后进行仔细整理和分析，从而得到更为完整和翔实的记录。

采用这种综合性的方法，研究者能够在观摩过程中保持专注，捕捉到重要的教学瞬间。而在事后，通过回顾和整理所记录的信息，他们可以更加系统地呈现所观察到的情境，深入剖析活动的特点和细节。这种方法的特点在于，它允许观摩者在实地观察的基础上，通过事后的反思和整理，得到更加全面、准确的观察结果，为研究提供了更为深入和翔实的素材。这种情况对于职前教师的局部观摩或特定事件的观摩记录，无论是"旁观的"还是"参与的"也同样适用。

第四节　小学教育观摩案例

一、提问技巧观摩案例

提问是师生间最为常见的互动方式，也是国内外教育教学研究关注的重点。提问的类型、方式、对象和节奏都需要职前教师精心设计，这样才可能确保频繁提问的有效性。有的教师可能会在一节课上不停地提出无效问题；有的教师可能会无意识地更倾向于向前排或中间区域的学生提问，或只对成绩优秀的学生进行提问，或者偏爱向男生或女生提问。职前教师对这些不恰当或低效的提问行为可能是没有意识到的。然而，通过观摩研究的反馈，他们可以有意识地调整自己的提问行为，从而提升提问的有效性。职前教师可以使用以下观摩表或观摩工具对提问状况进行研究。

对提问的观摩记录可以根据研究重点不同而设计或选择其他的观摩工具。比如，中国台湾学者结合多种对提问类型划分的方法，将问题分为认知记忆、推理、创造、批判和常规五类，并对台湾小学三年级国语课中的某一课的教学中的发问情况做了记录。他利用录音设备进行大规模的研究，与多所学校的教师开展合作，涵盖了 30 个样本。经过统计分析收集的资料，他得出了关于教师课堂提问技巧的及时反馈，以帮助教师改进相关技巧。该学者收集资料所用的表格比较方便适用，也较符合我们的课堂状况（见表4-7）。

表 4-7 职前教师发问技巧分析表

	认知记忆		推理		创造		批判		常规		理答情形	待答	学生问	备注
	字词	文义												
	√	秒	√	秒	√	秒	√	秒	√	秒	√			
1														
2														
3														
4														
5														
6														
7														
8														
9														
10														

资料来源：张玉成. 教师发问技巧 [M]. 台北：心理出版社股份有限公司，1985：139.

国际著名教师教育专家亚蒙·博格（Simon Borg）认为，因为在学校的大多数工作日中，教师的提问从早到晚都在发生，观摩者可以每天随机选择一段时间用于观摩教师的提问。他们所建议的观摩表如表4-8所示。这份观摩表着重于记录教师提问的方式以及每次提问的难易程度，同时对问题的要求进行详细记录。

表 4-8　教师提问记录

核查教师提出的每个问题，并记入下面的分类中（观摩每节课的前 15 分钟）		
	次数	总数
A. 要求学生在黑板上解决问题	✓✓✓✓	4
B. 要求学生在座位上解决问题	✓✓✓✓✓✓✓	7
C. 提问有问题的学生以及已经理解的学生	✓✓	2
D. 其他	✓✓✓✓✓	5
	总数	18
每次教师要求回答问题，都用五级量表估计问题的难度水平		
	次数	总数
1. 困难	✓✓✓	3
2. 比较困难	✓	1
3. 一般	✓✓✓✓✓	5
4. 比较容易	✓	1
5. 容易	✓	1
	总数	11

二、小学课堂管理观摩案例

小学课堂管理是指教师为了确保小学课堂教学的秩序和效果，对课堂中的人、事、时间与空间等各种因素进行协调和优化的过程。[①] 良好的小学课堂管理是有效教学的重要保证。职前教师作为课堂的组织者和引导者，应当掌握一定课堂管理技巧，包括建立课堂常规、对学生不当行为作出反应、安排课堂组织形式、监控学生的活动、强化学生的行为、安排学生学习的时间段落、保持良好的学习氛围等。对职前教师的课堂管理进行观摩研究，其目的在于帮助职前教师有意识地实施课堂管理，提高教学效率。

（一）小学课堂管理维度的核查

针对课堂管理的主要维度，有人使用如表 4-9 所示的核查清单来观摩记录这些课堂管理的情况发生。表 4-9 中提及的五种主要的课堂管理维度并不一定在同一课堂中发生，所以如果由于课程性质的关系，不能涉及某一维度，则需在"没有机会观摩"这一栏做标记。对这五个维度的观摩还可以进一步具体化。比如，对于课堂教学常规使用情况，还可以继续设计观摩表对授课之前的常规、结束的常规、做作业的常规、小组活动的常规、教学活动的常规等进行更为细致的观摩研究。

[①] 吴玥，李艳. 高校优质思政课教师课堂教学行为案例研究及启示［J］. 教学研究，2022，45（1）：43—54.

表 4-9 课堂管理维度核查清单

行为	观摩到	没观摩到	没有机会观摩
依照教学目标安排课堂组织形式			
有预先建立合适的课堂规则			
教学活动中频繁使用教学常规			
使用强化措施激励合适的行为或抑制不当的行为			
使用松散型课堂控制方式,保持教学秩序			

资料来源:Borich G D. Observation skills for effective teaching [M]. Macmillan,1994:150.

(二)终止课堂问题行为的有效方式

经过对课堂管理结构化的、量化的观摩记录,我们还可以设计其他的观摩记录表来记录职前教师对课堂问题行为的管理。笔者设计的表 4-10 是参照有关文献中职前教师终止学生课堂行为的方法所设计的半开放的、以文字描述为主的记录方式。

表 4-10 教师终止课堂问题行为的有效方式

信号暗示:
使用幽默:
创设情境:
转移注意:
移除媒介:
当面批评:
令其暂离课堂:
使用惩罚:
其他:

研究者利用表 4-10 对教师的课堂管理行为进行研究时,不但记录了课堂中教师运用的问题行为管理方法,而且还可以用简单的文字记录下具体情况。读者可以利用类似这样的方法对某教师的课堂管理行为进行长期观摩,开展个案研究。

【本章小结】

通过本章学习，学生了解和掌握了小学教育观摩、小学课堂观摩、小学教育活动观摩的相关知识并对小学教育观摩案例有了清晰的认知。

小学教育观摩是小学职前教师对他人和自身教育实践进行反思的关键途径。小学教育观摩能帮助职前教师通过亲身体验的方式，按照科学的教育教学规律和教学研究的方法，对观摩的对象、活动、校园、课堂等教学要素加以观摩和记录，获取表象的感官信息和本质的理性认知，从而构建职前教师自我的教育教学实践性知识。由此，职前教师才能生动地而非教条地、主体地而非被动地把握即将投入的教育教学实践活动。从职前教师生涯的起步阶段就按照专业化发展途径规划自我的成长道路，这对学生是负责的基础，对自我发展也是事半功倍的。

本章在小学教育观摩的基础上进一步提出了小学课堂观摩。职前教师在把握课堂观摩操作要义的基础上从多视角进行课堂观摩，不仅能够切实掌握课堂现象、观察课堂生成，更能在不断观摩中提升自我教学能力。通过观摩其他教师的教学，首先，可以让职前教师学到不同的教学技巧和方法，包括课堂管理、教学策略、评估方式等；其次，可以让职前教师更好地了解实际教学情况和更多的教学理念和方法，增强实践能力、拓展自己的视野；最后，还可以让职前教师更好地了解自己的职业方向和目标，增强职业认同感。

小学教育活动观摩记录是记录和评价教育活动实施过程和效果的重要工具。小学教育活动观摩记录可以详细记录活动的实施过程，为后续的评价和反思提供基础数据；可以促进教师之间的交流和分享，让不同的教育理念和方法得到传播和应用，同时可以让教师更好地了解学生的学习状况和需求，提高教学效果。通过对教育活动观摩记录的分析和处理，可以评估教育活动的实施效果和质量，为进一步优化教育活动提供依据，同时可以提升观摩者的观察和分析能力，更好地了解学生的学习需求和问题，提高教学效果和教学质量。

【教学自测】

1. 简述小学教育观摩的含义。
2. 简述小学教育观摩的特点。
3. 简述小学教育观摩的基本类型。
4. 试述小学教育观摩的操作程序。
5. 试述小学教育观摩的优缺点。
6. 简述小学课堂观摩的含义。
7. 简述小学课堂观摩的基本类型。
8. 简述小学课堂观摩的记录方式。
9. 试述小学课堂观摩的操作程序。
10. 简述小学教育活动观摩的性质。
11. 试述小学教育活动观摩记录的重要性。
12. 简述小学教育活动观摩记录的分类。
13. 论述小学教育观摩案例的分析技巧。

第五章　小学教学见习与实习

【要点提示】

本章的主要内容是厘清小学教学见习与实习的五个基本要素，包括教学目标、教学内容、教学情境、教学活动、教学策略。

第一节是对小学教学见习与实习中教学目标的分析与确定。首先，小学教材内容性质及任务、小学学生的发展需求、社会的要求以及小学教学本身的功能是小学教学目标设计的基本依据。其次，明确教学目标的取向是确定小学教学目标类型的前提。最后，基于小学教学目标设计的依据和目标取向与类型的认识，设计和表述小学教学目标需要处理好目标的明确性、完整性、主导性和层次性四个问题。

第二节是对小学教学见习与实习中教学内容的理解与处理。首先，小学教材与生活有着紧密的联系，小学教学内容与生活的联系具有复制、剪裁等五个层次，可以通过寻找生活原型、激活学生生活经验等五个途径联系教材与生活。其次，小学教师在策划和组织课堂教学时，应加强不同教材内容间的联系与整合。最后，要善于挖掘小学教学内容的人文内涵，将学科教学活动从基础知识和核心技能的牢固基础上推进，引导小学学生迈向学科思想、学科思维和文化层面，以深刻理解学科的关键能力和必备品格，培养小学生的核心素养。

第三节是对小学教学见习与实习中教学情境的分析与创设。首先，小学教学情境作为教师教学的载体，小学生学习的基础，它具有四重结构，承载了目的和任务、认知和实践，只有充分认识到教学情境是由多种成分、要素所构成的立体结构才能正确地设计教学情境。其次，小学教学情境能激发学习动机、帮助小学生形成问题意识、支持个人进行知识建构并且促进能力迁移。再次，小学教学的要素和层面有不同的组合形式，故小学教学情境的类型和特点也有不同。最后，在认识教学情境的内涵、重要性和不同类型后，要厘清情境设计的思路和方法，良好、有效的教学情境应当神似形真、情真意切、意远境深和理寓其中。

第四节是对小学教学见习与实习中教学活动的分析与设计。首先，由于对象、目标、领域和形式的不同，小学教学活动类型丰富多样。其次，小学教学活动过程的分析和设计是整个教学活动设计的关键部分和核心环境，科学合理的活动设计需要满足从实物到自我、从外部到内部、从感知到创造、从记忆到创造、从感性到理性这五个方面的要求。最后，在设计小学教学活动时，应当结合课堂教学实际和把握教学活动的类型、功能、过程、规律和特点。

第五节是对小学教学见习与实习中教学策略的选择与运用。首先，只有小学教学策略的合理选择和运用才能帮助促进小学学生学习方式的转变，选择合理的教学策略需明确三点——沟通各种策略之间的联系，从整体的观点理解各种策略，以及教有法、无定法。其次，在新课改倡导下，小学职前教师需要重点理解和掌握的小学教学策略包括主体参与策略、自主学习策略、合作教学策略、探究教学策略、体验成功策略和差异发展策略。

【学习目标】

知识目标：

- 理解小学教学目标设计的依据。
- 了解小学教学目标的取向与类型。
- 理解联系小学教材与生活的层次、方式。
- 理解联系与整合小学教材内容的范围、维度与方式。
- 掌握挖掘小学教学内容的人文内涵的方式。
- 理解小学教学设计的总体思路。
- 明确小学教学活动设计要求。
- 理解如何正确地选用小学教学策略。
- 掌握常用的几种小学教学策略。

能力目标：

- 学会如何设计与表述小学教学目标。
- 学会如何设计小学教学。
- 学会小学教学情境的设计方法，并据此设计一个教学情境。
- 学会根据小学教学活动设计要求，反思日常教学过程中有哪些教学活动是不必要的。

【知识导图】

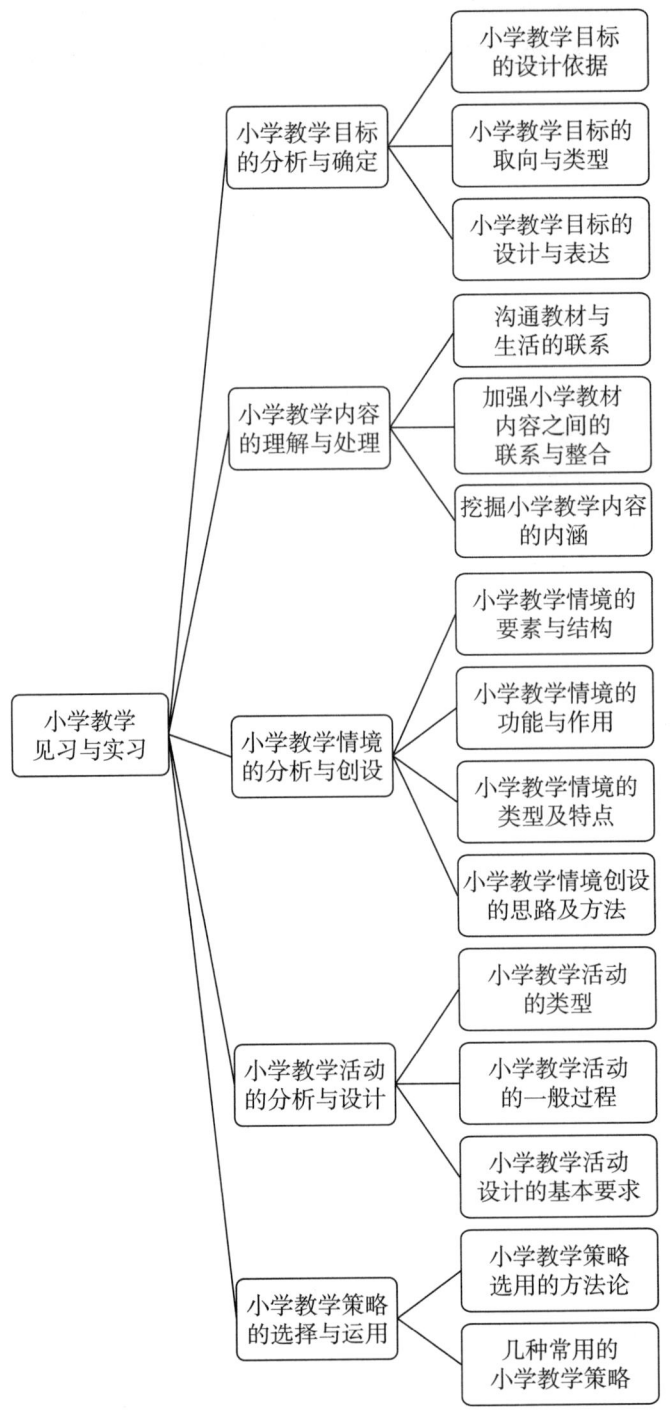

第一节　小学教学目标的分析与确定

目标是教学的一个重要维度。教学目标是教学设计的出发点和归宿，把握不准教学目标设计，教学评价设计和教学过程设计就会偏离方向。本章将从教学目标的设计依据、教学目标的取向与类型以及教学目标的构成与关系三个方面，对小学教学目标设计的思路与方法进行讨论。

一、小学教学目标的设计依据

小学教学目标的设计需要考虑四个方面的依据：一是教材的内容、性质及任务，二是小学生的发展需求，三是当代社会的要求，四是教学活动的发展功能。这里着重探讨后三个设计依据，只有充分理解小学生的发展需要、当代社会对小学生发展的要求、教学活动的发展功能，才有可能正确地设计教学目标。

（一）理解小学生的发展需要

理解小学生的发展需要是教学目标设计的前提，可以从三个方面分析小学生的发展需要：（1）小学生作为类的存在，需要发展其类的本质，即发展小学生作为人的活动能力；（2）小学生作为群体的存在，需要发展其社会本质，即发展小学生的群体与社会性；（3）小学生作为个体的存在，需要发展其个体本质，即发展小学生的人格。小学生在类本质、社会本质和个体本质三个方面的发展，综合起来就是小学生的整体发展。其中，小学生类本质力量的发展包括两个方面：一是活动内容和性质方面的发展，即学生的自主性、能动性和创造性的发展，其实质是学生的主体性及其内在本质力量的充分发挥；二是小学生从事活动的种类、范围、能力等方面的发展，其实质是学生从事活动的丰富性、完整性。需要指出的是，学生全面发展的本质和最根本的内涵不是所有能力无一遗漏的发展，不是所有人格无差别的均衡发展，而是学生富有个性的自由发展[1]。

（二）理解当代社会对小学生发展的要求

党的十八大以来，中国特色社会主义进入新时代，中国社会正经历一场深刻又激烈的转型。这种转型在宏观上集中表现为社会经济结构的急剧调整，微观上要求人的思维方式发生根本性转变[2]，体现在教育上，就是要把培养新型人才的重点放在提升人才的创新意识、实践能力、社会责任感等方面。根据《义务教育课程方案（2022年版）》的

---

[1] 刘杰. 从《关于费尔巴哈的提纲》看马克思"人的本质"思想及其时代价值 [J]. 理论界，2023（8）：15—22.

[2] 谭同学. 新时代多元不对称式社会转型及其治理现代化 [J]. 北方民族大学学报，2022（5）：5—13.

精神，教师在设计教学目标时应坚持素养导向，凝练课程所要培养的核心素养，体现课程独特育人价值和共通性育人要求①。

（三）理解教学活动的发展功能

教学活动作为学生发展的实现机制，对学生发展的作用是多重的。充分了解教学活动本身所具有的发展功能，是最大限度发挥教学活动对学生发展作用的前提。教学活动是一个包含多种发展功能的系统。（1）在主体—客体向度，学生与实物或知识相互作用，分别形成了五类基本的活动形式和发展功能：一是学生感知、认识实物或认识知识的活动，发展学生的感知能力、认知结构和思维能力；二是学生对实物或知识进行改造和实践活动，发展学生的动手能力和解决问题的能力；三是学生以占有实物为主的审美活动，发展学生的审美能力；四是学生检测和评判实物或知识的评价活动，发展学生的批判和判断能力；五是学生质疑和探究实物或知识的创造活动，发展学生的探究能力与创新能力。（2）在主体—主体向度，学生与教师、同伴相互作用，形成了学生与他人的交往活动，涉及学生与他人的沟通、对话，对他人的了解、理解、接纳、竞争与合作，认识群体与社会等方面。这不仅有利于学生的知识建构和认识发展，而且有利于学生合作意识与技能的发展，是教学条件下学生社会性发展的主要途径。（3）在主体—自身向度，学生与自己相互作用，形成了学生自我认识、自我体验、自我反思、自我评价与自我调节的活动。②这些活动直接作用于学生的自我意识，是学生在教学条件下自我发展和个性发展的主要途径。以上教学活动的所有功能可归纳为四个基本的方面，即知识建构功能、能力生成功能、社会性发展功能和自我发展功能。

二、小学教学目标的取向与类型

明确教学目标的取向是确定教学目标类型的前提，根据取向，教学目标可以分为四种类型：普适取向、行为取向、生成取向和表现取向。③

普适取向以抽象的、一般的、普遍的形式来陈述教学目标，具有普遍性、模糊性和规范性等特征。普适取向的目标能够适用于各种教学情境，方便教师对其做出各种富有创造性的阐释和实践，但缺点在于目标界定不清晰、随意性大、难于操作和衡量。

行为取向指明教学后学生身上所要发生的行为变化，具有明确性、具体性与可操作性等特征。但行为取向的目标只强调那些能够观察得到的外部行为要素，就有可能忽视学生在教学中更为高级的心理过程，如情感、态度、价值观、创造性思维等。更重要的是，行为取向的目标倾向于将学生的完整教学过程分门别类地加以对待，这有可能破坏学生学习和自身发展的完整性。

生成取向是在具体的教学情境中随着教学过程的展开自然生成的教学目标。行为取

---

① 中华人民共和国教育部. 义务教育课程方案（2022年版）[M]. 北京：北京师范大学出版社，2022：14.
② 李松林. 教学活动的生成过程及其功能属性[J]. 湖南师范大学教育科学学报，2008（1）：64—68.
③ 周南岳. 教学目标取向及其确定[J]. 武汉市教育科学研究院学报，2006（2）：55—59.

向的教学目标是在教学过程之外或教学开始之前就预先确定的目标,生成取向的教学目标则是具体教学情境与教学过程本身的产物,因而过程性与生成性是生成取向目标的最根本特征。生成取向目标的根本特征决定了它特别关注学生在教学过程中兴趣、需求的变化和能力、个性的形成。因此,生成取向的教学目标在带来教学的情境性、丰富性、开放性与创造性的同时,对教师的教学智慧和工作强度提出了挑战。

表现取向是指学生在从事某种教学后所得到的结果,关注的是学生在学习过程中的首创性表现,而不是事先规定的结果。典型的表现取向的教学目标如"在半个月内读完长篇小说《活着》,列出并讨论令您印象最深刻的三件事""游览、参观植物园,讨论在那里看到的最有趣的几件事"[1]。显然,表现取向的教学目标强调学生的自主性与能动性,有利于培养学生的发散思维和独创性。但是,表现取向的教学目标存在过于模糊、不便操作的缺陷,而且也很难保证学生掌握他们必须掌握的学科内容。

从普适取向和行为取向的教学目标到生成取向的教学目标,再到表现取向的教学目标,大致体现了教学活动对学生自主性、能动性与创造性的不断追求,反映了教学活动设计的发展方向。需要注意的是,这四种取向的教学目标各有自己的优势和局限,在设计教学目标时应该根据具体情况综合运用。

三、小学教学目标的设计与表述

明确了教学目标设计的依据和确定了教学目标的取向与类型后,接下来需要解决教学目标的设计与表述问题。一般地说,教学目标的设计与表述需要处理好教学目标的明确性、完整性、主导性与层次性四个问题。

(一)小学教学目标的明确性

每种取向的教学目标都需要确保目标的明确、具体。一般说来,普适取向、生成取向和表现取向的教学目标都比较模糊,它们的定义也比较简单,只需要遵循常规的语言规范就可以了,但是行为取向的教学目标的定义必须包含四个要素:(1)行为主体。行为取向的教学目标界定的是学生身上发生的所有行为变化,因此学生是行为主体。在实际运用之中,虽然行为主体可以省略,但从逻辑上行为主体应该是学生,如"能够熟练地阅读课文",而"让学生掌握……""使学生学会……""教会学生……""培养学生……"等表述方式实际上是以教师为行为主体的。(2)行为动词,即要学生外显出来的行为表现,如"再认""解释""运用""辨别""评判""创作"等。(3)行为条件。例如,"要学生知道正确使用逗号的规则",这不是行为目标,因为没有具体规定可观察到的行为,因而应把它改为"学生通过正确加上逗号来证实知道了五种逗号使用的规则"[2]。(4)表现程度,即学生对目标所达到的最低表现水准,如"给学生一篇文章,

---

[1] 范蔚. 三类教学目标的实践意义及实现策略[J]. 教育科学研究,2009(1):49—52.
[2] 施良方. 课程理论:课程的基础、原理与问题[M]. 北京:教育科学出版社,1996:95—96.

学生在五分钟内不靠帮助或参考书,能够识别出它的风格"[1]。

(二)小学教学目标的完整性

根据教学与发展交互整合的规律,教学目标是一个上下贯通、有机联系的完整体系。教学目标的完整性表现在以下五个方面:(1)普适取向的目标、行为取向的目标、生成取向的目标与表现取向的目标并存;(2)认知领域的目标、动作技能领域的目标与情意领域的目标并存;(3)知识与技能类目标、过程与方法类目标和情感态度与价值观类目标并存;(4)知识建构类目标、能力形成类目标、社会性发展类目标与自我发展类目标并存;(5)各种不同层次、水平的教学目标并存。这就要求教师在设计教学目标时,需要设计出尽量完整、全面、灵活的教学目标,以有效地弥合学生在感性认识与理性认识、认识能力与实践能力、智力发展与非智力发展之间的断裂,从而使学生的认识发展成为一个建构意义、生成能力、发展情感和完善自我的完整过程。

(三)小学教学目标的主导性

虽然不同类型的教学活动都会同时对学生发展的不同方面产生作用,学生的不同方面的发展也需要多种类型的教学活动,但就每一个单独的教学活动而言,无论如何也不可能兼顾学生所有方面的发展。因此,教学目标的设计必须确定一个主导性的目标,否则,教学就会失去主要的方向,学生在核心能力方面的发展也会遭到破坏。实际上,任何一次教学都是抓住学生发展的某一个重要方面来设计和实施的。教师在设计教学目标时,要善于挖掘教学内容的内涵与性质,抓住学生发展的重要方面来设计教学的主导性目标。

(四)小学教学目标的层次性

教学是一种循序渐进的活动过程,教学活动的设计就是要为学生开启一个从不会、学会再到会学,从低级到高级的逐步发展过程。因此,教学目标的设计要与学生发展的进程相适应,体现出一定的层次性。根据学生的学习水平,教学目标可以分为感知水平、认识水平、实践水平、欣赏水平、评价水平和创造水平6个层次[2]。根据学生思维介入的程度,教学目标可以分为感性水平、知性水平和理性水平3个层次。根据教学目标本身的水平,教学目标又可以分为基础性目标、拓展性目标与探究性目标3个层次。理想的教学活动设计,就是要将学生从低级的发展水平往较高级的发展水平推进,而不是停留于一个同样的水平甚至较低的水平。

---

[1] 马会梅,张平海. 教师教学行为设计的最优化原则[J]. 远程教育杂志,2006(5):38—41.
[2] 陈美兰,易君霞,卢昊. 新时代中学课程思政的目标依据及路向展望[J]. 江苏教育,2023(3):7—11.

第二节 小学教学内容的理解与处理

小学教学内容在课堂教学设计中扮演着核心角色，事实上，所有的小学教学活动都围绕着特定的内容展开。在小学教学过程中，内容可以视作学生的学习对象，也可以看作学生活动的主题，它还可能被构思为学生活动的任务，但在大多数情况下，它主要指的是教材中所包含的知识和信息。本节将重点探讨对小学教学内容的理解和处理，主要从以下三个角度来分析：首先，探讨小学教材与小学生日常生活之间的联系；其次，研究小学教材内容之间的内在联系与融合；最后，深入挖掘小学教材内容所包含的人文内涵。

一、沟通教材与生活的联系

《义务教育课程方案（2022年版）》明确指出教材编写要基于核心素养精选素材，注重联系学生学习、生活、思想实际，用生动案例阐释抽象概念，增强吸引力和感染力。[①] 教学与生活有着紧密的联系，脱离生活的教学、学习毫无意义。因此，教师在理解、处理教材与教学内容时，需要建立"生活"的维度，沟通教材与生活的联系。

（一）小学教材与生活联系的层次

小学教学内容与生活的紧密联系可以按照不同层次进行分类，以满足教学活动和学生学习的需求。（1）复制，这一层次指的是将生活中的情境和元素直接复制到教学活动中，完整地再现生活情景。例如，在"Go Shopping"话题的对话活动中，教师可以尽量还原顾客到商店购物的生活情境。（2）剪裁，根据教学活动和学生学习的实际需求，对生活情境和元素进行适当的删减、调整和选择，以更好地适应教学目标。（3）浓缩，在此层次生活情境和元素被压缩，只保留最基础和范例性的框架，剔除对学生知识构建和能力形成影响较小的部分。（4）重组，这一层次下根据教师和学生的独特需求，对生活情境和元素进行深入分析，以调整和改造其中可能存在的不足之处。（5）结构化，这是最高层次，通过引入和运用生活情境和元素，提取核心成分和一般原则，进行理论建模，帮助学生达到更高的认知水平，包括组织化、概括化和结构化的认识。

（二）小学教材与生活联系的方式

近年来，我国基础教育越发重视教材与生活化元素相结合。教材是小学教学生活化

[①] 中华人民共和国教育部. 义务教育课程方案（2022年版）[M]. 北京：北京师范大学出版社，2022：12.

的基础，也是课堂教学顺利开展的依据①。为沟通教学内容与生活的联系，教师可以采取以下 5 种方式。

1. 寻找生活原型，挖掘生活经验

学科与日常生活息息相关，每个学科的知识都可以在我们的日常生活中找到对应的生活原型。教师要善于发掘课程内容与生活的紧密联系，深入挖掘教材中蕴含的与学生日常生活经验相关的元素，以激发学生的学习动力和兴趣。例如，学习"加法交换律"时，再现一个"从家到学校要经过超市"的真实情境，让学生计算"家—超市"的距离＋"超市—学校"的距离与计算"学校—超市"的距离＋"超市—家"的距离。

2. 激活学生生活经验，培养问题意识

小学教学内容需要充分激活学生的生活经验，激发经验需要将抽象的概念、观点、论题、理论与学生生活经验相融合，使其体会知识与生活的联系。同时，基于学生的生活经验，鼓励学生在真实性情境中发现、提出、分析和解决问题，激发好奇心，促使学生主动探索，增强问题意识。例如，教学课文《三国鼎立》时，可以先播放电视连续剧《三国演义》的场景片段，或让学生收集生活中关于三国时期的谚语，如"三个臭皮匠，顶个诸葛亮""过五关斩六将"等，充分激发学生的生活经验。面对这些常见的语言，学生就会自然地提出一些问题："三个臭皮匠是谁？他们为什么就能顶一个诸葛亮？""是谁在过五关斩六将？为什么要过五关斩六将？过的是哪五关，斩的是哪六将？"

3. 利用学生生活经验，促进知识建构

在小学教学中，运用学生的生活经验促进知识构建的方法至关重要。教师应创造支持性的学习环境，鼓励学生分享经验，将其与教学内容关联。教师的引导和激发帮助学生深入思考和理解，促进知识建构。例如，之前上"加法交换律"的课时，学生计算发现两种计算方式结果都是一样的，并且都表示"学校—家"同一条路线的距离，从而初步体会加法交换律的实质。

4. 丰富学生生活经验，促进体验教学

教师通过将教学与学生的个人生活经验相结合，提供更丰富的学习经历，使学习变得更为生动和具体。体验教学要求教师采用多元化的教育资源和方法，如观察、操作、模拟、验证等，以便学生具体感知和参与学科内容。在这一过程中，学生不仅仅是被动的接收者，而是积极的参与者，能更深入地理解和应用所学，从而培养批判性思维和实际解决问题的能力②。例如，在"体积与容积"教学活动中，教师可以提前准备一个高瘦的土豆和一个矮胖的红薯，让学生猜想哪个体积更大，然后思考检验土豆和红薯体积大小的方式：把土豆和红薯放入盛有相同水量的两个量杯中，哪个量杯的水上升得多，哪个体积就更大。通过具体的实验操作活动，学生具体体验、参与学科内容，了解体积

---

① 马腾. 小学数学生活化在教材中的体现——以人教版小学数学教材为例［J］. 读写算，2022（6）：168－170.

② 黄慧. 语文教学内容优化设计的基本思路［J］. 内蒙古师范大学学报（教育科学版），2010，23（4）：89－92.

和容积的实际意义，初步理解体积和容积的概念。

5. 拓展学生生活经验，促进知识迁移

教师可以采用多种教学方法，如案例研究、项目学习、主题学习和问题驱动等，以协助学生将他们在课堂中学到的知识迁移到实际应用情境中。这一过程不仅有助于深化对知识的理解，还有助于培养学生的批判性思维和创造性问题解决能力。举例来说，当小学二年级的学生已经理解了"可能性"这一数学概念后，教师可以引导他们分析和回答与生活相关的可能性问题。这种方法有助于学生将抽象的数学思维与实际情境相连接。例如，教师可以鼓励学生思考问题，如"明天的天气可能如何""如果没有太阳，地球上的生活可能会受到什么影响？"，这些问题将激发学生的思考和创造性解决问题的能力，同时将数学知识应用到实际生活中。

二、加强小学教材内容之间的联系与整合

《义务教育课程方案（2022年版）》明确指出教学要加强课程综合，强化学科内知识整合。[①] 教师在策划和组织课堂教学时，应强调加强不同教材内容之间的连接和融合，特别注重培养小学生的综合问题分析与解决技能。解决实际问题所需的知识和技巧具有多元性，而日常生活要求学生能够综合运用他们拥有的知识和技能，以应对各式各样的实际挑战。

（一）联系与整合的范围

小学教材内容之间的联系与整合是多层次的，覆盖了不同范围的知识，可以通过多个变量来评估其效果：（1）已有知识与新知识的衔接与融合，包括在具体知识点上的联系和整合，以及旧知识和新知识的相互关系。（2）单元内知识和经验的联系和综合，指的是某一单元内不同知识元素之间的关联和整合，以建立更全面的理解。（3）整个学科范围内知识和经验的联系和整合，包括不同单元或主题之间的知识互通，有助于学生形成更深入的学科理解。（4）跨学科的知识和经验在特定领域内的联系和整合，强调不同相关学科的知识如何在某一特定领域内相互联系和交织。（5）学生对知识结构的联系和整合，指的是学生如何组织和整合所学知识，以建立更清晰和有序的知识结构。这些联系和整合的效果可以通过多个变量来评估，包括知识的概括性和可用性、知识的巩固程度和稳定性、知识的清晰度、新知识与旧知识的关联度和可辨析程度等。

（二）联系与整合的维度

小学教材内容之间的联系和整合可以从以下五个维度展开：（1）学问性知识与体验性知识。学问性知识（也称为学科性知识）与体验性知识（亦称为日常经验性知识）形成了两种不同的知识范式。学问性知识强调在学科内部的系统性理论、假说的构建，以

---

① 中华人民共和国教育部. 义务教育课程方案（2022年版）[M]. 北京：北京师范大学出版社，2022：5.

及演绎式的推理和实验验证；体验性知识则是通过直接感知和个体经验积累而来，不涉及严格的学科性推理和实验验证过程。[1]（2）单一学科性知识与跨学科性知识。跨学科性知识具有明显的学科交叉、多学科和跨学科的特点，它认识到事物之间的综合性联系以及复杂的相互作用，具有综合和通用方法的理论特质。[2]（3）内容性知识与方法性知识。内容性知识涉及概念性问题，回答"是什么"等问题；方法性知识则关注问题的处理方式，回答"如何"和"怎么做"等问题。（4）普遍性知识与情境性知识。普遍性知识建立在广泛适用和可验证的基础之上，要求独立于特定社会和文化背景，在知识获取过程中忽略情境因素，以确保知识的客观性和通用性；情境性知识则关注"情境"，强调知识的存在和含义受限于特定的时间、空间、文化因素等背景，认为离开具体情境，知识就无法存在，也失去了其实际意义。[3]（5）明确知识与默会知识。明确知识是可以用文字、语言、符号等明确表达和传递的知识，包括书面知识和理论知识；默会知识无法通过语言、文字、符号等来解释，也不能以规则的方式传递给他人，无法经过批判性反思，只能通过个体的感官体验或理性直观来获取。

（三）联系与整合的方式

小学教学内容的联系和整合，可根据程度和层次采取以下三种方式。（1）分化与集中。分化涉及将知识内容逐步细化和复杂化，按照从一般到特殊的逻辑顺序进行组织；集中则是相反的过程，将知识内容按照从个别到一般的逻辑顺序进行归纳、提炼和概括。（2）承前与启后。承前是将新的知识内容与学生已有的知识和经验相连接，以便在新旧知识之间建立联系，帮助学生理解和吸收新知识；启后则关注学生已有的知识和新获得的知识与未来学习的联系，以确保学生的学习是有连贯性的。（3）综合与贯通。综合涉及学生对知识经验的概括性处理，将其融合到一个整体结构中；贯通则强调学生的分析、比较、归纳、推导等过程，以加强知识内容之间的关联性和融合性。

小学教学内容的联系和整合，根据具体的操作策略可以采取以下四种具体方式。（1）补充，这涉及增加相关的内容和材料，以提高国家课程和地方课程的教学效益。（2）删减，根据国家课程标准和学生的学习需求，对一些活动内容进行适当的缩减。（3）拓展，适当扩大国家课程的范围，以便学生更全面地获取知识，掌握技能，并内化价值观。（4）整合，通过调整原有课程的目标、内容及组织方式，使内容和结构有机地相互联系。具体来说，教师可以增强不同内容之间的关联性，以实际问题为中心，围绕富有内涵和价值的主题展开教学。同时，可以采取分解或分层的方法，确保教学内容的连贯性和一体性。

---

[1] 朱立明，宋乃庆，黄瑾，等．STEAM教育核心理念下的深度学习：理据、架构与路径［J］．中国教育学刊，2022（1）：69-73．

[2] 张培杭．综合实践活动校本课程的开发浅析——关于环境小硕士课程的实施［J］．课程教学研究，2015（9）：82-84．

[3] 黄慧．语文教学内容优化设计的基本思路［J］．内蒙古师范大学学报（教育科学版），2010，23（04）：89-92．

三、挖掘小学教学内容的内涵

小学教学内容不仅代表学科知识的总结，还蕴含丰富而深刻的内涵。探索小学教学内容中的价值观，协助学生深刻理解其中的内涵，将学科教学活动在巩固基础知识和强化核心技能的基础上推进，引导学生深刻理解学科的关键能力和必备品格，对培养学生的核心素养具有极其重要的意义。

（一）挖掘内容所蕴含的学科思想

随着新课改的推进，小学生的创新能力引起了教育工作者的重视。教学从原来的教师教什么学生学什么，逐渐转变为自主、合作、探究的教学过程。因此，各个学科需要注意学科思想和方法的渗透，一个人如果有了相应的学科思想，得到了学科研究的方法，他就有了创新的能力，就有了终身学习的动力。实际上，各学科在自身发展过程中都与其他学科联系紧密，如哲学、文学、艺术、历史等，因而在学科思想和方法上都蕴含着丰富的内涵。学科思想方法是对学科知识内容和所使用方法的认识，它是从某些具体学科的认识过程中提炼出来的一些观点，经过后续研究和实践反复证实其正确性后，具有相对稳定性的特点。

（二）挖掘内容所蕴含的学科思维方式

学科思维方式是在构建学科知识和能力体系的过程中形成并不断完善的思维程序和运行模式，反映学科规律、关系和特点。学科思维方式包含两个层次：一是各学科共同的思维方式，如归纳与推导、分析与综合、假设与验证、具体与抽象、逻辑与历史等，也称辩证思维法；二是各学科因研究方法而具有的特殊思维方式，如等差、变元、数形结合、函数、数列与排列与组合、优选等，在数学学科中都是比较普遍的思路。每一种数学思想方法都有其对应的辩证思维方法，运用到解题中，既是程序化的思维模式，又是数学方法，而学生对这些数学思想方法的掌握和有效运用，必然会大大提高思维素质。

（三）挖掘内容所蕴含的必备品格和关键能力

新课程导向的教学是核心素养导向的教学，核心素养是学生适应个人终身发展和未来社会发展所需要的必备品格和关键能力[1]。小学教学是落实学生核心素养的重要途径，小学教学内容是课堂教学的重要组成部分，挖掘小学教学内容中所蕴含的必备品格和关键能力，对培养小学生核心素养起着重要作用。《义务教育课程方案（2022年版）》指出要聚焦核心素养，培养学生适应未来发展的正确价值观、必备品格和关键能力[2]。

---

[1] 林崇德. 中国学生核心素养研究 [J]. 心理与行为研究，2017，15（2）：145—154.
[2] 中华人民共和国教育部. 义务教育课程方案（2022年版）[M]. 北京：北京师范大学出版社，2022：4.

第三节　小学教学情境的分析与创设

情境是人类的所有活动的载体，没有不受情境限制的活动。离开了情境，活动就失去了时间、空间和背景这一存在基础。反过来，活动赋予情境以存在的价值和实质性的意义。由于教学的活动-情境观点，意义建构的根本途径和教学得以发展的根本机制就是学习个体参与实践活动、与情境互动。因此，小学教学与情境存在相互依存的关系，小学教学情境的创设是小学教学设计的重要内容。

一、小学教学情境的要素与结构

《现代汉语词典》（第7版）将情境解释为"（具体场合的）情形、景象"。情境之于知识，犹如液体之于盐。盐需溶入液体中，才能被吸收。知识需要融入情境之中，才能显示出活力和美感，才能被学生理解和掌握。[①] 小学教学情境可以识别为一个由需求—动机圈、任务—案例圈、条件—信息圈和认知—实践圈有机结合而成的四重结构。其中，需求—动机圈主要涉及活动的背景和情景，与学生的经验、兴趣、需要有关；任务—案例圈主要涉及教学要完成的主要任务、要解决的主要问题和要讨论的主要话题，并提供这些任务、问题和话题的个案或实例，因而与教学的目的有关；条件—信息圈主要涉及可供学生活动所用的各种信息、工具和资源，因而与教学的条件有关；认知—实践圈主要涉及感知、操作、体验、交流、探究、实践等活动过程，因而与学生的知识建构和能力迁移有关。

小学教学情境的四重结构表明：情境既有情的方面，又有境的方面；既有目的与任务的要求，又需要条件与工具的提供；既有认知的成分，又有实践的成分。一般而言，完整的教学情境通常是由背景（情景）、案例（实例）、任务（项目、问题、话题）、工具（信息、资源、手段）以及与它们相联系的需求（兴趣、动机）、目标和条件组成。其中，背景（情景）、案例（实例）应当以学生的已有生活经验为基础，以激发学生的兴趣和动机为目的。任务（项目、问题、话题）必须服从活动的目标。工具（信息、资源、手段）是达到活动目标的条件。因此，完整的教学情境并不是一个简单的背景和情景，而是一个具有多种要素、多种成分的立体结构。

二、小学教学情境的功能与作用

作为有效教学的根本实现机制，情境在小学生的学习活动中发挥着四个方面的功能和作用，即激发学习动机、形成问题意识、支持知识建构和促进能力迁移。换句话说，

---

① 余文森. 有效课堂教学的基本要素［J］. 教育发展研究，2007（Z2）：38—42.

小学教学情境可以从需求与动机、任务与案例、条件与信息、认知与实践等四个方面，为学生的有效学习创造必要的条件。

（一）激发学习动机

新奇有趣的东西能激发人的兴趣，形象切实的事物易唤起人的情绪。为了避免活动内容的枯燥无趣，达到激发学生的活动兴趣和调动其学习积极性的目的，教学情境应当直接与学生的生活经验相联系。更重要的是，教学情境通过设置问题情境，在教学内容与学生求知心理之间制造一种"不平衡"的状态，把学生引入相关的情境，引发学生的好奇与思考，先满足学生了解和理解的需要，逐步满足他们掌握知识的需要以及更高位的需要，从而成为激发小学生学习动机的有效手段。

（二）形成问题意识

美国教育心理学家罗伯特·米尔斯、加涅曾经指出，教育的重要目标就是教学生解决问题——数学和物理问题、健康问题、社会问题以及个人适应性问题。但是，要培养学生的问题解决能力，培养学生的问题意识应当是第一步，发现问题和提出问题是其重要的两个因素。[①] 当前，新课改核心素养也指出，自主性是人作为主体的根本属性，学生自己就要先学会学习，评估自己的学习进程。美国教育家与哲学家约翰·杜威（John Dewey）在其名著《我们如何思维》一书中，最早将问题解决的思考过程从逻辑上分为五个步骤：（1）困惑、挫折感或意识到困难的状态；（2）确定疑难究竟在什么地方，包括不太具体地指出所追求的目的，需要填补的缺口或要达到的目标；（3）提出问题的种种假设；（4）如有必要，联系检验这些假设，并对问题重新加以阐述；（5）进行验证、证实、驳斥或改正这个假设。[②] 小学教学情境创设正是通过创设问题情境，首先使学生认识到困惑、挫折和困难，然后通过查找资料确定问题的关键所在，进而引导学生发现问题和提出问题的一整个完整过程。这个过程也就是"困惑、挫折、困难—认识问题的关键之所在—发现问题和表征问题"的过程，从而凝聚学生的注意、记忆、思维，进而培养学生的问题意识。

（三）支持知识建构

根据建构主义的观点，我们可以得出知识是具有动态性的，并不是说知识是完全客观不变、完全遵循绝对事实，而是既取决于知识本身，也关乎个人对知识的建构。因此，小学教学不是知识的传授，而是知识的建构。从这种意义上讲，小学教学情境的创设，首先必须能满足小学生个体独特的学习兴趣和需要，给予小学生提供发展决策、自我监控、注意力调整等技能的机会，真正确立学生在知识建构中的中心地位。其次，小学教学情境重视学生已有的生活经验和教学的境脉，利用小学生的已有经验来说明、解释和形成自己的知识，让小学生在真实或接近真实的问题情境中去理解、分析和解决真

[①] 加涅，布里格斯，皮连生，等. 加涅的学习结果论 [J]. 新课程教学（电子版），2014（2）：66-70.
[②] 约翰·杜威. 我们如何思维 [M]. 伍中友，译. 北京：新华出版社，2015：262.

实性问题。再次，小学教学情境强调教学的社会中介意义，为小学生创造更多的探索、解释和协商的机会，使理解得以深化。最后，小学教学情境可以运用现代教育技术，为小学生提供增强和拓展认知能力的机会，以支撑思维和交流的深化理解。

（四）促进能力迁移

小学教学情境常常是基于小学生的生活经验，以生活为原型，基于生活但又高于生活的，因而需要尽可能地保证学生的学习情境与日后运用所学知识内容的实际情境之间的相似度。这种相似度越高，就越有助于小学生知识与能力的迁移。教育心理学的研究表明：学生学习的情境如教学场所、环境、问题的呈现方式、知识的获得方式、能力的生成方式等与实际的生活情境或问题情境相似度越高，学生就越能利用相关的线索，提高迁移能力。此外，小学生只有在特定情境中去获得知识和形成能力，这种知识和能力才具有实用价值和实质意义，而越具有实用价值和实质意义的知识与能力，越有利于小学生在学习新知识和解决新问题时的积极迁移。

三、小学教学情境的类型及特点

小学教学情境的各个要素和层面有不同的组合和表现形式，因而形成了小学教学情境的多样化类型。(1) 根据情境与小学生生活经验的联系程度，小学教学情境可以分为真实的情境、"准真实"的情境和虚拟的情境三种类型。真实的情境一般是基于学生的生活经验，它具有生活原型的各个要素和成分。"准真实"的情境接近生活原型，但在某些要素和成分上又做了必要的加工和处理。虚拟的情境强调的不是"形真"，而是"神似"，通常是教师根据活动需要，运用各种手段虚构出来的情境。(2) 根据情境的不同功能和作用，教学情境可以分为以激发学生学习动机为主的情境、以培养学生问题意识为主的情境、以支持学生知识建构为主的情境和以促进学生迁移能力为主的情境四种类型。(3) 根据情境所涉及的主要任务，教学情境可以分为以问题为中心的情境、以项目为中心的情境和以话题为中心的情境三种类型。习惯上，人们更多的是从情境的呈现方式去识别情境的类型和特点。(4) 根据情境的呈现方式及特点，小学教学情境可以分为以实物为载体的情境、以符号为载体的情境、以事物的实际过程为载体的情境和以人的活动及其结果为载体的情境四种类型。其中，以实物为载体的情境包括以实际事物为载体、以实际事物的模型或形象为载体和以事件的典型案例为载体三种类型，直观性与真实性是这类情境的基本特征。以符号为载体的情境，是指以语言、文字、声音为中介而创设的情境，因而具有一定程度的抽象性和想象性。以事物的实际过程为载体的情境，常常在物理、化学和生物等学科的教学活动中使用，如实验课上某种物理现象的运动过程、某种化学物质的内部反应过程、某个生理系统的循环规律等。这类情境由于将事物内部的复杂过程通过演示等手段呈现出来，因而具有直观性的特点。以人的活动及其结果为载体的情境，主要是借助人本身的行为、态度、表情、姿势等来创设的情境，如角色扮演、游戏等。这类情境由于是由教师或学生自己的行为和表现来创设，因而在很多时候更能起到言传身教、身体力行的作用。

四、小学教学情境创设的思路及方法

完整而理想的小学教学情境是一个由需要-动机圈、任务-案例圈、条件-信息圈和认知-实践圈有机结合而成的四重结构，具有激发学习动机、形成问题意识、支持知识建构和促进能力迁移四个方面的功能。这意味着，教师在创设小学教学情境时需要同时做到仔细分析各个要素及其相互关系，充分发挥情境功能和"神似形真""情真意切""意深境远""理寓其中"。

（一）神似形真：基于实际经验

小学教学情境的创设以学生的实际经验为基点，尽量保证真实，让学生在真实的情境和现实问题中享受知识的乐趣，将枯燥的知识融于富有乐趣与生机的情境之中，使学生真正感觉到所学的是有价值的，真正体会到知识与生活的密切联系。需要指出的是，教学情境并不是等于完全复刻生活经验，而是要通过"神似"显示"形真"。例如，教数学"认识三角形"一课时，让学生戴上直角、锐角、钝角三种不同类型的三角形头饰，以三角形家族成员的身份进行自我介绍，让学生在拟人化的环境中，通过比较生动形象地感受和理解三种三角形的异同，这种情境创设方便易行，为学生感受形象提供了想象的余地。[①]

（二）情真意切：激发情感

小学教学情境的设置要做到"情真意切"，让学生的心理在生动形象的场景和真情实感中发生变化："以情动情"，激发他们的情感体验；"以情养情"，用情感架起沟通交流的桥梁，处理好自身与社会的关系，有自身的责任担当，使教师和学生在整个活动过程中都主动参与和投入情感，最大限度发挥学生自主性。例如，李吉林老师在讲《桂林山水》时，将自己游览过的漓江风光用图片、视频等方式再现在学生眼前，内心充满浓浓的民族自豪感，用热情洋溢的语言和语气告诉学生许多外国朋友不远万里来到桂林，是因为"桂林山水甲天下"。在老师真情的吸引下，学生主动学习课文，"行进"在祖国大地上，"饱览"祖国山河的壮丽。

（三）意深境远：拓展思维空间

小学教学情境不等于简单的实物、图片和场景，而是指有着一定教学目的和意义的环境。相对于情境中有形因素如图片、实物等，那些无形的因素对学生的影响往往更为深远。这种无形的因素就是一种意境，一种可供学生积极思考和广泛联想的问题空间。李吉林老师在构建情境教育的理论体系时就受到我国传统的"意境说"的启发，主张情境要与绚烂多姿的生活相通，这样才能使创设的情境意境深远，为学生提供更为广阔的想象空间，使学生在想象、创造中加深对教材的感受和对事物本质的认识。例如，数学

[①] 李吉林. 情境课程的操作与案例［M］. 北京：教育科学出版社，2008：46.

老师在"圆的周长"的教学时,为了让学生对圆和周长有更真切的感受,先让学生搜集神舟五号飞船的相关数据,并设计了这样的问题情境:飞船进入太空后,先沿一条椭圆形轨道飞行,在运行几圈后,调整到距离地球表面350千米的圆形轨道,与地球中心的距离约为6700千米,飞船每秒钟飞行大约7.8千米,那么,神舟五号飞船绕地球飞行一圈需要多少时间呢?这样的情境自然能激发学生主动展开积极地思维和广泛地联想[①]。

(四)理寓其中:透过现象看本质

无论是生动的场景、真实的案例、深远的意境、丰沛的情感,还是学生真实的感受、真切的体验和丰富的想象,最终都是为了让学生在感性认识的基础上,透过多种现象,深入理解教材内容和把握事物普遍事理。因此,小学教学情境的创设需要将知识的本质和事物的事理蕴含于其中。否则,这样的情境就会脱离具体活动的内容和目标,最终沦为一种形式和摆设。例如,小学美术课"三元色",不仅要让学生认识红、黄、蓝三种颜色,而且要让他们明白三种颜色可以变成其他多种颜色,更要让学生认识色彩复杂多变这一道理。明白了这一点,教师在上课时就会示范并让学生尝试,仅仅是黄和蓝两种颜色就能画出春天嫩绿的树、夏天碧绿的树以及冬天苍翠的松柏树等。[②] 这样,学生获得的就不再是孤立的知识点,而是丰满立体的有现象和本质并且与其他事物相互联系的知识系统。

第四节 小学教学活动的分析与设计

根据活动与发展的相关规律,丰富、多样的活动才可能促使小学生全面地发展。在本节,我们将从小学教学活动的主要类型和内部过程,来分析和总结小学教学活动设计的思路与方法。

一、小学教学活动的类型

由于领域、对象、目标、形式等方面的不同,小学教学活动具有多种多样的类型,并呈现出层次和水平上的差异性特征,如表5-1所示。全面地分析和把握教学活动的多样化类型和差异性特征,有利于职前教师为小学生设计出丰富、多样、灵活的教学活动。[③]

---

① 侯燕. 教学情境的功能及其应用 [J]. 教育科学论坛,2010(4):11—14.
② 李吉林. 情境课程的操作与案例 [M]. 北京:教育科学出版社,2008:51.
③ 李松林. 教学活动设计的理论框架——一个活动理论的分析视角 [J]. 教育理论与实践,2011,31(1):54—57.

表 5-1 小学教学活动的类型

对象	教学客体	改造成实践活动	认识活动	欣赏审美活动	评价活动
	其他主体	师生交往活动		生生交往活动	
	主体自身	教师的自我意识、反思、评价活动		学生的自我意识、反思、评价活动	
目标	三大领域	认知类活动		技能类活动	情意类活动
	三种取向	行为取向的活动		生成取向的活动	表现取向的活动
构成		外部活动		内部活动	
				认知活动	
组织形式	个体	个体活动			
	小组	小组活动			
	群体	群体活动			
层次	对客体的作用程度	感知活动	操作活动	认识活动	创造活动
	思维介入的程度	感性活动	知性活动	理性活动	
	教学活动的总体水平	记忆型活动	理解型活动	探究型活动	创造型活动

根据所指向的不同对象，小学教学活动分为以教学客体为对象、以其他主体为对象和以主体自身为对象的教学活动。以教学客体为对象的教学活动又可以区分为四种形式：以学生反映教学客体为主的认识活动，以学生变革教学客体为主的改造或实践活动，以学生占有教学客体、满足自身需要为主的欣赏审美活动，以学生检测教学客体为主的评价活动。以其他主体为对象的教学活动就是主体与主体之间的交往活动，主要包括师生、生生交往活动。以主体自身为对象的教学活动就是主体对自身的意识、反思和评价活动。根据目标的三大领域，教学活动分为认知类活动、技能类活动与情意类活动。根据目标的三种取向，教学活动区分为行为取向的活动、生成取向的活动与表现取向的活动。根据内部过程与外部表现，教学活动分为外部活动与内部活动两种基本活动形式。根据组织形式，教学活动分为个体活动、小组活动与群体活动三种形式。根据教学主体对教学客体的作用程度、教学活动中学生思维介入的程度以及教学活动的总体水平，教学活动又表现出不同的层次和水平。

二、小学教学活动的一般过程

活动过程的分析与设计是整个教学活动设计的核心环节和关键部分。可以说，小学教学活动在何种意义和水平上促进学生的发展，在很大程度上取决于教学活动过程的科学性与合理性。教师在设计小学教学活动的过程时，需要大体反映出以下五个方面的要求。

（一）从实物活动到自我活动

根据瑞士心理学家让·皮亚杰（Jean Piaget）和美国心理学家布鲁纳（Jerome Seymour Bruner）关于儿童的认知发展阶段论，学生的认知发展一般需要经历一个依靠具体事物和实际动作的直观认识过程，进而发展到摆脱具体事物和实际动作的形象思维阶段，最后才能发展到只依靠符号、概念、命题等的抽象思维水平。不仅如此，学生的认识还遵循一个从个别（个案）的认识、类的认识、关于社会和世界的认识再到关于自我的认识的发展规律。这意味着，教学活动应当尽可能地从实物活动开始，进而将学生推向自我认识的活动水平。

在教学中，活动的对象不外乎包括实物、知识、人和自我四种。相应地，教学活动包含实物活动、知识活动、交往活动与自我活动四种类型，分别涉及人与物、人与知识、人与人以及人与自我四种相互作用的过程。正是通过这四种相互作用的过程，学生自己的感受能力、认识能力、实践能力、社会交往能力和自我发展能力才能发展起来。其中，实物活动主要涉及学生的注意力、观察力和动手能力，直接作用于学生的感官、感觉和感知，因而是学生发展的奠基性活动。自我活动主要涉及学生的自我认识、自我体验和自我调节等，直接作用于学生的自我意识，因而是学生个性发展的主要途径。从最基础的能力发展到最终的个性发展，体现了学生发展的不同需求与层次，教学活动的过程设计因而应当遵循这一过程。据此，笔者提出教学活动过程设计的第一个思路：从实物活动开始，通过知识活动与交往活动，促进学生的自我活动。

（二）从外部活动到内部活动

根据苏联心理学家列夫·维果茨基（Lev Vygotsky）的"内化"学说，学生在外部物质活动基础上形成的是低级心理技能，在内部心理活动基础上发展的是高级心理技能。但是，学生高级心理技能的发展，又必须以外部物质活动和低级心理技能的发展作为基础和前提。这意味着，教学活动首先需要从学生的外部物质活动开始，进而将学生推向内部心理活动的水平。

实际上，完整的教学活动包含外部活动与内部活动两种基本的活动形式，涉及外部活动的内化与内部活动的外化两个双向转化过程。正是通过外部活动向内部活动的内化和内部活动向外部活动的外化，才促进了学生的知识掌握、能力形成和情意发展。外部活动的内化是学生的外部感知、操作活动经过不断的概括化、言语化、简缩化，逐步形成概念的过程，是外部物质活动向内部心理活动的转化过程。内部活动的外化则是将内部过程在操作和言语水平上展开、呈现出来，它可以起到检查内化、巩固内化、深化理解、调整充实学生主体的认知结构等作用。[①] 据此，笔者可以提出教学活动过程设计的第二个思路：从学生的外部活动开始，以内部活动作为重点，再以外部活动结束。

---

① 裴娣娜. 现代教学论：第一卷 [M]. 北京：人民教育出版社，2005：291-292.

（三）从感知活动到创造活动

根据主体对客体（实物和知识）的作用程度，活动可以依次识别为七个不同的水平和层次：以主体感知客体为主的感知活动—以主体操作客体为主的操作活动—以主体反映客体为主的认识活动—以主体改造客体为主的实践活动—以主体享受客体为主的欣赏活动—以主体检测客体为主的评价活动—以主体探究客体为主的创造活动。这七个层次和水平的活动分别对应于学生的感知能力发展、动手能力发展、认知能力发展、实践能力发展、审美能力发展、评价能力发展和创造力发展。

皮亚杰早就指出，吮吸和抓握两种最基本的动作是儿童最初的活动形式。儿童后来所有活动及其能力的发展，都是这两种基本活动形式在更高层次上的丰富、拓展与深化。美国著名心理学家、教育家本杰明·布鲁姆（Benjamin Bloom）则将创造作为学生认知能力发展的最高形式。据此，笔者提出教学活动过程设计的第三个思路：从学生的感知活动开始，通过操作活动、认识活动、实践活动、欣赏活动和评价活动等多种形式，促进学生的探究性学习和创造力发展。

（四）从记忆活动到创造活动

布鲁姆认为，学生的认知能力可以识别为六个不同水平的过程及能力，它们分别是记忆、理解、运用、分析、评价与创造。相应地，教学活动也可以划分为六个不同的层次和水平，即记忆水平的活动、理解水平的活动、运用水平的活动、分析水平的活动、评价水平的活动与创造水平的活动。

记忆是指从长时记忆中提取相关信息，包括再认和回忆两个能力层次。理解是指从口头、书面和图画传播的教学信息中建构意义，包括解释、举例、分类、概要、推论、比较和说明七个认知过程。运用是指在给定的情境中执行或使用某程序，包括执行和实施两种能力层次。分析是指把材料分解为它的组成部分并确定部分之间如何相互联系以形成总体结构或达到目的，包括区分、组织和归属三个认知过程。评价是指依据标准做出判断，包括核查和评判两个认知过程。而创造是指将要素加以组合以形成一致的或功能性的整体；将要素重新组织成为新的模式或结构，包括生成、计划和产生三个认知过程[①]。根据布鲁姆及其后学的这些研究，笔者提出教学活动过程设计的第四个思路：从记忆水平的活动开始，将学生推向理解、运用、分析和评价的活动水平，进而提升到探究和创造的活动水平。

（五）从感性活动到理性活动

按照学生思维发展的过程和水平，教学活动存在感性水平、知性水平与理性水平三个层次。感性是指主体对认识对象的一种表面的、模糊的、没有理由的初级认识形式。知性是指主体对感性对象进行思维，把特殊的、没有联系的感性对象加以综合与联结，去初步地把握感性对象运动规律的认识能力。理性则是能够看清事情和物质的本质，并

---

① 杨豫晖. 有效教学提问：特征、类型及策略［J］. 中国教师，2012（3）：59—62.

且有针对性地做出判断和决定的认识能力。[①]

处于感性水平的学生在教学活动中常表现为人云亦云、盲目跟风、望文生义、略知一二却浅薄曲解，俗称"半罐水叮当响"或在行为上无定见，对事物认识的角度、广度和深度都不足一辩。处于知性水平上时，学生能够在某类事物或现象的感性材料基础上进行比较、归纳和初步的抽象，并且逐渐透析概念、义理，但仍然只是自己清楚而不能解决别人的烦恼和纷乱。而在理性水平上，学生便能够抓住某类事物或现象的本质关系，并且自成系统，条理分明，思维逻辑毫不紊乱。比较而言，感性水平的教学活动主要指向的是具体事物或现象，知性水平的教学活动主要指向的是某类事物或现象的概念，而理性水平的教学活动主要指向的是某类事物或现象的规律。在很多时候，学生的认识发展需要经历一个从感性认识到知性知识再到理性认识的复杂过程。据此，笔者提出教学活动过程设计的第五个思路：从学生的感性活动开始，经由知性活动，促进学生的理性活动发展。

三、小学教学活动设计的基本要求

教师在设计教学活动时，应当全面地分析和把握教学活动的类型、功能、过程、规律及特点，尽量提高其合理性和有效性。结合小学课堂教学实际，教师在设计小学教学活动时应当坚持以下四个要求。

（一）活动结构完整、全面

片面的教学活动导致学生的片面发展，完整、全面的教学活动才有可能实现学生的全面发展。因此，教师在设计小学教学活动类型时，首先就要保证各种类型的活动结构是完整的、全面的。活动结构的完整、全面主要体现在以下几个方面：（1）活动要素的完整、全面。完整、全面的活动在横向上包含需要、动机、目的和条件等要素，在纵向上包含活动、实现活动的行为和实现行为的操作三个层级单位。（2）活动类型的完整、全面。完整、全面的活动应当包含两个方面，即外部活动与内部活动。外部活动主要包括感知活动、操作活动与言语活动，内部活动主要包括认知活动、情感活动与意志活动。（3）活动过程的完整、全面。完整、全面的活动，应当包含外部活动向内部活动的转化（即内化）与内部活动向外部活动的转化（即外化），学生个体建构与师生社会建构的双向转化以及活动、行为与操作之间的双向转化等内部过程。

（二）活动形式丰富、灵活、多样

不同类型的教学活动同时对学生发展的不同方面产生作用，不同类型的教学活动共同作用于学生的全面发展，小学教学活动的具体类型与小学生发展的具体内容相对应，小学教学活动的形式与小学生发展的形式相对应，小学教学活动的性质与小学生发展的

---

① 李松林. 深度教学的四个实践着力点——兼论推进课堂教学纵深改革的实质与方向[J]. 教育理论与实践, 2014, 34 (31): 53-56.

性质相对应。所有这些都要求教师设计出丰富、灵活、多样的活动形式，来促进学生全面地发展。设计丰富、灵活、多样的教学活动形式，教师可以根据活动的一般类型进行选择和运用。活动包含三个基本的向度，即主体—客体、主体—主体以及主体—自我。在主体—客体向度，教师可以设计以实物、知识为对象的系列活动，包括以主体感知实物（知识）为主的感知活动，以主体反映实物（知识）为主的认识活动，以主体操作、改造实物（知识）为主的实践操作活动，以主体占有和享受实物（知识）为主的审美欣赏活动，以主体检测实物（知识）为主的评价活动，以主体探究实物（知识）为主的创造活动等六种活动形式。在主体—主体向度，教师可以设计教师与学生之间的交流合作活动和学生与学生之间的交流合作活动。在主体—自我向度，教师可以设计学生的自我认识、自我体验、自我评价、自我反思等活动形式。[1]

（三）活动密度恰当、适中

由于受到时间、空间的限制，教师不可能把所有的活动形式都设计出来。这里就涉及一个活动密度是否恰当、适中的问题。如何保证活动密度的恰当、适中？教师可从以下三个方面去把握。

1. 根据活动的主导性目标去把握活动密度

每一个活动单元或活动片段都有自己的主要任务和目标，教师可以据此去确定活动的密度。例如，侧重培养学生对知识的自主探究能力和对问题的解决能力，教师就可以根据杜威的"思维五步法"去确定活动的密度。这五个步骤就是：创设情境，让学生遭遇困惑、挫折和困难；从情境中识别问题的关键之所在，进而发现和提出问题；通过观察和自主探索提出问题解决的假设；收集资料、动手实验、小组合作并进行理性的分析；通过应用检验或修正假设。

2. 根据活动内容的性质去把握活动的密度

不同的学科和相同学科中不同性质的内容，在很大程度上决定着活动的不同性质和形式，这意味着教师也可以根据活动内容的性质去把握活动的密度。例如，语文阅读活动一般可以设计出"认读"活动（处理生字、生词和生句等）、"解读"活动（处理篇章结构、段落大意和中心思想等）、"赏读"活动（赏析文章的写作思路、写作风格和语言特点等）、"创读"活动（对作者的写作思路、写作风格、基本观点等进行评价、反思和批判，进而阐述自己的见解和观点）等几个活动片段。

3. 根据活动的条件去把握活动的密度

教师可以根据不同目标、性质的活动所涉及的基本条件，去把握活动的密度。例如，以学生反映和认识事物为主的知识建构，就需要学生具备以下几个方面的条件：丰富的感知、感受和已有经验是前提；必要的动手、实践是基础；学生个体的主动建构和自我调节是关键；师生之间的交流合作是必需。据此，教师就可以基本上确定活动的密度。

---

[1] 李松林，贺慧. 有效课堂学习的根本机制[J]. 教育理论与实践，2012，32（2）：7-9.

(四）活动切换自然、恰当

教师在分析和设计教学活动的类型时，除了活动结构要完整、全面，活动形式要丰富、灵活，活动密度要恰当、适中之外，还需注意活动与活动的切换要尽量自然、恰当。活动与活动的切换自然、恰当，包含三个方面的内容：一是活动之间具有相关性；二是活动之间具有层次性；三是活动之间具有整合性。

1. 活动之间具有相关性

活动与活动之间的相关性主要是从横向的角度来说的，它是指各个活动按照某种联系有机地结合在一起，而不是简单地拼凑在一起。活动与活动之间的相关性具体表现为活动与活动之间的相互适应、相互制约和相互促进，以便不同类型的教学活动共同作用于学生的发展。

2. 活动之间具有层次性

活动与活动之间的层次性主要是从纵向的角度来说的，它是指各个活动按照学生认知结构从动作直观水平到具体形象水平再到符号抽象水平的发展规律组合在一起，从而呈现出逐级跃升的序列，而不是在一个水平面上简单地重复和训练。[1]

3. 活动之间具有整合性

活动与活动之间的整合性是指各种活动之间既具有某种横向的联系，又具有某种纵向的联系，以便有助于学生获得一种统一的认识和发展。活动与活动之间的整合性又具体表现为活动目标与发展目标的整合、活动类型与发展内容的整合、活动形式与发展形式的整合、活动性质与发展性质的整合等四个方面。

第五节　小学教学策略的选择与运用

从广义上讲，小学教学策略是指为完成特定的目标，在小学教学过程依据具体条件而采用和实施的教学思想、方法模式和技术手段的总称。根据新课程改革的基本精神，针对教师在实践中可能产生的一些误解，本节侧重阐述选用小学教学策略的三个方法论原则，介绍新课程教学极力倡导的六种小学教学策略。

一、小学教学策略选用的方法论

小学教学活动的范围、水平和效果，除了与教学目标、教学内容、教学情境以及教学方式等几个方面密切相关之外，还在很大程度上取决于教学策略。对教师而言，就是

---

[1] 李松林. 教学活动设计的理论框架——一个活动理论的分析视角 [J]. 教育理论与实践，2011，31 (1)：54—57.

要合理地选择和运用各种有效的教学策略，以促进学生学习方式的转变。关于这个问题，教师首先需要明确以下三点。

（一）沟通各种策略之间的联系

在过去，由于受到二元对立思维方式的影响，人们在选择与运用教学策略时常常非此即彼，割裂了各种策略之间的内在联系，具体表现为接受教学与探究教学之间的对立、自主教学与合作教学之间的对立、群体发展与个体差异发展之间的对立以及规范与开放之间的对立等，由此导致了学生发展的不平衡状况。这意味着，教师在选择与运用教学策略时，需要确立一种整合性的思维方式，尽可能地沟通各种活动策略之间的联系。

（二）从整体的观点理解合作教学

任何一种教学策略其实是一个由多种互动要素有机结合而成的系统，因而需要从系统、整体的观点去理解。例如，2023年5月，教育部印发的《基础教育改革深化行动方案》（简称"新课改方案"）所倡导的合作教学首先是一种教学思想和教学理念，因而需要将它渗透在一切教学活动之中。[①] 其次，合作教学还是一种基本的教学策略，它本身又包含了若干具体的思路、方法、技术和操作手段。最后，合作教学还是一种教学组织形式，它要求教学活动在时间和空间的安排上应该与班级授课、个性化的自主教学有所不同。

（三）教有法，无定法

教学并没有一个普遍、唯一的模式，也不遵循某种固定、严格的程序。此所谓"道可道，非常道""教有法，无定法"。所谓"教有法，无定法"，需要教师从三个方面去理解：一是深入地研究学生的教学和发展，将教学策略的选择与运用建立在教学活动的规律之上。二是顺应当前世界教育改革的基本潮流，体现教学活动的自主、合作、探究、实践、体验和展现等特征。三是根据具体的情况合理地选择与运用教学策略，重点关注教学策略的恰当性与实效性。

上述三点，是教师选择与运用教学策略及方法的三个方法论前提。

二、几种常用的小学教学策略

在新课改方案的要求下，教师需要重点理解和掌握以下六种教学策略：主体参与策略、自主学习策略、合作教学策略、探究教学策略、体验成功策略和差异发展策略[②]。

[①] 薛志伟. 关于新课改下小学语文阅读教学方法的探讨[J]. 科学咨询（教育科研），2021（8）：241-242.
[②] 裴娣娜. 现代教学论：第一卷[M]. 北京：人民教育出版社，2005：243-289.

（一）主体参与策略：不要只告诉我，让我参与进来

主体参与策略能否成功实施，核心在于学生主体参与状态是否良好、参与度是否高。[1] 教学活动中，高参与度的学生有两个特点。一是能动性。不仅是说学生有明确的参与目的，并以此限制活动的方向、进程以及对结果的解释，而且体现在较强的思维能力，尤其是创造性思维及动手实践的能力。这样的学生有自己的独到见解，敢于冒险，不断超越自我，从而体现出强的创造性。而参与度低的学生则表现为等、听、看的观望态度和被动地参与课堂，注意力不集中，消极模仿或进行重复性行为。二是全面性。全面性指在教学群体中所有学生主动参与教学活动。学生主体的参与度，不仅取决于学生自己，如其主体意识和活动能力，而且取决于教师本身，如教师教学观念以及教师对教学内容、教学方法的把握。

（二）自主学习策略：让我来选择和行动

自主学习首先是一种能力。自主学习策略的实施需要教师加强学习过程和学习方法的指导，培养学生良好的学习习惯和学习兴趣，不断地提升学生的学习能力。自主学习又是一种权利和机会。自主学习策略的实施需要尊重学生的人格尊严，让学生拥有平等的交往、对话资格，让学生拥有充分表达自己观点和感情的权利，让学生拥有自由选择和自觉行动的机会。自主学习还是一种自觉自律的品质。自主学习策略的实施需要学生养成一种自觉自律的品质，让学生能够独立地支配、选择和管理自己的学习方式和发展方式，并对自己的选择和行动负责。这种自觉自律的品质体现在自主意识和自我调控能力两个方面。自主意识包括符合实际的自我评价，积极的自我体验以及自尊、自立、自强、自律等品质，自我调控能力则要求学生将自己作为认识的客体，不断对自己的学习动机、学习策略、学习结果等进行反思和评价，主动发现学习中即将出现或已经出现的问题，及时采取有针对性的措施加以解决。[2]

（三）合作教学策略：让同伴帮助我超越自己

合作教学策略的有效实施需要具备两个基本条件：一是培养学生形成合作意识和听取他人意见、与他人友善交往的技能，二是教师正确的教学观念。此外，教育实践工作者们经过探索，积累了宝贵的经验：（1）设置有一定难度的教学任务和有挑战性的问题，有利于激发学生主动学习与进行合作教学的激情，以及发挥教学共同体的创造性；（2）对集体教学和小组合作教学进行合理的时间分配；（3）在每个学生自主学习的基础上进行高效的合作教学[3]；（4）保证合作教学具有实效性的关键在于让小组讨论具有民主性和超越性；（5）适时利用竞争机制及激励性评价，让小组成员通过竞争得到能力的提高，并且体验到分享成功的快乐。

---

[1] 裴娣娜. 主体参与的教学策略——主体教育·发展性教学实验室研究报告之一［J］. 学科教育，2000（1）：8—11，49.

[2] 包艳君，陈冰. 新课程文化哲学与自主学习关系探讨［J］. 新课程研究（基础教育），2009（9）：20—21.

[3] 徐晓南. 浅谈在小学数学教学中小组合作学习模式的运用［J］. 现代农村科技，2023（5）：91.

（四）探究教学策略：让我来发现

探究教学策略强调学生通过综合运用所学知识，在问题解决的过程中去获取知识，发展创新思维和实践动手能力；强调主动探究性，强调科学的过程与方法，强调学会理性质疑以及实事求是的态度和精神。探究教学相比于接受教学的优点在于：以增进教师的创造才能为主要任务；以解决问题为主题；重视教学的非指导性与学生的自主选择；关注探究性的教学过程。应该说，探究教学有利于克服以往课堂教学中过分重视知识讲解与接受、过分强调模仿和机械训练的教学倾向，倾向于引导学生在"体验—探究—创新"的架构下进行学习，从而更好地培养学生的过程意识、方法意识、创新意识与探究能力。

（五）体验成功策略：看我的

情绪体验是影响人的认知活动、行为表现及性格形成的重要因素。不断获得成功的体验是树立自信心的基础，是形成良好个性的基础，也是发展学生主体性的基础。体验成功策略的实质在于以改善学生自我观念、获得积极的情感体验为核心，提高学生的自我效能感。实施体验成功策略，旨在促进学生认知发展和培养学生良好人格。体验成功策略的实施，关键是在教学中如何体现以下基本命题：（1）尊重个体差异，认识到每个学生都是独特的个体，需要给予充分信任、尊重和关怀，以尊重差异为前提，引导学生体验成功；（2）要给每个学生提供思考、创造、表现及成功的机会，引导学生在主动参与中体验成功；（3）相信所有学生都能学习，都会学习。设置适宜的环境，引导学生在合作与竞争下体验成功。

（六）差异发展策略：我就是不同

差异，指显示学生之间相互区别和自身相互区别的范畴。差异是客观存在的，不同学生因不同的成长环境、经验体验，所以有不同的成败归因、学习能力倾向、学习方式、兴趣爱好。差异发展教学策略的实质在于，在个体差异中揭示学生作为单个个体的独特性，不仅使每个学生都得到适宜的发展，而且能更快地培养一批有鲜明个性特色的高素质人才。为了促进学生的差异发展，在教学活动过程中，一要承认学生发展是有差异的，不要求平均发展，不搞"填平补齐"，应该让学生得到最适合自己的教育，在原有水平上得到最好的发展；二要承认每个学生是独特的个体，发展具有独特性，在教学中尽可能找出每个学生的闪光点，着力挖掘他们的学习潜能和创造潜能，重视每个学生个性的形成与发展，不按照一个模子培养人，而是使每个学生成为鲜明的、有独特个性的自己。

【本章小结】

通过本章学习，学生能够了解和掌握小学课堂教学见习与实习中教学目标、教学内容、教学情境、教学活动以及活动过程的设计的要求和方法。

在结合新课程改革的教学主张，吸收当前教学论研究的相关认识成果精华，主要从小学教学目标的分析与确定、小学教学内容的理解与处理、小学教学情境的分析与创设、小学教学活动的分析与设计、小学教学策略的选择与运用五个方面，分析和归纳了小学课堂教学见习与实习的重点关注领域。课堂教学是教育见习与实习的核心环节，是职前教师从学校走向实际课堂的必经之路。小学教学见习与实习为职前教师进行教学实践提供了相应的基础蓝本，在职前教师实际教学活动中引导着学生。

教学目标作为教学的锚，起着定向的作用，要有充分的依据、合理的取向和恰当的设计与表达。它贯穿于整个教学过程，指导着整个教学进程的发展。根据《义务教育课程方案（2022年版）》的要求，小学各科目教学内容都必须加强与生活的联系，培养学生解决真实情境问题的能力，这就要求职前教师在进行教学实践时，充分发掘教材中的人文内涵和实践价值。小学教学情境、教学活动以及教学策略都是教学内容的载体和呈现方式，充分深入地理解其背后的内涵、适用条件及规律，有利于职前教师将课堂效率最大化。

【教学自测】

1. 简述小学教学目标设计的依据。
2. 简述小学课堂教学目标的四种取向及它们之间的关系。
3. 简述设计与表述小学教学目标的注意事项。
4. 试述理解和处理小学教学内容时，如何沟通教材与生活的联系。
5. 论述如何加强小学教材内容之间的联系与整合。
6. 论述如何挖掘小学教学内容的人文内涵。
7. 简述小学教学情境的目的与激发学生的学习动机之间的关系。
8. 试述对"学科思想方法是学科的精髓与灵魂"的理解。
9. 简述小学课堂教学中的活动类型。
10. 试述对"教有法，无定法"的理解。
11. 简述小学教学情境的设计、选择需要考虑的因素。
12. 试述如何设计一个有效的小学教学情境。
13. 论述小学教学活动的水平及这些水平分别对应学生哪些能力的发展。
14. 简述常见的小学教学策略及其特点。
15. 论述科学、有效的小学教学活动的设计要求。

第六章　小学班主任工作见习与实习

【要点提示】

本章旨在帮助职前教师理解小学班主任的多重角色与主要责任,明白小学班主任应认识的工作对象,掌握小学班级建设的内容及方法。

第一节着重对小学班主任的多重角色和主要责任进行阐述。随着课程改革的深入以及新教育理念的引入,小学班主任不仅角色多样化,还需应对多种角色之间的适时转换,且小学班主任不仅要履行宪法和其他法律规定的公民义务和教师义务,还需承担小学班主任特定的责任。从角色来看,小学班主任主要承担着管理者、协调者、指导者和研究者的角色。从承担责任来看,小学班主任的特定责任包括关心班级全体学生的身心健康和全面发展,对班级学生做好教育和引导工作,做好班级日常管理工作,对班级各种活动的开展做好组织与指导,做好学生的综合素质评价工作,沟通协调班级任课教师、学校其他教职员工和学生家长,形成教育合力。

第二节阐述小学班主任应认识的小学生、小学班集体这两个工作对象。在认识小学生方面,作为小学班主任应全面、全方位了解小学生。从自我角度来看,小学班主任应走进小学生的内心世界,了解小学生心理问题并对症下药,促进小学生健康成长;从同伴角度看,小学班主任应引导小学生正确交往;从学生角度看,班主任应用平等、发展、赏识的眼光看待学生,建立融洽的师生关系;从父母角度看,小学班主任应做好父母与孩子之间的沟通桥梁,促进亲子关系的和谐发展;从公民角度看,小学班主任应能够从责任意识、权利意识、参与意识、规则意识等方面来培养学生的公民意识。在认识小学班集体方面,小学班主任应对班集体的组织目标、组织结构、组织制度等做到深刻理解,并能有效协调在班集体组织的运行中产生的冲突。

第三节主要对小学班主任工作的任务和方法进行阐述。着重从班级环境建设、班级组织建设、班级文化建设、班级常规管理和班级活动开展等五个方面,介绍班主任工作的基本方法。在小学班级环境建设方面,从物理学、心理学、社会学三个维度介绍小学班主任建设班级环境的方法;在小学班级组织建设方面,从确认班级目标、建立班级组织结构、制定班级组织制度、选拔和培养班干部四个部分介绍班主任建设班级组织的方法;在小学班级文化建设方面,从班风、学风、集体凝聚力的形成介绍班主任建设班级文化的方法;在小学班级常规管理方面,从日常行为管理、学习常规管理、生活常规管理和信息常规管理四个方面介绍班主任管理班级的方法;在小学班级活动开展方面,从班级活动的目标与内容、类型与形式、过程与方法三个部分来介绍班主任开展班级活动的方法。

【学习目标】

知识目标：

· 认识和理解小学班主任的角色。

· 认识和理解小学班主任的责任。

· 能够从多角度全面地认识和理解小学生和小学班集体。

· 了解小学班主任工作的主要内容。

· 掌握小学班主任工作的主要方法。

能力目标：

· 掌握分析小学生情况的一般方法。

· 掌握小学班级环境建设、班级组织建设、班级文化建设、班级常规管理和班级活动开展的基本方法。

【知识导图】

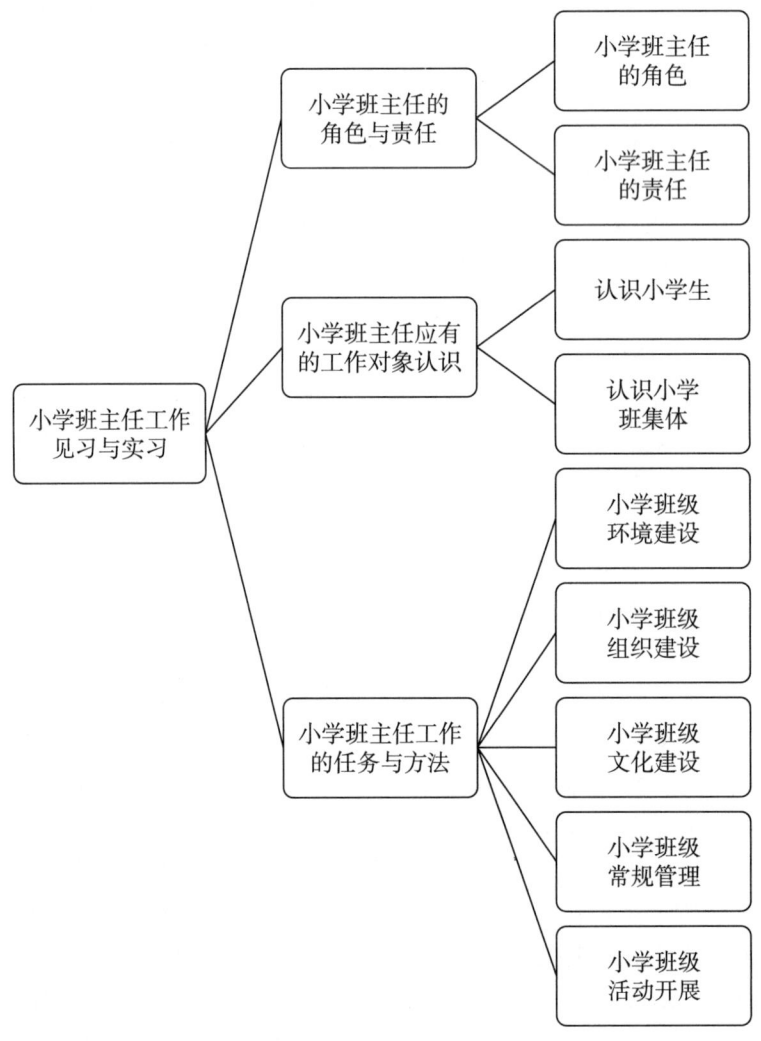

第一节　小学班主任的角色与责任

作为教师队伍中一个特殊的群体，小学班主任的工作与一般科任教师存在着一定的差异，不能直接将对一般教师的角色定位直接迁移到小学班主任的身上。作为班级教育的"主任"教师，小学班主任的角色存在着一定的特殊性，因此对小学班主任角色有一个清晰而准确的定位是做好小学班主任工作的重要前提。在此基础上，全面而清楚地认识小学班主任所肩负的责任则是做好小学班主任工作的又一重要前提。

一、小学班主任的角色

"角色"原指演员扮演的剧中人物，在这里则是一个社会心理学的概念，即社会角色。社会角色是指"个人或人们在群体及社会中由于占据一定的地位而显示的态度与行为模式的总和"。

随着课程改革的逐步深入及各种新教育理念的引入，小学班主任的角色越发趋向多样化。小学班主任除了顺应角色的多样化之外，还要应对这些角色之间的适时转换。但是，只有极少数小学班主任在教育实践中不仅能顺应角色多样化，还能根据教育情境适时转换角色。于是，角色失调就成为当今许多小学班主任面临的共同问题。角色失调是指个体在完成角色任务时发生矛盾、遇到障碍甚至遭到失败的状态，角色冲突、角色模糊、角色中断和角色失败是它的主要表现。当前，小学班主任的角色失调则集中表现为两个方面。（1）角色冲突。小学班主任的角色多样化趋势已然成为事实，不同角色间的对立要求使小学班主任经常陷入困惑与两难的境地。例如，小学班主任的班级管理职责要求其具有一定的权威，而平等师生关系的理念则提倡小学班主任像朋友一样和小学生相处。同时，不同的个体（如学校领导、家长、学生等）对"小学班主任"这一社会角色所应具有的特定行为模式的期望是不同的。面对多样化的角色期望，小学班主任很难满足并调和各方面的期望，从而在心理上产生矛盾与冲突。（2）角色模糊。角色模糊是指个体对自身在社会或一定群体中所应承担的角色认识不清、顾此失彼的现象。小学班主任角色模糊集中表现在两个方面：一是小学班主任对其应当承担的角色缺乏清晰的认识，即小学班主任对自己应当承担哪些角色认识不清；二是小学班主任对自己应当承担的某种角色的内涵理解不清晰。

那么，究竟应该如何去应对这种角色失调呢？首先，小学班主任应当对自身在中国特色社会主义新时代的角色有一个清晰而准确的定位，这是小学班主任应对角色失调的前提和基础。其次，准确把握各种角色的内涵，并能根据不同的教育情境做好各种角色之间的转换，这是解决小学班主任角色失调的关键。因此，要灵活应对角色失调问题，小学班主任必须对自身角色有一个清晰而准确的定位。然而，当今小学班主任究竟应当承担哪些角色呢？综合各方面的观点，笔者认为，小学班主任应当承担管理者、协调者、指导者和研究者的角色。

（一）管理者

在管理学视野下，对于"班级"这个正式群体来说，小学班主任首先是管理者。何为管理者？简单地说，管理者是指在一定的组织或群体中从事管理活动的人。那么，何为管理？"管理是指管理者在特定环境下对组织的各类资源进行有效的计划、组织、领导和控制，以便实现组织目标的过程。"小学班主任的"管理者"角色是指小学班主任在学校总体教育目标的指导下，通过计划、组织、领导及控制等使班级成为一个团结向上、秩序井然、运作正常的群体。

（二）协调者

"从生态系统的角度而言，小学班主任是桥梁和纽带；从学校内结构体系的层面分析，小学班主任处于联系学校管理者和各科任教师的枢纽地位；从学校与社会结构体系的层面分析，小学班主任是联系学校教育、家庭教育、社会教育的桥梁。"[1] 可见，班主任工作的桥梁和纽带作用决定了班主任应具有"协调者"的角色。总的来说，作为协调者的小学班主任需要集中协调四种关系：任课教师之间的关系、任课教师和学生之间的关系、自身与学校管理者和家长的关系、学生之间的关系。

（三）指导者

新课程改革的一大突破就在于对长期以来单向式的"说教"方式的批判及对学生的自主性和主体性的强调（建构主义的观点作为指导者的依据）。在这种新的观念的指导下，班级的指导者成为新时期对小学班主任角色的新要求。指导与领导的本质区别在于：前者是以学生个体的发展状况和班级群体的实际情况为基础对个体或班级给予指点、引导的人；而后者则意味着小学班主任处于主体地位，是班级目标的制定者和计划的实施者，学生只需要接受与服从，缺乏相应的自主性和主体性。

（四）研究者

研究者不仅是小学班主任工作的内在要求，而且是当前小学班主任专业化发展趋势的必然要求。首先，作为学科教师的小学班主任需要研究教学中的问题；其次，作为班级的"主任"教师，他们需要了解并研究班上的学生；最后，在处理日常事务的过程中，对遇到的问题进行研究，是小学班主任将教学经验上升为教学智慧的途径。

二、小学班主任的责任

小学班主任同时承担着公民、教师和小学班主任三重身份所应承担的责任。首先，作为一个普通公民，小学班主任必须承担宪法和其他法律规定的公民的职责；其次，作

---

[1] 刘立平，王立华. 范式转型：班主任文化重建的必然选择 [J]. 福建教育，2015（Z4）：32—36.

为教师队伍中的一员，小学班主任要承担《中华人民共和国教师法》所规定的一个教师应履行的义务，它们主要包括遵纪守法义务、教育教学义务、政治思想品德教育义务、尊重学生人格义务、保护学生权益义务与提高自身思想和业务水平义务；最后，小学班主任还要承担其作为班主任所特有的责任。那么，小学班主任究竟应该承担哪些责任呢？根据相关规定，小学班主任特有的责任主要包括以下六个方面：

（一）关心班级学生的身心健康和全面发展

首先，小学班主任要关注班级学生的身心健康，主要包括三方面的内容：一是要关心爱护以及平等地对待每一个学生，并且尊重每个学生的人格；二是要教育学生经常参加体育锻炼，注意保护视力和养成良好的卫生习惯；三是要全面了解和熟悉班级每一个学生的特点，注意倾听他们的声音，关注他们的烦恼，及时发现可能产生不良后果的问题，并对其中的部分学生进行有针对性的个别教育。其次，小学班主任要关注班级学生的全面发展。在现行教师和学生的评价体制影响下，大多数小学班主任只关注班级学生学科知识的掌握情况和考试成绩状况，很少注意学生其他方面的发展。其实，小学生和成人一样，也是一个完整的生命个体。他们之间的不同在于：小学生是一个正在发展中的人，而成人是一个发展相对成熟的人。小学生作为一个正在发展中的人，其发展是整体的、多方面的。而且，小学生各方面的发展是相互联系、相互影响的。因此，小学班主任不应仅仅关注班级学生学科知识的掌握情况和考试成绩状况，还要关注学生各方面的发展，这样不仅有利于学生学科知识的学习和智力发展，而且有利于学生未来的发展。

（二）对班级学生做好教育和引导工作

小学生作为发展中的人，其身体和心智发育都还不够完全。而且，由于小学生判断力、自制力等各方面能力都有限，他们的发展很容易受外界环境特别是其中不利因素的影响。因此，小学生的发展不仅需要管理，更需要对其进行教育和引导。对小学生来讲，他们有相当一部分的时间都是在学校度过的，所以对班级学生进行教育和引导成为班主任工作的中心职责。

那么，小学班主任应从哪几个方面对学生进行教育和引导呢？总的来说，小学班主任对学生所进行的教育应主要包括道德教育、健康教育、安全教育以及教育学生努力完成学习任务四个方面。对班级学生进行道德教育是小学班主任教育责任之首，即小学班主任应教育学生主动学习，认识和理解真、善、美，树立正确的价值观，引导学生在实际生活中发扬真、善、美。对班主任来说，除了利用说理教育提高学生的认知水平之外，运用案例法、榜样法等多种方法引导学生将道德知识转化为道德行为是其更为重要的职责。其次，班主任要注意对学生进行健康教育。它主要包括两个方面：一是要教育学生重视身体健康；二是要重视学生的心理健康并注重对学生进行心理健康教育。再次，安全教育也是班主任教育和引导工作的重要内容。小学班主任应经常对班级学生进行安全教育，如普及安全知识、教育学生遵守规章制度、预防安全事故的发生等。最后，小学班主任要教育和引导学生努力完成学习任务。对小学生而言，其主要任务是学习，但是由于他们身心发展都还不够完善，在学习的过程中可能会产生各种各样的问题或遇到各种各样的问题，如目的不明确、态度不够端正、兴趣不大、未能掌握恰当的学习方法等，这就需要小学班主任适时对其进行教育和引导。

（三）做好班级日常管理工作

做好班级日常管理工作是小学班主任的基本责任之一，这也是班主任与其他科任教师的主要区别之一。班级日常管理是班级工作的基础。不论是对班级的管理还是对学生的管理，都是从班级日常管理开始的，而且小学班主任各方面的教育和引导工作也都需要渗透在班级的日常管理之中。可以说，班级管理是小学班主任其他方面工作的载体或者途径之一。因此，小学班主任必须做好班级日常管理这项基本工作。

那么，班级日常管理工作究竟包括哪些内容呢？总体上说，班级日常管理主要包括三大板块的内容，分别是班级教学常规管理、班级学生行为常规管理和偶发事件处理。为学生创造良好的学习环境是小学班主任班级管理工作的首要职责，因而与此直接相关的班级教学常规管理自然就处于班级日常管理的首要位置。具体来说，班级教学常规管理主要包括建立良好的教学秩序、安排学生的座位、抓好自习课和考试纪律、督促学生按时完成各科作业等。其次，班级学生行为常规管理也是班级日常管理的重要组成部分。班级学生行为常规管理就是对学生的行为进行规范，使其符合相应的行为准则，它主要关涉考勤和请假制度、课间行为、卫生保健、习惯养成等。最后是偶发事件的处理。在一个班集体中，经常会有像如学生之间的吵架打架、学生与科任老师之间的冲突、恶作剧、失窃等突发状况出现，这些都需要小学班主任做出及时的处理。小学班主任在处理偶发事件时要注意运用教育智慧，善于依靠集体的力量、运用集体舆论，并使全体学生从偶发事件中受到启发或教育。

（四）对班级各种活动的开展做好组织与指导

"班级活动是以班级为单位而组织的教育活动，它是整个教育活动的重要组成部分，也是活动课程的重要体现。"班级活动属于班主任组织的课堂教学之外的班级教育活动，同时也是其开展教育和引导工作的重要途径之一。因此，组织、指导各种班级活动的开展也是班主任工作的重要组成部分。小学班主任组织、指导班级活动主要有两方面的含义。一是班主任直接组织班级活动，这主要表现在小学低段的班级活动中，小学班主任是直接组织者，学生是参与者且在活动中接受班主任的教育和引导。除此之外，其他年级的一些班级活动也是由班主任直接组织的，如周会、晨会、班务会等。二是小学班主任不直接参与班级活动的组织而是由学生自己组织，班主任只给予相应的指导，这主要表现在小学高段年级，学生已经具有独立组织班级活动的能力，班主任则只需要给予恰当的指导。三是小学班主任和学生同时参与班级活动的组织，在组织的过程给予指导，这主要表现在小学中、高段或一些学生还不足以独立组织的班级活动中。由于学生还不具备独立组织班级活动的能力，或者活动本身具有一定的难度学生不能独立组织，因此就需要小学班主任在参与组织的过程并进行指导，以提高学生的活动组织能力。

其实，班级活动的内容丰富、形式多样。从内容上来说，班级活动主要包括班级学习活动、班级德育活动、班级文艺活动、班级体育活动、班级科技活动、班级劳动、班级社会实践活动和班级游戏活动八个类型。从形式上来说，班级活动则主要分为班队例会和主题教育活动两种形式。因此，小学班主任应根据学生的年龄特点、学生的需要、时代对学生的要求、不同的班情以及时事时情等，精心选择或指导学生选择班级活动的内容与形式，以使全体学生在班级活动中受到启发与教育。

（五）做好学生的综合素质评价工作

做好学生的综合素质评价，既能帮助小学班主任更好地进行教育和引导工作，也是小学班主任开展班级日常的管理工作和班级活动的组织指导的重要依据，而且，也利于学生更加全面地认识自己从而不断完善自己。可以这样说，对学生的综合素质评价直接影响着小学班主任工作的其他方面，因此，做好学生的素质评价是小学班主任的重要职责。

长期以来，在强调知识本位的学习观和评价观的影响下，小学班主任对学生的评价工作存在如下几个问题。（1）评价标准单一、片面。大多数小学班主任对学生的评价过于注重对基本知识和基本技能的评价，都主要是以学生的学习成绩状况为基础，对学生在其他方面的表现给予很少关注。（2）评价主体单一。小学班主任对学生的评价几乎完全是其个人对该生的评价，较少参考其他科任教师的意见，更不用说学生的自评。（3）评价内容缺乏个性。许多班主任给班级学生写的评价中，几乎都是从固定的几个方面进行评价，较少去挖掘每个学生的个性特点及其表现，并以此为出发点对其进行评价。那么，班主任对学生的综合素质评价究竟是一个怎样的过程呢？概括起来，小学班主任对学生的综合素质评价就是指其在全面充分了解和深入分析每个学生的个性、品质、能力、心理等方面的特点的基础上，结合学生在过去一段时间内思想品德、学习成绩、学习态度、生活习惯等方面表现的综合考查评定所作的一个总结。而且，评价内容也要在一定程度上反映出期望学生改进的不足之处、今后努力的方向、追求的目标等。同时，小学班主任在进行综合素质评价时应注意秉承"以人为本、注重发展和重视过程"的教育评价理念并遵循一定的教育评价原则，即教育性原则、真实性原则、动态性原则、协商性原则、多元化原则、伦理性原则等。

（六）沟通协调班级任课教师、学校其他教职员工和学生家长，形成教育合力

做好学校管理人员、班级任课教师及家长之间的协调工作是小学班主任的又一重要职责。小学班主任作为学校管理人员、班级任课教师、家长和学生之间关系的协调者和信息的沟通者，在学生的发展过程中起着非常重要的作用。一方面，学生的发展受多方面因素影响，这就要求小学班主任必须做好学校管理人员、班级任课教师、家长和学生相互之间的沟通工作，协调统一各方面的教育因素，使其最终形成有利于学生健康发展的教育合力。另一方面，作为学校的一种正式群体，班级并不是封闭的，而是一个开放的系统，与此相应，小学班主任的工作也是开放的。这也就决定了小学班主任需协调好教育网络中的各种关系，使其形成一股统一协调的教育力量，促进学生的健康发展。此外，小学班主任还应注意积极探索并努力掌握协调各种关系的方法和艺术，以恰当而巧

妙地协调好学校管理人员、班级科任教师、家长等相互之间的关系。

第二节 小学班主任应有的工作对象认识

小学班主任作为小学生成长的重要引领者之一，其工作成效在很大程度上取决于对自己朝夕相处的小学生和由小学生组成的工作主阵地——班集体的认识。小学生是班集体的基本单位，班集体则是小学生发展的土壤。为了更好地开展小学班主任工作，职前教师需要学会加深对小学生和班集体的认识。

一、认识小学生

作为小学班级管理的对象之一，小学生是一个个活生生的充满个性差异和发展潜力的生命。任何一个想要出色地完成班级管理任务的小学班主任，都必须转换角度和角色，全方位地了解和认识自己的学生，才能走进学生的内心，引导学生全面成长、可持续学习与个性化发展。

（一）自我：走进学生的内心世界

每一个班级中，都有一部分"后进生"。在以往的教学中，教师往往将后进生的形成原因简单地归咎于学生的学业成绩，但事实上，学生的心理健康问题才是最重要的因素。后进生通常表现出以下几个心理特点。(1)心灰意懒，缺乏动力。后进生对学习毫不在乎，毫无兴趣。一提到学习，他们就心灰意懒，情绪低落，甚至抵触学习，逃避学习。(2)自卑感重，缺乏自信。后进生在学习过程中屡遭打击，渐渐失去自信，害怕面对成绩。尽管他们内心也渴望得到他人的鼓励和帮助，但又怕遭到嘲笑和歧视。(3)韧性不足，缺乏意志。后进生通常缺乏学习的恒心与毅力，在遭受挫折时常常选择中途放弃。(4)自我封闭，缺乏交流。后进生因为学习成绩或行为表现不好而容易缺乏教师、同学的关注和认可，于是宁愿将许多心事、苦恼、困惑埋在自己内心深处，自我封闭，不与别人沟通交流。

而优秀生因为勤奋好学、成绩优异、乖巧听话，又容易使教师和家长忽略他们成长中的各种心理问题。(1)思想包袱重，心理压力大。学校、家庭和自己的高要求、高期望容易使优秀生背负比较重的思想包袱，他们常常出现紧张焦虑、患得患失和身心疲惫等问题。(2)盲目优越，傲慢自负。个别优秀生容易产生盲目的优越感，妄自尊大，傲慢自负。不能正视自己的缺点和错误，对人则忌妒心盛，感恩心乏。(3)内心脆弱，抗挫力差。部分优秀生已经习惯了成功和赞扬，一旦遭遇挫折，就会惶恐不安，悲观失望，甚至自我否定，从此一蹶不振。

小学班主任只有认识不同类型学生的心理问题，分析成因，对症下药，巧妙引导，才能有的放矢地做好不同学生的转化工作，促进每个学生健康成长。

（二）同伴：引导学生的正确交往

青少年时期是一个关注交往、需要理解、渴望友谊的时期。小学班主任应充分认识同伴关系的重要性和教育性，积极地引导学生进行同伴交往，运用同伴关系来促进学生的健康发展。由马斯洛的需要层次理论可知，"爱和归属"的需要是人类基本需要的重要组成部分。与同伴的交往，则能够满足学生的这些基本需要。不仅如此，良好的同伴交往还具有不可替代的教育价值。首先，学生的自我认同感是在与他人尤其是同伴的交往中建立起来的，同伴关系对学生健康自我认同感的建立具有举足轻重的作用。其次，学生通过大量的同伴交往，将从成人那里获得的交往经验和处事方式运用于自己的交往实践，在不断地体验、尝试、积累、调整中形成自己的经验和方式，尽可能地自己解决人际问题，从而不断锻炼自己的独立自主能力。

然而，今天的部分学生因为应试教育的影响和人际交往的相对缺乏，而缺乏交往的意识与能力，在同伴交往中陷入苦恼，产生一些负面情绪：（1）自闭，容易采取回避、退缩的消极态度，自我封闭，不愿与同伴交往。（2）自我，常常以自我为中心，喜欢从自己的兴趣和意愿出发，而不愿意理解和接纳别人。（3）自卑，担心别人轻视自己而不敢与同伴深入接触，尤其害怕与比自己条件好、水平高、能力强的同学交往。（4）自大，常常不切实际地高估自己，目中无人，孤芳自赏。

为此，小学班主任应当在班级中为学生创造尽量多的同伴交往机会，引导学生树立正确的交往观念，同时教给学生基本的交往技能。

（三）学生：融洽师生关系

融洽的师生关系更有助于营造和谐、愉悦的教育氛围，产生良好的教育效果，是教育活动取得成功的必要保证。一般而言，班主任与学生的关系大致有三种类型。一是密切型。班主任与部分学生之间有着好感和亲近感，师生之间交流舒心畅快。二是对立型。部分学生对班主任心存抵触，师生之间缺乏理解，互不信任，难以沟通而关系紧张。三是冷漠型。部分学生因缺乏班主任的关心和重视而很少与班主任沟通交流，师生关系冷漠。班主任要营造出师生之间和谐、融洽、愉快的心理氛围，需要做到以下三点：

1. 用平等的眼光看待学生

这里的平等包含两层意思：一是教师与学生之间的平等。学生作为一个独立的个体，有着独立的人格和精神世界，在人格上与教师是平等的。二是学生与学生之间的平等。学生虽有个性、兴趣、能力等的差异，却没有尊卑贵贱之分，教师只能因材施教，而不能厚此薄彼。

2. 用发展的眼光看待学生

学生是发展中的人，他们在发展中具有多种可能性。班主任不能只是以眼下的得失、成败、优劣作为评价学生的标准，给学生贴上标签和过早定论，而应该以眼下学生的表现为起点，以发展、动态的眼光来看待学生，相信每个学生都是可以不断进步和成功的。

3. 用赏识的眼光看待学生

班主任不能用一把尺子衡量所有的学生，也不能寄希望于通过统一的教育手段来消灭差异，还得承认学生的差异性，尊重学生的独特性，更要赏识学生的独特性，让教育面向每一个学生，让每一个学生都能展示自己独特的一面。

(四) 父母：构建和谐的亲子关系

同伴关系、师生关系与亲子关系是学生社会关系的三大重要组成要素，三者之间相互补充，相互支撑，共同影响着学生的成长与进步。其中，亲子关系出现最早、持续时间最长，也比同伴关系和师生关系更具稳定性。一段良好的亲子关系不仅对父母与孩子之间的交流与沟通具有良好的促进效果，还能使他们相互之间能够更好地认识和理解，并且对孩子建立自我概念、形成道德判断和个性健康发展都具有直接的影响。[1] 反之，专制服从、溺爱放纵、矛盾冲突和消极冷漠的亲子关系极不利于学生的身心健康和人格发展。

孩子进入小学后，由于年龄小，对父母有较强的眷恋性和依赖性。到了小学中段，孩子的独立性逐渐增强，可父母对孩子始终不放心，总要对他们的行为加以干涉，孩子的反抗情绪开始抬头，致使亲子关系略有紧张趋势。小学高年级初期，孩子逐渐懂事，自觉努力学习，亲子关系渐渐向良好状态发展。小学高年级后期，随着自我意识的发展、独立性的增强，孩子渐入"心理断乳期"，对父母的依恋开始转向与父母的疏远，由顺从转向倔强，令许多在心理上缺乏准备、在知识上缺少了解的父母感到伤心。他们对孩子的独立要求不解，将孩子疏远自己的行为误解为不孝而责怪孩子，这就造成了孩子的逆反情绪，加深了亲子间的矛盾。

班主任要当好家长与学生之间沟通的桥梁，采取灵活多样的方式给亲子双方具体的指导和帮助，使双方都以积极的心态来构建和谐亲子关系，使高效的家庭教育成为学校教育的有益补充和坚强后盾。首先，重视对家长的指导。班主任要指导家长放低姿态，与孩子平等相处；指导家长转变观念，与孩子有效沟通；指导家长赞美孩子，给孩子成长动力；指导家长理智地爱，教孩子平易谦和。其次，加强对孩子的教育引导。班主任要引导学生尊重父母，做父母的贴心人；引导学生换位思考，理解父母的良苦用心；引导学生敞开心扉，与父母分享成长的苦与乐。

(五) 公民：培养学生的公民意识

儿童时期是一个人社会化进程的关键时期，是形成公民意识的关键时期，也是对其进行社会公德教育的关键时期，所以加强对儿童的社会公民意识教育是儿童社会化的必然要求。小学是进行系统公民道德教育的重要阵地，班主任是学校开展公民道德教育的骨干力量和具体实施者。班主任应从社会小公民的角色，着重从以下四个方面培养学生的公民意识。

---

[1] 万小燕. 构建青少年家庭教育中良好亲子关系 [J]. 文教资料，2011 (3)：130—132.

1. 培养学生的责任意识

责任意识指的是个人对自己和他人、对家庭和集体、对国家和社会所负责任的认识、情感和信念，以及与之相应的遵守规范、承担责任和履行义务的自觉态度。它就是我们通常所说的责任心、事业心和使命感。[①]

2. 培养学生的权利意识

强调学生作为公民对国家、个人和社会的责任，并不意味着可以忽略公民权利意识的培养，相反，公民权利意识的缺失同样会导致社会责任感的缺乏。在对学生公民意识的培养方面，义务教育和权利教育都不可偏废。

3. 培养学生的参与意识

鼓励和支持学生积极参与班级建设和社会活动，也是学生自身行使权利和履行义务的过程。学生能够在参与活动的过程中，真正体会和感受到自己所享受的权利与应履行的义务，并逐步形成理性的参与意识[②]，不断提升自己的主动性和创造性。

4. 培养学生的规则意识

规则意识不仅关系到社会生活的有序运转，而且关系到人与人之间的和谐共处乃至社会的安定团结。因此，培养规则意识要从小学生抓起，小学班主任要善于在班级管理中培养小学生的规则意识。

二、认识小学班集体

作为整个学校系统的重要组成部分的班集体也是学生生活的基本团体之一，是班主任工作的"主阵地"。从社会学的视角看，班集体就是一个小社会，而社会就是人与人之间关系的总和。作为一种社会组织，班集体当然具备一般社会组织的三个主要特征：为了完成特定的任务而专门建立的目标；有一个制度化的结构和体系；为保障目标的达成与系统的相对稳定，一般都制定有明确的制度规范。小学班主任想要在班集体中实现自己的教育理想，就必须深刻理解班集体所具有的这三个组织特性，有效地协调班集体组织运行过程中的各种冲突。

（一）小学班集体的组织目标

每一个组织都是为了一定的目标而建立起来的，目标是整个组织最重要的组成部分。小学班集体的目标是小学班集体未来一段时间内要实现的目的，是小学班集体组织中一切成员的行动指南，是决策、评价、协调和考核的基本依据。目标的确定对于小学班集体组织的存在、发展及组织活动都具有非常重要的作用。（1）目标是衡量小学班集体活动有效性的标准。目标反映了外部环境、小学班集体组织和小学班集体成员三方面的共同需求，小学班集体活动的完成程度必须体现这一系列的需求。（2）目标提供了激

---

① 王植林. 小学生责任意识与主题教育活动 [J]. 上海教育科研，2006（1）：69—70.
② 姜艳. 正视公民的权利和义务 [J]. 初中生辅导，2022（14）：15—18.

发小学班集体成员的动力。为此，小学班集体的目标不能只是抽象性的理想目标，而且需要有各阶段的具体实施目标。而具体的实施目标往往是在一定时间段内可以被量化的阶段性任务。小学班集体围绕这一系列的目标展开活动，以目标激发所有学生的积极性，根据目标建立起相应的管理制度与激励办法。（3）目标是小学班集体内部分工的基础。小学班集体的总体目标经过分解形成有层次的目标体系，借此，小学班集体组织的内部分工就有了一个基本依据。

当然，小学班集体目标的产生会受到各种因素的影响和制约。小学班集体需要适应这些因素，制定目标时必须遵循满足环境需求的原则。环境需求不仅规定了小学班集体组织目标的范围，而且规定了目标的时限。以此为基础，小学班集体的组织目标的确定需要遵循以下一些原则：目标必须清晰明了，详细可知；必须有一个具体的标准去衡量目标的完成情况；目标必须是经过努力能够达到的；目标需要符合所有学生的学习与发展需求；目标需要具有时效性，可以根据情况的变化而做出调整。

（二）小学班集体的组织结构

组织结构是指在管理工作中，全体成员为了达到组织目标而采取分工协作并在职能范围、责任、权利方面所形成的结构体系。组织结构一般有正式结构与非正式结构之分。其中，正式结构是组织中的工具性角色，具有正式的目标、规章、机构、管理系统、成员等，而非正式结构是自发形成的，具有目标的隐蔽性、规范的非正式性、角色的不稳定性等特征。

小学班集体中的正式结构是指为完成班级工作而服务的角色。在我国小学，班级组织的正式结构大多为三层次结构：一是对全班成员工作负责的角色，即班干部；二是对小组工作负责的角色，即小组长；三是对自身任务负责的角色，即一般成员。这一结构基本呈现金字塔形。在这种组织结构中，学生极易形成服从权威及地位差异的观念。

小学班集体中的非正式结构通常是指小学班集体中的非正式群体。这种非正式具有组织人数较少、吸引力强、成员维护群体利益的意识强烈、沟通效率高等特点。这种非正式群体主要是一些学生因为兴趣、爱好或者同学、同乡等原因自然形成的，其存在的原因在于能满足他们在正式结构之中不能满足的交往需要。如果小学班集体中的正式结构组织明确、制度合理、指挥通畅、管理得力、效果显著，并能对非正式结构进行适当的引导，非正式结构就能成为正式结构的润滑剂和有益帮手。

从管理学的角度，小学班集体中的组织结构又可以分为职能结构、层次结构、部门结构和职权结构四个方面。其中，职能结构是指实现小学班集体目标需要的各项业务工作及其关系，体现在小学班集体中就是小学班集体各个组成部分之间的职能是否有交叉，各组成部分是否能够构成一个整体为小学班集体服务以及各组成部分的职能分工是否清晰。层次结构是指管理层次的纵向构成以及管理者所管理的人数。在班集体中，一般体现为"班主任—班长—组长—组员"的层次序列关系。部门结构是指各管理部门的横向构成，在班集体中体现为学习、纪律、生活、文娱等方面的分工合作。职权结构是指各层次、各部门在权力和责任方面的分工及相互关系。在小学班集体中，班长的权力范围包括整个小学班集体，并对班主任负责；组长的权力范围就局限于所在小组，并对班长负责；组员的权力范围就仅限于组员自身。

（三）小学班集体的组织制度

明确的规章制度也是小学班集体组织必不可少的组成部分，它是小学班集体组织全体成员经过特定程序制定的文本或非文本的规章制度，具有稳定性与约束性的特征。

在小学班集体中，各种正式的规章制度将成为维持班级教师与学生之间互动和各种秩序的主要工具和手段。在现实的班级活动中，比较严格的各种规章制度和纪律的确是维护班级正常教育教学活动的重要基础。小学班集体的规章制度主要涉及小学班集体成员的权利与义务规定，具体表现为日常管理、班委管理、班费管理、班委改选、班级会议、宿舍公约等各项规定和办法。

小学班集体的规章制度制定一般都要经过"先民主、再集中"的过程。第一步是经过全体学生代表或全体学生讨论，提出方案和意见；第二步是集体协商确定，小学班主任在规章制度的制定过程中一定要吸收各方面的意见，尽量协调各方面的利益，以提高班集体规章制度的认同度。

（四）小学班集体组织的有效运行

组织目标、组织结构和组织制度是班集体的三大组织属性，也是班集体建设的三个关键环节。接下来就是班集体组织的有效运行。班集体组织在运行过程中会不断产生各种各样的矛盾和冲突。根据社会冲突理论，小学班集体中的社会冲突一般可以分为三类：第一类是小学班集体内部的冲突，表现为学生之间的冲突、师生之间的冲突、正式结构之间的冲突、非正式结构之间的冲突以及非正式结构与正式结构之间的冲突等；第二类是小学班集体之间的冲突，表现为小学班集体之间由于竞争不良而引发的冲突、由于合作不畅而引发的冲突等；第三类是小学班集体与外部环境的冲突，主要表现为小学班集体组织与学校层面之间所发生的冲突。

针对小学班集体组织运行过程中产生的各种冲突，小学班主任需要对此加以有效地协调与处理。（1）正视冲突并发挥其积极功能。冲突本身没有明显的好坏之分，它具有双重功能，对组织的影响既有负面功能也有正面效应，需要班主任在工作中巧妙运用冲突管理，找到冲突发生的深层次原因，发挥冲突对班级的整合功能。（2）积极预防破坏性冲突的发生。冲突本身源于组织成员在目标追求上的不协调，因而预防破坏性冲突需要班主任更加强调班集体的整体目标，为成员设置共同的竞争对象，加强成员之间的沟通联系。（3）妥善处理已发生的冲突。一般采用协商、调停的方式解决。协商是冲突双方开诚布公地分析冲突原因，共同寻找解决途径；调停是小学班集体中，当双方出现分歧时，由一位受到双方信任的同学或老师以公正中立的身份介入，旨在促进双方沟通，帮助化解矛盾，重建信任的过程。

第三节 小学班主任工作的任务与方法

小学班主任工作主要包括五个方面的任务：班级环境建设、班级组织建设、班级文化建设、班级常规管理与班级活动开展。在本节中，我们将着重介绍这五个方面的工作内容及工作方法。

一、小学班级环境建设

利用、创造和改善班级环境，是小学班主任工作应尽的职责。良好的班级环境不仅可以激发学生的求知欲，提高学习效果，还可以提高小学班主任工作的效率。

（一）小学班级环境建设的物理学维度

在小学班级环境建设中，首先是班级物理环境建设，特别是班级的整体布局要符合物理学的基本原则。其中主要涉及设备的配置、教室的布置和教室的维护三方面的内容。

首先，教室要采光充分、通风良好、活动空间顺畅，教学的基本设备、设施与器材应做到现代化；其次，应符合健康、安全、卫生等基本原则，能让学生在良好的班级物理环境中舒适地学习，以增进学习效果。

教室的布置主要包括课桌椅的布置和座位的安排。小学班主任在课桌椅的布置上要遵循包登提出的五项关键原则：（1）畅通的走动空间，让教师巡视和学生走动无碍；（2）座位安排要配合教学目标和活动；（3）教师要能看到每位学生；（4）确认学生都可以看到教学材料的呈现和展示；（5）教师和学生都容易运用教学和学习的设备和材料。课桌椅的排列方式主要有直列式、马蹄式或 U 字形、并桌分组。直列式的排列方式较能集中学生注意力；马蹄式或 U 字形则便于学生与同伴间的讨论与互动；并桌分组对立而坐的安排适合于小组讨论或分组合作。小学班主任在座位的安排上应主要考虑教学目标、生生互动等因素，可通过参考学生的身高、抽签或自由选择决定。为了达到教学目标，小学班主任可以采用 S 形来做座位分组。因为邻近座位学生易于分组学习，异质性分组更易达到合作学习的效果。[①]

教室的维护要做到所有设施摆放整齐、洁净、有序，地面墙面无垃圾污渍，门窗无灰尘，桌椅无明显划痕，讲台无粉尘。教室的维护仍要重视安全，因此不安全的物质材料和设备应该被禁用。教室内的物质设施要定期检查，班级每个成员都有责任监管这些设施，一旦发现设施有损坏问题要及时报告班主任。

班级物质环境蕴藏着丰富的审美内涵，表现出鲜明的审美特征。班主任要依据一定

[①] 张民杰. 班主任工作理论与实务 [M]. 上海：华东师范大学出版社，2008：41.

的美学观对班级环境中的美学因子进行合理安排和整体构建，才能发挥出应有的教育效应，让学生发现美、感受美、体验美、创造美。

（二）小学班级环境建设的心理学维度

小学班级环境的建设不仅体现了整个班级的精神面貌，而且直接影响学生的心理健康。可以说，班级环境建设的起点是学生的心理需要。因此，小学班主任在管理班级环境时要重视学生的心理发展规律及特征，精心布置适合学生全面发展的每一个空间，让学生融入积极健康的心理环境，开发学生的心理智能。

建设班级环境，首先需要了解学生的心理需要。在班级环境建设中，尤其需要适应和满足的学生需要包括爱和归属的需要、尊重和宽容的需要、自由和乐趣的需要以及自我实现的需要。为此，小学班主任需要从以下几个方面来建设班级环境。（1）发现学生的心理需要，将学生实际生活与班级环境建设相联系。班主任应对学生的生活内容进行全面系统的梳理，并对他们的日常生活习惯和行为进行充分的探索与了解，使之能够更全面、更深入地反映在班级环境中，实现学生成长和班级环境的建设的融合。（2）充分表现学生的成长气息，对班级环境建设的内容进行整体设计。班主任可以根据学生的喜好，建设班级学习角、生活角、图书角、卫生角、荣誉榜、生物角、公布栏、作品展示角、班级日报等丰富多彩的项目，体现班级的成长氛围。（3）激活学生个性潜能，逐步创新班级环境建设内容。在每一次环境布置前，发动全班学生积极参与。在动态调整环境布置的过程中，不断更新各个项目的内容，激发学生不断思考自身的发展状态、生活内容。环境建设不能只是装饰与点缀，还应配合教育教学的阶段性要求。

（三）小学班级环境建设的社会学维度

从社会学来看，班级环境建设主要就是人际关系的建设。班级人际关系主要包括师生关系和生生关系。良好的人际关系有助于师生间、生生间的密切交流和合作，有助于培养学生的交际能力，更好地发挥班级整体效应。小学班主任应力求和学生共同建设和谐而不失个性的人际关系，营造更好的学习氛围。

如何建立和维持良好的师生关系？小学班主任需要注意四点：（1）同理心是师生交往的前提。同理心是指在充分了解情况的基础上，站在对方的立场上去理解对方，并能使对方产生共鸣。（2）真诚是师生交往的基础。如果师生之间不能坦诚相交，就会形成相互防备的虚伪心理。而真诚正是一种教育力量，能够帮助学生敞开心扉接受教师的教导。（3）理解是师生关系的保障。理解是双向的，教师要相信学生是一个有价值的人，也要让学生相信教师是一个具有价值的人。小学班主任不要轻易对学生的所作所为下判断，始终要引导学生朝良性成长的方向发展。（4）尊重是师生关系发展的动力。尊重学生，让学生自主安排学习任务，自由参加感兴趣的活动，增强学生学习的动力。尊重不同学生的不同潜能，给予学生支持和鼓励，并让学生接受自己的错误，承担自己应承担的责任。

生生关系对于班级环境的健康发展是一股巨大的力量。但是，由于每个学生的性格差异和学习成绩的优劣，学生之间难免会出现小摩擦。班主任应当学会协调学生之间的关系，包括协调生生之间的合作关系、正确处理生生之间的竞争关系、关注班干部与同学间的关系和避免因学习成绩优劣而产生的生生矛盾。

二、小学班级组织建设

小学班级组织建设主要涉及确定班级目标、建立班级组织结构、制定班级组织制度与选拔和培养班干部四个方面的内容。

（一）确定小学班级目标

小学班主任引导学生确立班级目标的方法主要有以下五种。（1）具体目标法，即把学校的教育目标直接具体化为班级的目标，再分解成每个成员的目标。例如，体育达标活动的开展，很多班级直接把它具体化为班级的目标。（2）系列目标法，即把一学年或一学期的奋斗的目标系列化，有近期目标、中期目标、远期目标，这些目标有轻有重、有缓有急，班主任根据实际情况做具体安排。随着近期和中期目标的不断实现，学生不断地体验到成功的喜悦，而远期目标使学生一直处在不断的追求中。（3）问题目标法，即在某一时期，班主任为了重点解决某些存在的问题而提出的目标。（4）直接目标法，即班主任直接将某一任务的实现作为目标。（5）间接目标法，即班主任不直接提出目标，而是先组织开展一些学生乐于参加的、能够在短期内见效的集体活动，最后提出班级的奋斗目标。

（二）建立小学班级组织结构

从微观上看，小学班级组织一般可以分为三个部分：班主任、班委会和少先队。其中，班主任是班级组织的总负责人，由校长任命，是整个班级组织的领导者和管理者。在班主任的领导下，由班干部组成班委会。班委会是班级管理的重要协助力量。少先队是少年儿童学习中国特色社会主义和共产主义的学校，是建设社会主义和共产主义的预备队。

小学班主任在设计组织结构时一般需要注意以下几点：第一，更换、合并、撤销班级组织构成要素，要有利于实现班级目标；第二，在明确分工、密切协作的前提下，要严格岗位责任制；第三，岗位设立要有利于调动学生的积极性，培养提高学生的能力，实现自我管理、自我教育之目的；第四，班级管理组织结构要相对稳定，但需要根据班级的发展变化和学生的思想状况、生理心理状况、品德及能力状况而调整，坚持动态地适应变化了的各种内外部环境；第五，为提高班级全体学生的能力，在组织结构形式不变的情况下打破"长期制"，可实行班干部轮换制[①]。

（三）制定小学班级组织制度

班级组织制度一般由外部制度和内部制度组成。外部制度一是由国家以及各级教育

---

① 齐学红. 新编班主任工作技能训练[M]. 上海：华东师范大学出版社，2007：75-76.

行政部门统一规定的有关班级管理和学生管理的制度，包括《小学生守则》《小学生日常行为规范》《三好学生标准》等。二是由学校根据上级颁布的指示、条例和培养目标等所制定的各个班级和学生都必须遵守的制度。它们对班级的各项工作和管理具有基础作用和指导意义。内部制度是由班集体根据外部制度的要求，针对本班级实际情况而制定的本班全体成员都应共同遵守的具体制度，如考勤制度、卫生制度、考试纪律、课外活动制度等。班级所制定的制度是班级制度管理的特色部分，以下我们所讨论的班级制度也主要是指班级的内部制度。

每个班级都有其特殊性，每个小学班主任也都有自己的工作特色。所以，班级制度的形成过程也是班级不断走向成熟、形成班级特色的过程。小学班主任可以根据班级的特点和学生实际情况，选择较为合适的班级制度制定程序。而制定班级制度的一些基本步骤主要包括动员准备、提出草案、分组拟定、审稿合成、讨论表决、讲解练习、调整修正。

（四）选拔和培养小学班干部

小学班干部作为班级的骨干分子和小学班主任的左膀右臂，在班级组织建设和管理中发挥着重要的作用。班主任应把发现、选拔、培养、使用班干部的工作放在重要地位。班主任只有通过班干部才能保证班级工作计划贯彻执行，发挥班级的潜力，从而进一步影响班级发展的方向。

小学班主任在选拔班干部之前要对学生有个了解的过程，特别是一个新的班级刚刚成立时，学生从四面八方汇集到一个班上，教师与学生之间、学生与学生之间都不熟悉，班主任物色班干部特别是班长可以采用"两步走"的策略：（1）了解学生基本情况，通过看学生的档案、鉴定表，家访，找学生谈话等。（2）组织活动。在这些活动中去发现积极分子，着重考察积极分子的组织才能、工作能力和思想作风等。在对班级学生及积极分子有了大致的了解后，便可以采取任命制、自荐竞争制、民主选举制、轮换制等多种方式灵活选拔班干部。

对小学班主任来说，不仅要选拔和使用好班干部，更要着眼于在工作中对班干部的培养，帮助他们树立威信，提高其工作能力。为此，小学班主任首先要在思想上使班干部具有明确的认识，树立职责意识、自律意识、竞争意识和平等意识。其次，要对班干部适时地加以指导，使他们能够根据不同的实际情况来运用不同的方式方法解决问题。再次，帮助班干部处理好工作与学习的关系。最后，注意引导班干部自觉接受同学监督，并与自我要求相结合，在批评与自我批评中不断充实完善自己。

三、小学班级文化建设

小学班级文化是班级塑造的灵魂，对学生的成长、成才发挥着不可估量的作用。在小学班集体中，学生个体行为融入班级集体行为，并升华为集体意志[①]，形成稳固的、共同的思想意识、信念追求、价值取向和文化习性，使班级形成更强的凝聚力，促使班级成员产生"作为班级一分子"的归属感、自豪感和责任感，自觉遵循共同的行为准则，追求共同的发展目标，这就是班级文化。班级文化建设的重点是班风、学风和班集体凝聚力的形成。

（一）形成良好的班风

班风即班级中起主导作用的风气，是班级的"名片"，它反映了班集体的精神面貌和道德风尚。优良的班风是培育学生的沃土，它使学生自觉地约束自己的言行，抵制错误的行为，维护集体的利益，使班集体焕发活力，推动班级成员全面发展、共同成长。优良班风的形成不是一蹴而就的，小学班主任要有目的、有计划、有耐心地进行培养和营造。首先，统一思想，为优良班风的形成奠基定位。引导学生领会班风内涵、明确努力方向、提高认识、统一思想，提高全班学生共同创建优良班风的积极性和自觉性。其次，规范行为，为优良班风的形成扫尘除垢。时刻关注班风的发展状态，及时采取措施纠正学生的不良习惯和错误行为，并持之以恒地规范学生的日常行为。再次，规章制约，为优良班风的形成保驾护航。制度建设是班风建设的重要组成部分，更是形成优良班风的重要保障。最后，舆论导向，为优良班风的形成呐喊助威。正确的舆论能提高学生的道德认识，增强学生的是非观念，强化正义积极、健康向上的班级风气。

（二）形成良好的学风

学风是学生在长期共同学习和发展过程中形成的学习风气，是学生的思想作风、精神风貌在学习上的具体体现，是班风的集中反映。浓厚的学风是一种无形的力量，激励着学生树立崇高的理想，主动学习，奋发向上，养成良好的学习习惯，促使班级形成一个以学习带动其他方面发展、其他方面的发展又反过来促进学习的良性循环系统，从而增强班级的凝聚力和战斗力，成为班级不断发展的动力。

要想使学生始终处于学习的最佳状态，最好的办法莫过于激励，它能使学生情绪愉快，更加积极进取，使教育引导更加富于成效。在学风建设中，小学班主任若能巧妙地采取目标激励、成果激励、情感激励、榜样激励、环境激励等多种有效的激励措施，就可以为学生营造一种兴奋的心态和强烈的氛围，诱发其内部"能量"，从而最大限度地调动和发挥他们的学习主动性、积极性，形成浓厚的学风。

（三）形成小学班集体的凝聚力

班集体的凝聚力是指教师与学生对班集体产生的向心力，其外在表现于学生的个体行为对群体目标任务所具有的信赖性、依从性乃至服从性。一个有凝聚力的班级里，学

[①] 黄金山. 春风化雨 润物无声——浅谈高中班级管理中的文化建设[J]. 教育教学论坛，2010（29）：158-159.

生团结友爱、互帮互助，以集体的荣誉为荣、以集体的利益为重，齐心协力、同心同德，共同维护班级的荣誉和利益，为实现班级目标而奋斗。

如何形成小学班集体强大的凝聚力，目标的激励、纪律的约束、舆论的导向、榜样的感染、环境的熏陶等固然重要，但以下几个方面的工作不容忽视：一是让学生的高层需要在班级生活中得到满足；二是让学生的主体作用在班级管理中得到发挥；三是让学生的集体意识在班级活动中得到增强。

四、小学班级常规管理

小学班级常规管理，一般是指小学班主任为保证小学班集体的统一性、纪律性，综合各种教育和教学的影响，对班级日常事务进行经常性指导的工作。班级常规管理主要内容包括日常行为规范、学习常规管理、生活常规管理和信息常规管理，其目的在于入耳、入心、见行，即培养学生良好的行为规范。

（一）日常行为规范

日常行为规范的教育与养成是培养学生综合素质的基础工作。学生日常行为规范是指由国家对中小学生的日常行为提出的规范性要求，旨在培养学生的良好行为习惯，推动他们的身心健康发展。缘于学生行为具有很强的可塑性，经过教育或训练可以得到较快的转变，所以小学班主任必须加强对小学生日常行为规范的训练，以使他们养成良好的行为习惯。小学生日常行为规范训练的方法主要有行为训练法、陶冶教育法、榜样示例法、实践锻炼法、品德评价法等。

（二）学习常规管理

学习是学生来到学校承担的主要任务，它既是学生在学校中进行得最频繁、最大量的活动，也是将学生培养成具有高素质社会成员的重要训练途径。"让学生学会学习""让学生成为学习的主人""提高与发展学生的学习能力"，是当前世界教育改革的热点问题。基于此，小学班主任应将重点放在与学生共同制定和健全学习常规上，培养和保护学生良好的学习习惯和持久的学习兴趣，并使学生掌握正确的学习方法。

（三）生活常规管理

"生活即教育"。学生的生活常规管理作为学校管理工作的重要内容之一，不仅与学生的健康成长有着直接关系，还与学校良好风气的形成息息相关。所以生活常规管理者既要承担学校教育的责任，又要承担家庭教育的责任。学校生活常规管理涉及学生的衣、食、住、行，这就决定了常规生活管理的广阔天地。学生常规生活管理包括集体生活管理与学生个人生活管理两个方面。集体生活管理包括学生的着装管理、就餐管理和宿舍管理。学生的个人生活管理包括人生规划、困惑关怀。

（四）信息常规管理

在班级管理活动中，无论是目标的确定，决策与计划的制订，还是组织和指挥的周密进行，实质上都是信息常规管理的重要内容。信息常规管理主要包括集体信息管理和个体信息管理两个方面。集体信息管理主要是对班级公共信息的管理，如班级情况、学生名册（涉及学生的年龄、性别、民族、家庭简况等内容）、学生成绩、学生的课程安排及变动情况、学生出勤登记、班会记载、学生参加社会实践活动记载等。而学生个人信息管理是小学班主任对班级进行信息管理最为重要的部分，也是管理难度最大的部分。小学班主任要管理的学生个人信息主要包括学生学籍信息、学生生理心理的主要状况、学生智力状况、生活作风、德智体美劳的表现等。

五、小学班级活动开展

小学班级活动作为建设良好班集体的重要组成部分，是学生认识客观世界、认识他人与自我，适应社会生活的基本途径。开展班级活动是小学班主任工作的核心任务。

（一）小学班级活动的目标与内容

班级活动的目标不仅制约着开展班级活动的整体方向，也决定着班级活动的具体过程、方法和形式，它是班级活动的出发点和归宿点。班级活动目标的制定不仅可以明确开展班级活动的意义，还能为班级活动的实施和评价提供科学的依据，帮助班主任分析和改善班级活动。小学班主任在制定班级活动目标时，要注意处理好以下四个方面的关系：

（1）针对性与综合性。班级活动目标不仅包括认知层面的目标，也包括能力、情感、过程与方法等层面的目标。小学班主任在进行目标设计时要考虑活动设计的针对性，也要整合其他方面的目标，考虑其综合性。

（2）具体性与连续性。小学班主任在制定班级活动目标时，要认识到每一次的班级活动都是具体的，目标是明确的，同时注意衔接前一次活动与后一次活动的关系，这样才能收到更好的效果。

（3）明确性与灵活性。班级活动目标既是一种规定的明确性目标，又要根据班级活动开展的过程灵活规划，让班级活动目标的设计具有弹性。

（4）教师主导与学生参与。班级活动强调以学生为主体，让学生主动参与设计，班主任只是协助学生开展班级活动的引导者。

班级活动的内容十分丰富。根据学生发展的基本领域，班级活动的内容主要包括以下五个方面：

（1）思想品德活动。思想品德活动是以思想政治教育和品德教育为主要目的的一种班级活动。开展思想品德活动，重点在于通过实践活动让学生履行所掌握的品德规范，丰富学生的精神世界。

（2）课外学习活动。课外学习活动主要是以科技知识和阅读书籍为主的班级活动。

这类活动主要有知识竞赛、阅读交流会、科学讲座、创作发明竞赛、参观科技馆、参观博物馆等。

（3）体育娱乐活动。体育娱乐活动的主要目的是增强学生的身体素质和培养学生的广泛兴趣。这类活动主要有游戏、棋类、田径、拔河、游泳、登山等。

（4）文学艺术活动。文学艺术活动有助于学生丰富文化生活、陶冶情操、培养审美能力和提高创造能力。这类活动主要包括书法、美术、手工、歌咏、舞蹈、话剧表演等。

（5）社会公益活动。社会公益活动的主要目的是培养学生热爱劳动的良好习惯，增强学生的社会责任感和义务感，为共同创建和谐祖国美好家园贡献出自己的力量。活动主要有绿化校园、植树活动、维护交通秩序、拜访敬老院、宣传实施政策、游艺活动等。

（二）小学班级活动的类型与形式

班级活动的类型多种多样。根据小学校的实践，班级活动主要包括班级常规活动、班级主题活动、班级实践性活动、班级阶段性活动四种类型。

（1）小学班级常规活动。小学班级常规活动也称小学班级日常活动，指的是在相对固定的时间里开展的周期性班级活动[①]，其目的是解决学生的日常行为规范和身心健康等问题。小学班级常规活动基本每天进行，时间短，一般三五分钟，针对班里的一些小问题展开讨论和评价，主要包括晨会、课间活动、午间活动、值日、班会等。

（2）小学班级主题活动。小学班级主题活动主要是指根据各个班级的实际需要，由班主任和学生共同精心设计的具有明确主题、新颖独特的班级活动。班级主题教育活动的特点是主题鲜明，具有强烈的针对性，一般是全体参加，更能发挥小学生的集体精神和协作能力。班级主题活动主要包括学生团队主题教育活动、重大节日主题教育活动、班级主题建设活动、学生成长主题活动。

（3）小学班级实践性活动。小学班级实践性活动主要是指为培养学生的创新能力和实践能力而开展的小学班级活动。目前，很多小学都开设了综合实践活动课程，这种将学生带到实际社会情境中，并直接参与、亲身体验的活动具有强烈的综合性、社会性。班级实践性活动主要包括社会调查、社区服务、参观访问、科技创新活动、生产劳动等。小学班级实践活动的开展不仅是提高学生的综合素质的必要手段，也是克服"高分低能"的一种行之有效的方法。

（4）小学班级阶段性活动。小学班级阶段性活动主要是指每隔一定时间开展的班级活动，如班干部的定期选举、每学期评价总结活动，阶段性的读书讨论等。这种阶段性活动是根据班级的实际情况灵活设计的。班级发展到一定阶段，必然会出现一些新的问题，这时便需要开展一些班级活动，来巩固和加强班集体积极向上的精神氛围。

小学班级活动一般采取个体活动、小组活动和集体活动三种组织形式。其中，个体活动是为适应不同学生特点而分别组织起来的个别活动形式，它包括个别心理辅导、个

---

① 晏燕. 班级活动的类型和实施原则探析 [J]. 成功（教育），2010（7）：273.

别问卷调查、个别谈话、个别实践活动等。小组活动激动灵活，小型多样。它是把兴趣爱好相同的学生组织在一起，既能适应学生的兴趣与爱好，又能培养学生团结合作精神的一种班级活动形式，如学科小组活动、科技小组活动、文娱小组活动、体育小组活动、其他兴趣小组活动等。集体活动是由学校教师或校外教育机关针对某一班级、年级或某些程度相近的学生组织起来的一种集体活动形式。这类活动的普及性极强，可以是全班、全年级、全校的活动，也可以是班级间、年级间、学校间的集体活动。

（三）小学班级活动的过程与方法

作为一名小学班主任，不仅要熟悉小学班级活动的基本环节，同时要能够随着活动的开展，根据新问题、新资源、新目标的不断形成，制定出不同的活动措施。一般来说，小学班级活动主要包括活动的计划、活动的实施、活动的监督与检查、活动的总结与评价以及活动的反馈五个环节。

1. 班级活动的计划

班级活动的计划主要包括活动主题、活动目标、活动时间、地点与人员，以及活动内容与形式等四个方面的要素。首先，充分调动班委会、全班同学的热情，增加学生对班集体活动主题的认同感，并根据班集体奋斗目标、班级工作计划、班级的具体实际情况和学校的教育活动安排，对活动主题进行调整、修改、补偿与完善。其次，明确活动的具体目标、意义和任务，使学生明确开展该活动所要达到的结果。只有这样，才能有制定计划和评价活动的依据。再次，根据班级学生特点、知识水平、学校总体安排及教学日历等确定时间、会场和人员等。其中要特别注意会场的布置，它直接关系到活动的气氛和效果。最后，活动内容要紧扣主题，突出活动内容的思想性、知识性、趣味性、针对性、实践性等特点。活动的形式要根据活动的具体内容而定，且力求多样化。

2. 班级活动的实施

小学班级活动的实施是活动的中心环节。实施，是对计划的落实，是达到活动目的、完成活动的基本途径，是整个活动的关键环节。在实施过程中，介于其具有生成性，故小学班主任除了要依据计划开展各种形式的活动外，还要密切注意活动开展中出现的新问题、新情况，并及时、灵活地调整原计划，制订更符合实际的活动方案。

3. 班级活动的监督与检查

班级活动的监督与检查，是小学班级活动实施的中继环节。在检查过程中，班主任应发动学生自觉检查，指导学生发现问题后及时汇报并进一步考虑解决办法，不断地提高发现问题及解决问题的能力，确保活动的顺利进行，从而提高活动质量。

4. 班级活动的总结与评价

班级活动结束后应立即进行总结讲评，肯定成绩、总结经验、发扬成绩、纠正缺点。在评价过程中，小学班主任始终要坚持以下三个原则。一是以正面评价为主。评价中的褒扬，是学生产生新的需求和动力的重要手段。二是评价内容多样化。除了对学生活动参与态度、承担任务、活动状态的评价，还应包括对学生在活动中合作精神、创新精神和实践能力等发展状况的评价。三是评价主体及方式多元化。评价主体不仅包括教师，还应包括学生、家长和社区里其他一些相关人员。评价方式有自评、小组间的互评、教师家长评等。

5. 班级活动的反馈

班级活动的反馈是后续活动的终结性环节。通过反馈，小学班主任可以明得失，可以为下一步活动工作的进行找到强有力的依据。反馈的形式多样，常见的主要有班级日记、周记、活动纪实、座谈会、书面调查等。

此外，为了保证班级活动开展的有效性，小学班主任需要拟订班级活动方案。班级活动方案是活动的计划与安排，是在活动之初预先拟定的活动内容与步骤。活动方案主要由活动标题、活动目标、活动时间、地点、人员、活动内容与形式、活动步骤、活动反思等组成。活动方案是否周密，直接关系到班级活动的成败。在设计活动方案的过程中，应遵循一定的原则和要求，确保活动方案的科学性、趣味性、广泛性、教育性等。

【本章小结】

通过本章的学习，学生需要认识和理解小学班主任的多重角色以及主要的责任，能够全面地认识学生和班集体，掌握班级环境建设、班级组织建设、班级文化建设、班级常规管理以及班级活动开展的一般方法。

准确认识和清楚小学班主任需承担的多种角色及责任是做好小学班主任工作的两大重要前提。小学班主任不仅要对自身角色有清晰的定位，还要对扮演的各种角色的内涵有准确的把握，这样才能避免角色冲突和角色模糊，从而顺应角色多样化的趋势并能适时地转换角色。小学班主任承担着管理者、协调者、指导者和研究者的角色。本章对其需承担的特定责任从关注学生心理、做好班级日常管理、开展班级活动、做好沟通枢纽等多方面进行了详细阐述。

深刻认识学生和班集体很大程度上决定了小学班主任的工作成效，且有利于为小学班主任工作实践奠定基本的知识基础。本章通过从自我、同伴、学生、孩子、公民等学生所承担的五个角色出发，让小学班主任加深对学生的认识，以促进学生发展的全面化和个性化。并通过对班级组织的三个特性包括目标、结构、制度以及如何应对组织运行中产生的冲突进行详细阐述，从而让小学班主任加深对班集体的认识并有效运行班集体组织。

对小学班主任工作任务的了解及其基本方法的掌握是高质量完成小学班主任工作的重要前提。小学班主任工作主要包括五大方面，分别是班级环境建设、班级组织建设、班级文化建设、班级常规管理和班级活动开展。通过围绕这五大方面的详细阐述，不仅对小学班主任工作内容进行了清晰地展示，还为工作内容的高质量完成针对性地介绍了基本方法，让小学班主任能够更好地认识与完成其所肩负的使命与责任。

【教学自测】

1. 简述小学班主任所扮演的几种角色。
2. 简述小学班主任的主要责任。
3. 简述全面认识学生的主要方式。
4. 简述班集体的三大特性。

5. 简述解决班集体组织运行过程中产生的冲突的方式。
6. 论述小学班主任工作的主要内容。
7. 试述小学班主任工作的主要方法。
8. 简述小学班主任建立和维持良好师生关系的方式。
9. 从心理学的角度简述班级环境建设的方式。
10. 试述班级组织建设的主要内容。
11. 简述小学班主任确立班级目标的方法。
12. 简述小学班主任建设班级组织结构的注意事项。
13. 简述班级文化建设的重点。
14. 简述班级常规管理的主要内容。
15. 简述小学班主任制定班级活动目标要处理好的几种关系。
16. 论述班级活动的主要内容。
17. 简述班级活动的主要类型。
18. 论述班级活动的主要环节。

第七章　小学教育实践问题研究

【要点提示】

本章的主要内容是介绍小学教育见习与实习过程中的三种实践问题研究方法，即小学教育调查研究、小学课堂观察研究和小学教学案例研究，并且详细介绍了三种研究方法的意义、设计与实施、结果的呈现等。

第一节介绍了小学教育调查研究。小学教育调查研究对职前教师具有深入了解小学教育现象、剖析小学教育现象的背景及原因、形成对小学教育的立体感知的意义。小学教育调查设计的三个关键点是选择合适的调查主题、细化调查指标体系、合理选择调查的对象与方法。小学教育调查的结果常以教育调查报告的形式呈现。小学教育调查报告撰写应具有真实性，客观呈现出调查内容，理性分析并提出建设性的意见。

第二节介绍了小学课堂观察研究。小学教育见习与实习过程中的课堂观察研究有利于职前教师提高教学行为自觉意识、提升教学专业水平、改进教学理念与行为。小学课堂观察研究需要在观察前明确观察的目的和规划，在观察中合理进入课堂并收集资料，在观察后分析资料并呈现结果。小学课堂观察研究的结果以观察报告的形式呈现，通过对观察结果进行深入解读，解释课堂行为和教育现象，挖掘内在联系。

第三节介绍了小学教学案例研究。进行小学案例研究对职前教师具有了解小学教学实际、提升教学水平、促进教学反思、丰富教学经验的意义。小学教学案例的撰写是案例研究的重要部分，应该阐明案例的发生背景、具体描述、结果分析等。小学案例分析要从多角度出发，全面深入地剖析，揭示事件的意义和价值，给职前教师以启示。

【学习目标】

知识目标：

- 掌握小学教育调查研究的意义、设计关键点和结果呈现要求。
- 掌握小学课堂观察研究的意义、设计与实施和结果呈现要求。
- 掌握小学教学案例研究的意义、设计与实施和结果呈现要求。
- 理解小学教育调查研究、小学课堂观察研究和小学教学案例研究的适用范围。

能力目标：

- 把握小学教育调查研究的设计关键点。
- 学会撰写小学教育调查报告。
- 学会小学课堂观察研究的设计与实施的基本步骤。
- 学会撰写小学课堂观察报告。
- 学会小学教学案例研究的设计与实施的基本步骤。
- 学会撰写小学教学案例。

【知识导图】

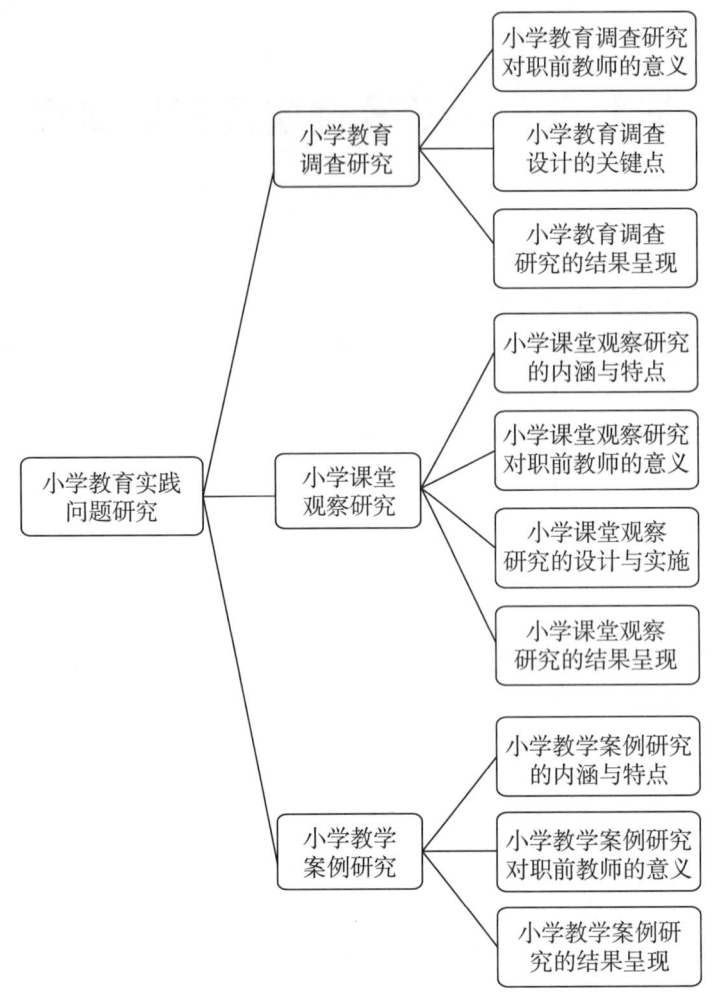

第一节　小学教育调查研究

教育见习与实习期间的调查研究是指，职前教师有目的、有计划地在自然状态下，通过问卷、访谈等方法搜集资料，进而探究教育现象间关系的研究方法。[1] 这一表述有三个关键词——"教育现象间""方法""自然状态"。"教育现象间"是指教育调查研究要探寻的不是孤立教育现象的问题，而是两个或者两个以上的教育现象的问题。例如，学生厌学是一种教育现象，教师教学方法的选用、教师教学态度的选择、学生家庭教育环境、学生的同伴关系等是其他现象，通过教育调查需要了解学生厌学这一现象与其他

---

[1] 朱德泉，李珊泽. 教育研究方法［M］重庆：西南师范大学出版社，2011：70—75.

现象之间的关系。"方法"指在教育调查过程中有很多方法可以使用，但是最常见的是问卷调查和访谈调查。职前教师在小学教育见习与实习期间可以根据实际情况，如见习与实习的周期长短、小学教育问题的复杂程度、被调查对象所能接受的程度等选择合适的方法。"自然状态"是指小学教育调查研究需要从未被设计和调整的状态中了解到实际情况，以确保了解到的信息的准确性。与自然状态相对应的往往是实验室状态。

一、小学教育调查研究对职前教师的意义

由于教育调查研究具有应用广泛、自然可靠、实施方便、出成果快等特点，它已成为教育科学研究中一种效益较高、发挥特殊而重要作用的研究方法。[①] 调查研究运用在教育科研中，将有力地促进教育的发展。职前教师缺乏教育实践的经验，但其理论知识有一定的积累，进行教育调查研究对增强其教育科研意识和能力大有裨益。小学教育调查研究对职前教师的作用主要表现在三个方面。

（一）深入了解小学教育现象

深入了解小学教育现象是小学教育见习与实习的目的之一，避免职前教师对小学教育的认识停留在书本上。职前教师在之前的理论学习和课堂学习期间对于小学教育有了一定的了解，但是所了解的小学教育情况在现实当中是如何表现的，需要职前教师在实践现场深入了解。例如，某一学校的教师数量、教师结构、教师工作状态、教学方法、教改实践等；又如，某一学校学生的结构、来源、学习态度与方法等；再如，某一学校课程数量与结构、校本课程开发情况、考试情况、学习效果等。通过深入现场的调查，职前教师可以对学校的教育者、学习者、教育影响都产生直观的认识，进而缩短理论与实践的距离。

（二）剖析小学教育问题的背景及原因

通过实际的小学教育调查，职前教师能够了解小学教育活动中的各个要素以及影响发展的各个因素，并帮助职前教师对现实小学教育问题进行更为透彻的研究和分析，发现和总结推广先进的小学教育思想和经验，提出解决问题的新见解、新理论和新方法，从而更好地改进小学教育工作。职前教师可以利用小学教育调查研究的方法在小学教育见习与实习期间具体了解一系列有意义的问题，如某些学校存在的骨干教师的职业倦怠、一些优秀教师的成长个案、学困生的学习特点、优秀学生的形成原因、家校合作困难的表现、家校合作成功的经验等。

（三）形成对小学教育的立体感知

通过小学教育调查研究，职前教师可以在小学教育实践过程中有目的、系统地收集信息，掌握第一手资料并进行分析和探讨，了解小学教育现象。职前教师在学习期间往

---

① 岳亮萍. 中小学教师怎样进行课题研究（三）——教育科研方法之教育调查研究法［J］. 教育理论与实践，2008（3）：46-48.

往会对某些问题进行深入的了解，但现实中的小学教育问题往往是复杂的，多种因素和表象交织在一起的，职前教师可以用调查研究的方法对一些问题进行探索。例如，教师劳动一定是辛苦的吗？素质教育所提倡的方法在小学教育实践中都被教师掌握了吗？教师的多重身份怎样体现在对子女的教育上？教师一定有职业倦怠吗？通过观察和分析小学教育中的各种现象，暴露其中的矛盾，揭露现实中存在的问题，在问题的分析和解决中来提升逻辑思维能力和分析处理事情的能力，形成对小学教育的立体感知。

可见，通过小学教育调查，可以增进职前教师对小学教育要素、小学教育现象的生动了解，收集大量小学教育资料，提升职前教师的问题意识，提升职前教师对小学教育问题的分析能力，增进职前教师的直接经验，促进职前教师的专业成长。

二、小学教育调查设计的关键点

小学教育调查设计是小学教育调查研究的重要前提。职前教师在此前的学习过程中对于小学教育调查研究也有所涉及。但小学教育见习与实习期间的小学教育调查有一定的特殊性，所以在小学教育调查设计的过程中需要根据自身特点来进行，尤其要把握以下三个关键点。

（一）选择合适的调查主题

问题意识是职前教师应有的基本素质，选择调查的主题是进行小学教育调查研究的第一步，也是非常关键的一步，直接影响调查研究的顺利实施及调查结果的价值。

可供研究的小学教育主题很多，尤其是处于改革与发展中的小学教育面临许多新问题、新矛盾。如何在众多问题之中选择满意的课题呢？职前教师既可以从小学教育工作中寻找值得调查的问题与对象，也可以从当前小学教育改革实际中寻找便于调查又有价值的热点与难点问题，或者从前人的调查研究中去寻找需要继续调查的课题，还可以通过交流，从相关小学教育专家及实际工作者的建议中获得可供调查研究的事项。但是，对于在见习与实习期间的职前教师来说，选择调查主题尤具特殊性。这种特殊性与职前教师的实际工作能力和小学教育见习与实习中科研实习的具体要求有关。因此，选择调查主题的时候应该坚持两个基本原则。

1. 选择与小学教育教学活动有关的主题

对于职前教师来说，不是所有的调查主题都适合做研究。所以，笔者认为选择与小学教育教学活动直接相关的主题更便于获取信息和进行科研训练。根据与小学教育教学活动的相关程度，笔者将所有的调查主题分为以下三类。

第一类，跟教与学直接相关的主题。与小学教育相关的内容，如师生互动等；与小学教师直接相关的有教育观念、教学设计、教学方法、教学评价等内容；与小学生直接相关的有学生的学习动力、学习方法、学习内容、家庭学习情况等。

第二类，跟教与学间接相关的主题。小学的管理问题，如教师管理、学生管理、教务管理、后勤管理等；小学教师发展问题，如教师培训、教研组活动等；小学教育内容建设问题，比如特色课程开发、教育资源开发、校本课程建设等。

第三类，跟教与学相关性不高的主题，如学校所在地方教育行政部门的教育管理行为、学校与社区关系问题、宏观教育决策和教育政策等。

职前教师在小学教育见习与实习期间，由于自己的能力有限、精力有限，应尽量选择跟教与学直接相关或者间接相关的主题进行调查研究，一般情况下不要选择跟教与学相关性不高的主题。

2. 选择短期内靠少数人能完成的主题

职前教师的见习与实习的周期往往相对较短，见习定期或者不定期进行，但每次时间往往都只有一天或者几天。同时，职前教师的见习与实习往往是分散在不同的学校里进行的，共同在某一个学校里面见习或实习的人并不多。所以在选择调查主题的时候，要选择短期内靠一个人或者几个人能完成的课题。一些涉及宏观的大局且需要调动较大人力、物力，耗费较多时间和精力的问题，不符合职前教师的实际情况。如果需要连续观察几周或者一学期的问题，也不大适合职前教师进行调查。

(二) 细化调查指标体系

细化调查的指标体系，其目的是让调查任务更具体，更具可操作性。具体的调查指标体系细化可分为以下三个步骤。

第一步，明确小学教育调查研究的目的。调查研究的目的就是为什么要进行小学教育调查研究，进行调查研究要解决什么样的问题。在选定小学教育调查研究的主题以后，要根据事实和教育的科学理论知识，对小学教育调查研究所可能达到的结果进行预测。明确小学教育调查研究的目的就如同在小学教育调查研究的茫茫海洋中建起了一座灯塔、亮起来一盏明灯，可以有效地指引小学教育调查研究的方向，避免盲目开展研究，造成时间和精力的浪费。

第二步，确定调查的内容范围。调查是一项涉及面广的研究工作，不限定调查范围就会使调查工作陷入大海捞针、无从下手的境地。因此，在开展调查以前，必须说明在哪一个类别里、对哪一个对象进行调查，并且要规定调查内容的范围，以确保调查内容有重点、有条理。

第三步，充分查阅资料。在做好前期的相关资料总结后，确定本次调查研究的具体指标，为确定调查内容做好基础性工作。

例如，需要做"某校教师校本培训调查"。职前教师就可以根据已学的有关小学教育调查研究的基本知识，将教师校本培训调查分为培训者、受训者、培训影响等基本要素，然后根据这些要素细化指标（见表7-1）。

表7-1 校本培训调查指标

一级指标	二级指标
培训者	培训者来源，培训者的学历结构、职称结构，培训者的观念
受训者	受训者的参与度，受训者的学习方式，受训者的感受
培训影响	培训内容的来源与选择，培训的方法，培训的效果与评价

又如，要进行"某校数学教师的能力结构调查"，可以对指标体系进行细化（见表7—2）。

表 7—2　数学教师的能力结构调查指标

一级指标	二级指标
基础能力	认识能力，语言表达能力，人际交往能力，信息素养，终身学习能力
数学能力	空间想象能力，抽象概括能力，推理论证能力，运算求解能力，提出、分析和解决数学问题的能力
数学教学能力	数学教学设计能力，数学教学实施能力，数学教学监控能力，数学教学反思能力
拓展能力	数学教研能力，创造能力

资料来源：傅敏，刘燚. 论现代数学教师的能力结构 [J]. 课程·教材·教法，2005（4）：78—82.

（三）合理选择调查的对象与方法

小学教育调查研究的对象就是调查中的小学教育现象。小学教育调查研究就是通过对小学教育现象进行有计划的、周密的和系统的调查研究，探索小学教育规律，实现教育科学研究的目的。所以，能否选择、确定恰当的调查对象是教育调查能否达到目的的前提。

调查对象应视调查主题和调查目的加以选取，选取的调查对象要有全面性和代表性。同时，要尽量掌握调查对象的有关资料，简要地记录下来，如调查对象已经形成的特点和发展趋势等。掌握了这些情况，才能根据对象的动态发展，提示对象的特点和规律。

对象确定后，就要明确小学教育调查研究的步骤。调查步骤包括：调查的阶段划分，每一阶段的具体内容、具体要求，各阶段的时间分配，起讫日期和工作完成期限，组织领导与人员的分工等。其中，组织领导与人员的分工是调查研究任务能否完成的组织保证，所以在准备工作中，必须做好组织和人员的安排。

调查步骤确定后，职前教师可以根据研究需要，选择合适的调查研究方法。小学教育调查研究的方法具有多样性，在实际的调查研究中，应做到具体问题具体分析，根据实际情况来选择合适的方法。在确定调查方法的同时，要明确研究手段，设计或者选择研究所需的调查工具，将问卷表、谈话计划、登记表、评价量表、统计报表、调查提纲等一并制定出来，附在最后。如果是综合运用几种方法、手段，还要说明各种方法与手段的协调用法与综合安排。一般而言，最常用的方法是问卷调查和访谈调查，方法的选择的标准是能准确有效地收集调研资料。

把握上述三个关键点，对于职前教师进行有效的小学教育调查至关重要。在选择好调查主题，细化了调查指标体系，确定了调查对象与方法后，职前教师就可以根据需要在小学教育见习与实习期间开展调查研究。

三、小学教育调查研究的结果呈现

小学教育调查研究的结果一般呈现为小学教育调查报告和小学教育论文两种形式。小学教育调查报告更能全面呈现调查的过程和结果，所以在见习与实习期间，职前教师最好用小学教育调查报告呈现研究结果。

（一）调查报告的特点

调查报告的撰写是调查研究过程中的最后一步，也是至关重要的一步。调查报告绝不是东拼西凑的工作，而是创造性的劳动。调查报告的内容必须真实，写作时要力求客观。事实是调查报告的基础，在调查报告中不能夸大，也不能缩小，更不能歪曲事实。不能弄虚作假，必须客观地反映调查对象的真实情况，实事求是地分析评价，得出符合客观实际的结论。没有真实性，调查报告也就失去了应有的作用。

调查是报告的基础，报告是调查的反映；调查是报告的依据，报告是调查的综合；调查是报告的灵魂，报告是调查的体现。调查和报告互相依存，缺一不可。调查报告主要是用来说明作为研究对象的调查资料的意义以及资料之间的相互关系，是研究者辛勤劳动的结晶。调查报告不是一般的心得体会和经验总结，也不是空洞的议论或抽象的口号。它的目的在于简明地报告所了解的实际情况，准确地表明研究材料分析总结后所得出的结论。

调查报告写作的基本要求是以事实为依据，言之成理，并且在已有研究成果的基础上增加自己的见解，还要能够经受实践的检验。除了以上的要求外，调查报告在写作风格上还应做到客观、清晰、简明、准确、畅达、可读性强。

（二）调查报告的基本结构

一份完整的调查研究报告应包括标题、署名、开头、正文、结尾和附录等部分，每个部分的基本内容和具体要求如下。

1. 标题

标题是文章的"眼睛"，又可称之为题目。它是报告内容的高度概括，用最少的文字告诉读者要阐述的问题，使人一目了然。可见，标题字数虽少却大有学问，一份好的调查报告需要一个准确又亮眼的标题。

2. 署名

调查报告之所以署名，首先是表明成果归属，其次是便于读者与作者联系，再者是表明责任。

3. 开头

调查报告的开头部分通常包括如下内容：调查的问题背景与缘由，调查的目的和意义，调查的对象、范围、地点、人数以及调查的时间期限，调查使用的方法、手段以及调查的过程。逻辑清晰、有条理的开头，便于引出正文，也利于他人对整个调查报告的理解。

4. 正文

正文部分是调查报告的主体部分。这部分主要是通过文字叙述、调查图表、统计数据以及有关文献资料，用纲、目、项或者篇、章、节的形式将主要内容有条理地、准确地叙述出来。正文内容主要是根据调查的事实，进行阐述、分析和讨论，从中表达自己的基本观点。因此，正文内容的基本成分是调查的事实结果与讨论。这部分是报告的重点，是结论赖以产生的基础。在撰写报告正文时有以下几点注意事项。第一，选取数据必须实事求是。数据一要准确，二要有代表性，绝不能按照个人的好恶决定数据取舍，更不能伪造数据。第二，表和图要精心制作，使人一目了然，看出规律。一方面，表和图的内容不宜太复杂，一般情况下，表和图所占的篇幅应该比文字叙述所占的篇幅少，表中的数字或图中的形象需要用文字来解释，不能只写"结果见某表或某图"就直接下结论。另一方面，文字绝不仅仅是表中数字的重复或图中形象的直观描述，文字应用来说明关系、进行比较、作出结论、提出意见等。第三，描述现象要分清主次，抓住本质。举例和阐述发挥要根据主题的内容和需要来决定，既不喧宾夺主，又恰到好处。第四，分析问题必须遵循辩证唯物主义，必须以事实为基础，以理论为依据，不能仅凭主观做出判断。调查报告得出的结论必须具有可靠性和有效性，经得起推敲和检验。第五，进行调查研究是为了解决问题，撰写报告的目的是回答和总结问题，因此调查报告必须将调查的问题阐述清楚。在叙述调查结果和讨论时，必须说明调查过程中所包括的各种影响因素以及彼此之间的关系，应该尽可能说明现象发生的原因，指出未能解决或有待解决的问题，借以引起读者的兴趣和思考。

5. 结尾

结尾部分又叫总结或小结。这部分把全篇的内容简明扼要地叙述一遍，是整个调查研究过程的结晶，是全篇报告的精髓。在有的报告中，这一部分主要是结论，是以结果和讨论为前提，经过严密的逻辑推理所作出的最后判断。但更多的是以小结或总结为题，将结论包括在内。总结的内容可以包括调研方法的简明叙述、主要调查结果和结论，有时也包括展望和建议。

6. 附录

附录部分通常包含调查报告中引用的文献、数据表格、原始数据等补充材料。这些材料对于理解调查报告的内容和细节很有帮助。同时，为调查研究而设计的有关调查手段，如问卷表、谈话表或其他测验的量表可以作为附录放在报告的末尾。

关于调查报告的结构，以上阐述的是比较正规和严格的要求。实际上，并不是每一篇调查报告都必须按照上述的格式来写。调查报告最主要的是开头、正文和结尾三部分，其他可以根据实际情况灵活变通。

第二节　小学课堂观察研究

课堂观察研究作为一种教育研究的重要方法，近些年来在我国被广泛地使用，为教育研究者所推崇。

一、小学课堂观察研究的内涵与特点

小学课堂观察，是指观察者带着明确的目的，凭借自身感官及有关辅助工具（观察表、录音录像设备），直接（或间接）从小学课堂上收集资料，并依据资料做相应的分析、研究。[①] 同时，小学课堂观察研究具有以下五个明确的特点。

第一，小学课堂观察研究具有较强的目的性。小学课堂观察需要事先明确研究目的，根据研究目的选择观察的主题或焦点，便于小学课堂观察者在观察中利用预先选择或设计的观察工具敏锐而快速地捕捉到有效事件，并有序记录下来。

第二，小学课堂观察研究是在自然状态下进行的，即在没有人为干预的情况下开展的。这样可以获取真实的、自然的数据和结果，不受人为因素的影响。在小学课堂中通过直接观察和记录师生自然发生的行为和事件，获取第一手资料，能够比较真实和直接地反映教学的自然状态，从而更准确地了解小学课堂现象的本质和规律。

第三，小学课堂观察研究是现场实施的。小学课堂观察按照观察者和观察对象的关系可以分为观察自我和观察他人，两者都具有的特点是现场实施观察。小学课堂观察者在事件发生的当时就开始进行记录和研究，而不是在事件发生以后再来记录和研究，这是课堂观察研究与其他研究不相同的地方。

第四，小学课堂观察具有选择性。一天之内的小学课堂变化不断，存在大量的师生互动，小学课堂中的观察不是面面俱到地进行，而是有意识、有目的地对与研究问题有关的方面进行观察。[②]

第五，小学课堂观察研究主观性强。不同的人对于小学课堂教学有不同的看法，可谓仁者见仁，智者见智。一般教师与教育专家听同一堂课，看到的往往有所相同，所发现的小学课堂背后的深层意义更是大相径庭。小学课堂观察者所观察的是有主观意识的人的行为，所以小学课堂观察研究的主观性强。

二、小学课堂观察研究对职前教师的意义

小学课堂观察是小学课堂研究经常使用的、基本的方法之一，也是小学课堂研究中

[①] 李国强，魏春梅."课堂观察"的实践探索 [J]. 教师教育研究，2012，24（2）：48—51.
[②] 李宁. 非评价性教学观察实践方法研究 [J]. 西部素质教育，2017，3（20）：146—147.

收集可靠资料的重要手段。小学课堂观察研究与日常观察研究不同，它是一种科学的观察研究，在增强职前教师对教学行为的自觉意识、提升职前教师的专业教学水平、改进职前教师的教学理念和行为等方面起着独特的作用。

（一）增强职前教师对教学行为的自觉意识

在进行小学课堂教学的时候，教师与学生互动，其注意力都集中于学生以及学科知识的传授上，这使他们很少对自己的行为有自觉意识。另外，过去我国的很多小学以学生的成绩表现作为衡量小学课堂教学效果的主要标准，而忽视对教学过程中教师行为的评价和研究，致使部分教师忽略了对自身教学行为的反思。[1]

教师是应该具备高度自主性的行业，要对自身的工作保持长期而持续的总结与反思。而职前教师作为还未正式从业的教师，由于缺乏教学的实践经验，在上课时通常因为紧张、不熟悉等原因，更容易缺失行为的自觉意识，忽略对自身教学行为的反思和研究。小学课堂观察研究是一个有明确目的、有选择的自我实践的过程。小学课堂观察研究者往往是根据教育教学实践中存在和需要解决的问题来确定课堂观察的目的。职前教师在教学中主动进行自我观察和他人观察，重视自己的教学行为，及时地进行反思和总结，可以有效地提高对自己的课堂教学行为的自觉意识，从而加强有效教学行为。

（二）提升职前教师的专业教学水平

随着社会发展，人们对教育的要求越来越高，对教师的专业化要求也逐渐提升。教师承担着重大的社会责任，教师在从业前以及从业过程中都要接受专门的职业训练。对于教师个体而言，专业化是其职业生涯持续不断的发展过程。

职前教师都具有熟练掌握教学的技能和方法，有效进行课堂教学，快速成长为一名专家型教师的愿景。进行小学课堂观察研究可以帮助职前教师观察自己或他人的教学行为，不断改进自我教学风格。同时，有经验的教师通过对职前教师教学的观察分析，可以找出职前教师的不足，帮助职前教师快速而有效地掌握教学技能，提升其专业水平。通过小学课堂观察，职前教师可以获得实践知识，了解教学与学习行为的基本途径，还可以充分收集学生资料，从而分析自己的教学方法是否有效。小学课堂观察研究的过程是一个持续不断的实践过程，职前教师能够在小学课堂观察的实践、分析与反思的过程中逐步提高自己的专业水平。

（三）改进职前教师的教学理念和行为

通过小学课堂观察，职前教师可以更深入地了解自己的教学理念和行为，发现其中的优点和不足。小学课堂观察使职前教师更加关注学生的学习需求和认知特点，了解学生在课堂上的表现和反应。通过观察学生的行为和言语，职前教师可以更好地理解学生的需求和问题，从而更加关注学生的个体差异和全面发展，增强学生中心意识，树立正确的教育理念。同时，通过观察其他教师的教学过程，职前教师可以学习不同的教学策

---

[1] 符娅. 课堂观察在教育教学研究中的重要性探析[J]. 四川教育学院学报，2006（12）：1-2，6.

略和方法,了解如何运用不同的策略处理教学重难点、如何组织小学课堂活动、如何评价学生的学习效果等,培养自己的教学策略意识,丰富和提升自己的教学技能和能力,不断完善自己的教学理念和行为。

从国外相关的实践经验来看,教师之间成对或成组合作,对彼此的课堂进行观察是一种比较好的改进教学理念和行为的方式。[①] 职前教师可以借助旁观者的视角,意识到自己的某些教学行为、理念存在的问题并进行纠正,或通过观察别人的课堂教学,借鉴一些别人的优点,从而反思自己的教育和教学理念与行为,发展自主性和专业判断力,改进教学质量,促进自我提升。

三、小学课堂观察研究的设计与实施

小学课堂观察研究作为一种教育科研方法,应当是一个系统而完整的过程,而非只是现场小学课堂观察活动本身。所以"怎样进行小学课堂观察"这个问题所涉及的是整个小学课堂观察研究活动的过程。小学课堂观察作为一种研究方法,在操作过程具有一些共性,包含观察前、观察中和观察后三个基本阶段,每个阶段中又包括一些具体步骤。[②]

(一)观察前——明确观察的目的和规划

在进行小学课堂观察之前,明确的目的和周密的规划至关重要。观察前,首先需要明确自己观察的目的,这有助于在观察中集中注意力去捕捉关键点,确保观察有针对性。同时,需要详细规划观察的具体细节,包括观察的时间、地点、次数等。详细而有目的的规划是观察研究的基石,能为我们提供一个明确的框架,使得观察不再是盲目的,而是有计划、有目的的。

任何一种课堂观察的方法都不可能穷尽课堂现象。因此,在观察前,合适的样本选择和观察中心的确定至关重要。根据观察目的,选择具有代表性的观察样本,才能够得出普遍性的结论。同时,确定观察中心也是非常关键的一步,观察中心应当是希望了解的焦点,确保观察的有效性和深入性。

此外,观察工具的设计和选择也是保证观察有效性的关键。可以根据观察的特点和目的,设计或选择适合的观察工具,如观察记录表、录音、录像等。这些工具能够帮助我们系统地记录观察到的信息,以弥补感官上的不足,确保信息的全面性和准确性。需要注意的是,在选择观察工具时,可以借用已有的相对成熟和完善的工具,也可以对现有的工具进行修改。如果自己开发观察的工具,一定要确保观察工具在设计和使用过程中的效度。

其实,不同的小学课堂观察方法意味着需要使用不同的信息记录方法,使用恰当的记录方法才能收集到所需要的信息。例如,对教师的表扬技能进行研究,可以使用如下

[①] 符娅. 课堂观察在教育教学研究中的重要性探析[J]. 四川教育学院学报,2006(12):1-2,6.
[②] 柴光欣. 课堂教学中"三维目标"的实施评价研究——以小学语文教学为例[D]. 曲阜:曲阜师范大学,2013.

的观察表（见表 7-3）。这个观察表可以说明，在特定时间内，教师通过哪些方式和类型对学生进行了多少次表扬。

表 7-3 教师表扬技能观察表

| 序号 | 时间 | 表扬方式 ||| 表扬类型 |||||
		口头	身体语	书面	中立肯定	语气惊喜	价值判断	延伸挖掘	其他
合计									

资料来源：Borich G D, Observation skill for effective teaching [M]. Allyn & Bacon, 1990：217.

具体的小学课堂观察，可以根据需要选择不同的记录方式获取定性、定量的各种资料，从而获得对所研究问题的全面观察。最后，如果有可能，还应该事先确定被观察行为的一般标准。行为的一般标准是一种价值判断。对于同样的行为，不同的人的理解会有所不同。但是一般标准的确定过程往往较为科学和权威，可以综合以往相同问题的研究结论、资深教师的经验以及专家的理论分析，这样的一般标准往往会得到大多数人的认可。

（二）观察中——合理进入课堂及记录资料

课堂观察的实施阶段包括进入研究情境，以及在研究情境中依照事先的计划及所选的记录方法对所需的信息进行记录。课堂观察研究一般来说，要达到四个基本要求：自然而同步、迅速而准确、细致而深入、全面而客观。[1]

授课教师一般对进入课堂的观察者都存有戒备的心理，而学生也会对观察者有一种好奇的心理。这些因素会使他们的表现不同于平常，不利于观察者获取真实客观的课堂信息。[2] 因此，进行小学课堂观察时，首要的关键点是在观察开始前建立起稳固的信任关系。观察者需要在事前征得相关人员的同意，同时努力建立与学生和教师之间的信任，以创造出一种友好、开放的氛围。这种信任关系不仅能够减轻学生和教师的戒备心理，还能够使他们更自然地展现真实的教学与学习情境，这是进入小学课堂观察的前提条件。

另一个关键点是选择适当的记录方式。观察者需要根据观察的内容，如观察的时间点、事件发生的频率、师生言语和非言语活动等，选择合适的记录方式，包括文字描

---

[1] 陈平文，龙俊. 教师教学技能之课堂观察研究 [J]. 辽宁教育行政学院学报，2009，26（12）：17-18.
[2] 陈瑶. 课堂观察方法之研究 [D]. 上海：华东师范大学，2000.

述、现场感受记录、音像资料等方式。这种多样化的记录方式可以更全面地呈现课堂情境，确保观察所得信息的翔实性和准确性。

此外，提高观察信度和效度也是至关重要的。观察者需要克服各种可能影响观察结果的因素，包括观察工具的合理性、个人主观因素的干扰以及外部环境的影响等。通过适当的培训和自我反思，观察者可以提高观察的准确性和可信度，确保所得数据的真实性和客观性。

（三）观察后——分析资料与呈现结果

在小学课堂观察结束后，需要及时且慎重地整理和分析观察资料，以避免信息的偏差和失真。观察所得的数据通常包括定性资料和定量资料，两种资料的分析方式有所差别，但目的都是揭示小学课堂行为之间的联系，了解被观察行为的深层意义。

需要强调的是，资料分析是一个关键且复杂的过程。不仅是简单地整理数据，而是需要有效利用原始资料并准确解释结果，这需要观察者具备高超的分析能力和批判性思维，以确保所得结论的准确性和可靠性。同时，小学课堂观察可能没有表现出预期的结果，或者引发了新问题，这可能意味着观察过程需要持续更长的时间，以便更全面地了解教学的复杂性。

小学课堂观察不仅是为了完成研究报告或论文，也不只是为了证明、优化或构建某种理论，更为重要的是为我们提供一个深入了解教学现象、促进教学方法和质量提升的机会。这种不断迭代的观察的最终目的是促进教学方法和质量的提升。通过不断地发现问题、进行观察和分析，得以更好地洞察教学的本质，从而推动教学的改善和进步。

四、小学课堂观察研究的结果呈现

课堂观察研究报告是运用观察研究的方法，对在课堂中的某个教育对象或某种教育现象进行观察研究后撰写的研究报告，是课堂观察研究结果的主要表现形式。

（一）小学课堂观察报告的特点

（1）选择性。小学课堂中的观察不是面面俱到地进行观察，观察者可能会更多地关注一些特定的教学行为或学生表现，有意识有目的地对与研究问题有关的方面进行观察，因此观察报告呈现的是观察者认为的有价值和有意义的信息。

（2）理论性。观察者一般会选择特定的教育理论或教学模型作为观察和分析的框架，如行为主义、建构主义、社会文化理论等。小学课堂观察方法作为一种科学的研究方法，其本身就必须有一定的方法论作为依据，调查报告中也必须阐明本报告运用的理论依据。

（3）目的性。无论是教师还是其他研究者，小学课堂观察的指向是一定的教育现象或某些特定的教育问题，目的在于评估教学质量、了解学生需求、指导教师发展、支持教学改进或为教育研究提供数据等。在小学课堂观察中通常需要根据自身的研究目的来从事观察活动，因此调查报告必须表明课堂观察的具体目的，表明小学课堂观察的具体指向。

(二)小学课堂观察报告的结构及撰写

一篇完整的小学课堂观察报告,由标题、署名、摘要、关键词、观察背景、观察步骤、观察结果和讨论等构成。

1. 标题

小学课堂观察报告的标题应该遵循学术论文的命名规范,可以采用单标题或正副标题的形式。标题应当简明扼要、准确传达研究的对象和观察所得内容,以便读者能够迅速了解报告的主题,如"课堂氛围与学生学习动机观察报告""语言课堂中学生互动行为的观察与反馈"。

2. 署名

小学课堂观察报告的署名通常包括观察者的姓名、单位、职务、职称等,以便读者了解观察者的身份和背景。在署名时需要将上述信息清晰、准确地书写在报告的适当位置,同时需要注意文字的简洁性和规范性,避免使用过于随意或不符合规范的文字表达方式。

3. 摘要

小学课堂观察报告的摘要应该简明扼要地概括报告的主要内容和结论,让读者能够快速了解报告的总体内容。摘要应该包括观察目的、观察对象、观察时间、观察结果、分析和结论等信息,应该注意文字的简洁性和清晰性,避免使用过于专业或复杂的术语和表述方式。同时,摘要应该与报告的内容和结论保持一致。

4. 关键词

关键词通常是在报告中出现的频率较高、能够概括报告主题或主要内容的词汇或短语,因此要注重代表性、针对性和准确性,避免使用过于模糊的词汇或短语。关键词的数量应该适当,不宜过多或过少,可根据报告的内容和篇幅来确定。

5. 观察背景

观察背景也可以采用"研究背景"或"问题的提出"等表示,主要回答为什么进行观察研究以及在何种情况或条件下进行观察研究的问题。主要内容包括观察研究的目的、观察研究的缘由和重要性、文献综述、观察研究的问题与假设等。

第一,观察研究的目的。明确自己感兴趣并且认为对某个领域具有重要性的方面。同时,阐述选择观察这个特定课堂的原因以及希望通过观察了解的问题。

第二,观察研究的缘由和重要性。说明开展这项研究的理由,强调该研究对于教学实践、学生学习或教育研究的重要性,并突出研究对于解决当前教育问题的指导作用。在阐述研究的重要性时,应着重说明研究结果将带来的认识上的突破或实践上的指导作用。

第三,文献综述。这一部分应涉及对先前相关研究的综述,特别是找出先前研究存在的不足之处,作为自己研究的创新点和突破口。这将为研究提供理论支持和背景知识。合适的理论框架也能够为研究问题提供指导。

第四，观察研究的问题与假设。观察研究问题是对观察目的的具体化，通常以疑问句的形式表达如"新型互动式教学方法是否能够提高小学三年级学生的数学问题解决能力？"。在这个问题中，"新型互动式教学方法"和"小学三年级学生"是关注的焦点。相应的假设可以是"使用新型互动式教学方法的数学课堂，学生更频繁地参与数学问题的讨论和解答，且在解决复杂数学问题时的成功率明显提高"。这样的问题和假设具体明确，有助于研究者有针对性地收集数据，回答研究问题并验证假设。

6. 观察步骤

观察研究的步骤也可表示为"观察程序"或"观察的方法"或"观察的对象与方法"，主要用于阐明观察研究的整个过程，包括观察研究使用的工具、观察对象的选取方法、观察过程中收集到的数据资料的分析方法等。

第一，观察研究使用的工具。在进行观察研究时，选择合适的观察工具显得尤为关键。这些工具可以包括观察记录表、录音设备、录像设备等。通过这些工具，研究者能够收集到观察对象在学习环境中的参与情况以及其他相关表现。关于工具的选择，研究者可以选择借用已有的观察工具，也可以根据研究需求对现有工具进行修订。在撰写课堂观察报告时一定要阐明选择使用的观察工具，包括选择的原因以及观察工具的具体来源。

第二，观察对象的选取方法。通常情况下，研究者会采用随机抽样方法来选择观察对象，这种方法确保了样本的代表性，使得研究的结论在一定概率下能够推广到整体人群。通过随机抽样，研究者可以避免主观偏见，确保所得数据具有较高的普适性，使得观察的结果更具有说服力。此外，在某些情况下，研究者也可以选择特定对象进行观察研究。具体的观察对象选择方式由观察对象的具体情况决定，在撰写课堂报告时需要阐明观察对象的抽样方式，明确具体的观察对象，并解释所选观察对象在本次观察中的适切性。

第三，观察数据资料的分析方法。在小学课堂观察中收集到的数据资料需要进行处理和分析，以得出有价值的结论和建议。可以采用定量分析、定性分析或混合方法分析和处理，需要注意数据处理的规范性、客观性和及时性。通过数据处理和分析，我们可以更好地了解课堂的教学实际，为改进教学方法和提高教学质量提供参考和指导。因此在报告的撰写中，对于观察数据资料的分析和处理一定要说明。

7. 观察的结果和讨论

观察的结果部分主要是对小学课堂中的观察记录进行统计分析后得出的事实。此部分可以分为"观察结果分析""结果与讨论（或思考与建议）"两部分来撰写。通过统计分析，可以呈现出客观的实证资料，为后续的讨论和结论提供坚实的基础。同时，观察的结果需要被置于广泛的背景之下进行分析，将所得数据和现象放入相关研究和理论框架内，探讨这些结果的意义和影响。这一步骤不仅是简单地陈述数据，更是对观察结果进行深入解读，对观察到的各种行为和现象深入解释，挖掘其中的内在联系和启示。

第三节　小学教学案例研究

教学案例研究是教育实践问题研究的又一重要方法，这种方法适应了以教学为主要见习与实习领域的实际，且能较好地对职前教师教学能力起提升作用。

一、小学教学案例研究的内涵与特点

案例是一个实际情境的描述，在这个情境中，包含有一个或者多个疑难问题，同时可能包含有解决这些问题的方法。[1] 中国台湾学者高熏芳认为，教学案例的最普遍的定义为：教学案例是一种描述性的研究文件，乃是在一个特定学校、特定教室或某一个教师所遭遇到的特殊状况、处境、难题、事件或冲突等，以一种叙事文体方式来描述真实的班级生活，且尽量能把情境、参与者与情境实体做平衡于多重面向观点的呈现。[2]

案例就是一个实际情境的描述。教学案例是案例的一种特殊形式，它源于教师教学实践活动，但也有不是教学活动的简单实录，它渗透着对特定教学问题的深刻反思。随着基础教育课程改革的不断推进，教学案例研究日益凸显出自身的价值和优势，成为引领中小学教学研究的重要形式。此外，教学案例应该是经验性或实证性的研究成果，而并非纯理论的研究。因此教学案例具有区别于其一般性文本内容的以下三个特点。

第一，真实性。所有的案例都是源于现实的日常教学活动和教育教学实践，而不是虚构或未经考证的事件。案例都是基于实际发生的教学场景，描述了真实的教师、学生和教学环境，具有说服力和可信度，读者可以从中获取真实的教学经验和教育启示。随意的杜撰和不经考证的事件不能称为案例。

第二，典型性。教学案例通过对实际情境的描述，能够以小见大，反映出某一类事物或教学活动的基本共性，有较强的研讨价值，有助于总结经验，吸取教训，给案例的阅读者带来启示。

第三，过程性。案例的叙述要有一个从开始到结束的完整过程和情节，能够展现出整个教学活动的连贯性，包括教学的设计、实施、学生参与和反馈等环节。片段性的实录不能称作教学案例。

第四，丰富性。教学案例展示了特定情境中教学事件的具体细节，包括教师的教学策略、学生的反应和互动，以及教学过程中可能出现的问题和解决方法。通过呈现这些具体细节，案例能够展现教学过程的复杂性，以及教与学双方的内心世界。

---

[1] 郑金洲. 案例教学指南 [M]. 上海：华东师范大学出版社，2000：1.
[2] 滕芳. 案例教学在思想政治理论课教学中的应用 [J]. 科技创业月刊，2013，26（10）：149—151.

二、小学教学案例研究对职前教师的意义

教学案例研究是一种备受关注的研究策略,"它是对于真实生活的现象进行的实证调查,是当研究者认为情境与所研究的现象极为相关,但现象与情景之间的界限并不总是很明显时所采取的研究方法"[①]。教学案例研究是"行动研究""校本研究""质的研究"等时下热点研究范式中具体可操作的研究策略,因其特有的意义和价值,日渐成为教师实施新课程的重要途径。实践与研究都表明,开展案例研究能够促进教师在实践中反思,提高教师的专业素养。那么,职前教师进行教学案例研究同样具有以下四个意义。

第一,开展教学案例研究有助于职前教师对自身的见习与实习实践进行思考,从而更好地理解教学过程和学生的学习情况,发现自身在教学中的不足之处,并找到改进的方法。同时,职前教师之间围绕案例进行的交流与研讨也有助于提高彼此的教学水平和能力,促进共同进步,将先进教学理念落实到具体的课堂教学行为之中。

第二,教学案例源于职前教师或者教师的日常教学生活和教育教学实践,贴近生活,材料资源丰富。作为一种教学研究方式和方法,教学案例研究易于开展,有利于提高职前教师的教学水平,引导职前教师走上科研或教学研究之路。通过分析真实的教学案例,职前教师可以更好地理解教学的本质和规律,掌握先进的教学方法和策略,提高自身的教学能力和水平。

第三,教学案例研究可以使职前教师经常处于一种反思状态,不断总结自己的得失和经验,明确自己的发展方向和目标。通过观察和分析教学案例,职前教师可以发现自己在教学中存在的问题和不足之处,并找到解决问题的方法和策略。这种反思状态有助于职前教师形成敏锐的观察能力和对小学课堂教学的领悟能力。

第四,通过参与教学案例研究,职前教师不仅可以获得特定教育情景下的教育经验,也可以获得策略性的知识。这些经验和知识可以帮助职前教师更好地应对各种教学情况,提高教育决策和行动能力。通过对教育、教学进行分析和反思,职前教师可以不断完善教学理念和方法,提高教学水平和能力。

三、小学教学案例研究的结果呈现

小学教学案例研究的成果以研究报告、文章或书籍等方式表现出来。案例研究的目的可以是叙述一个事件,但更为重要的是对案例进行归纳分析,并形成理论框架。案例的写作应当有说服力,但作者要注意不能偏向于某一方。在案例报告中,应当注意一些问题:不能只选择支持自己结论的证据,应争取对事件的正反两方面进行多角度的考虑;案例中的细节固然重要,但过度渲染会使案例显得没有生机。因此,案例要能够直接地、形象地反映教育教学的具体过程,具有较强的可读性和操作性。

---

① 郑金洲. 教育研究专题[M]. 上海:华东师范大学出版社,2002.

案例教学是一种引导式、启发式、参与式的教育方式，广泛应用于各种教学情境。在课堂教学中采用案例教学，不仅能帮助学生将理论知识应用于实际，激发学生的积极性、主动性和创造性，而且通过案例的分析和讨论，还可以培养学生发现、分析和解决问题的能力。当然，开展小学教学案例研究应注意以下三点。

1. 要善于观察、勤于思考、敏于行动

"善于观察、勤于思考、敏于行动"是成功实施教学案例研究的关键。开展教学案例研究的首要步骤是选择研究的切入点，并从教学实践中发现问题。可以通过研究自身的教学实践来积累案例，也可以通过观察他人的教学过程来捕捉案例。此外，还可以在平时的阅读和学习过程中注意收集各种书面材料，并将其加工整理为教学案例。

2. 要明确教学案例研究是一种学习方式

职前教师想要成为教育领域中的专业人士，做一名合格的教师，就必须从事教学研究，成为研究性教师，所以要努力转变自己的观念，不要抱怨教学任务过重，没时间开展教学案例研究。职前教师在做教学案例研究的过程中，可以拓展自己的专业知识，提高专业技能，不断丰富充实自己。

3. 要做好教学案例研究的总结工作

教学案例研究的总结工作需要撰写教学案例，要想写好教学案例必须注意以下几点：（1）案例素材要适当，如实反映教学情境，所选事件要具有典型性、有价值，切忌事件平淡、虚假、无意义；（2）事件描述要完整，要把事件发生的时间、地点、人物以及事件发生的起因交代清楚；（3）案例评析要深入，撰写案例评论时，要就事论理，密切联系案例实际，不能脱离案例本身空讲教育理论。案例评析就是要透过现象看本质，揭示其规律。

总之，案例研究是为了解决实际问题的研究，是为了改善教学行为的行动研究。小学教学案例研究是一种适合职前教师的教育科研方法，对于开展小学教育教学实践，提高职前教师教学水平具有重要指导意义。

【本章小结】

通过本章的学习，职前教师能了解和掌握小学教育见习与实习期间的三种常用的教育实践问题研究方法——小学教育调查研究、小学课堂观察研究、小学教学案例研究。

小学教育调查研究有利于职前教师深入了解小学教育现象，深入分析某一教育现象的背景及原因，可以帮助职前教师形成对小学教育的立体感知。小学教育调查研究设计需要把握三个关键点：选择合适的调查主题、细化调查指标体系、合理选择调查对象和方法。教育调查报告撰写应该重点呈现调查背景、方法和调查结论，并根据自己的分析提出建设性的意见。

小学教育见习与实习过程中的小学课堂观察研究有利于职前教师深入了解教育现场、分析与学习他人经验和发现新的教育问题。小学课堂观察研究实施的重点在于，要明确观察的目的和规划，选择合理进入课堂及收集资料的方法，观察完成后需要及时整理观察资料并进行分析。小学课堂观察报告撰写的重点要放在观察的结果呈现和讨论上。在呈现观察结果时，职前教师要把握客观性；在进行讨论时，要把观察结果放在一定的教育实践背景中，并敢于阐述自己的倾向和观点。

小学教育见习与实习过程中的小学教学案例研究可以促进职前教师更为深刻地认识自己见习与实习工作中的重点和难点，为职前教师之间分享经验、加强沟通提供一种有效的方式，促进职前教师反思自己的教学行为，提升教学专业水平。开展小学教学案例研究应注意：要善于观察、勤于思考、敏于行动；要明确教学案例研究是一种学习方式；要做好教学案例研究的总结工作。

【教学自测】

1. 简述小学教育调查研究的内涵和特点。
2. 试述小学教育调查研究对于职前教师的意义。
3. 简述小学教育调查研究设计需要把握的关键点。
4. 简述小学教育调查报告中应该呈现的重点内容。
5. 简述小学课堂观察研究的内涵和特点。
6. 试述小学课堂观察研究对于职前教师的意义。
7. 试述小学课堂观察研究实施的基本阶段。
8. 简述小学课堂观察研究报告的特点与基本结构。
9. 简述小学教学案例研究的内涵和特点。
10. 试述小学教学案例研究对于职前教师的意义。
11. 简述小学教学案例研究的组织与实施的基本阶段。
12. 试述小学教学案例撰写的基本结构与注意事项。
13. 简述开展小学教学案例研究需要注意的问题。

第八章　小学教育见习与实习评价

【要点提示】

本章的学习是在前几章对小学教育见习与实习的特点、内容、过程有相关了解的基础上而进行的。本章帮助学生理解小学教育见习与实习评价的观念，熟悉小学教育见习与实习评价的内容及评价方案，掌握开展小学教育见习与实习评价的方法。

第一节是对小学教育见习与实习评价的概述。小学教育见习和实习评价是针对小学教育见习与实习过程中的事实，依据一定的标准，做出价值判断的过程。在这一过程中，小学教育见习与实习评价的功能众多，但基于现代教育评价观以及教育见习与实活动的特点，其功能集中表现在导向功能、诊断功能、激励功能、发展功能和管理功能。为使小学教育见习与实习评价活动具有一定的规范性，小学教育见习和实习评价也需遵循一定的基本要求和基本原则。不同的分类角度造成了小学教育见习与实习评价有着不同的分类方式。在了解了小学教育见习与实习评价的含义、功能、原则以及类型的基础之上，需要对我国当前高等师范院校在开展小学教育见习与实习评价实践中存在的问题进行分析，结合实际明确在小学教育见习与实习评价时应秉持的观念。

第二节是对小学教育见习与实习评价内容和方案设计的介绍。传统的小学教育见习与实习评价的内容主要是教学工作、班主任工作、教育调查三方面。但在教师专业发展的大背景下，小学教育见习与实习评价应当增加对专业素养的评价，结合现代教育评价观念，还应当增加对小学教育见习与实习过程的评价。在明确小学教育见习与实习评价的内容基础之上，结合教师专业发展和现代教育评价观念，尝试构建开展教学工作、班主任工作、教育调查、专业素养、教育见习与实习过程评价时可以操作和可供借鉴的评价方案。

第三节是对小学教育见习与实习评价新方法的探索。在承续传统的小学教育见习与实习评价比较优良方法的基础上，可以把档案袋评价、统一考核法、公开课法等方法引入小学教育见习与实习评价的实践中。档案袋评价方法更多注重到了对于小学教育见习与实习的过程性评价；统一考核法的使用提高了评价效率，但在使用时要关注使用时的科学性；公开课法的操作具有一定的局限性，更适用于少数优质课评比，但它是最准确的一种评价方法。

【学习目标】

知识目标：

- 掌握小学教育见习与实习评价的定义。
- 理解小学教育见习与实习评价的功能、原则、类型。

- 了解当前高等师范院校在开展小学教育见习与实习评价实践中存在的问题。
- 明确小学教育见习与实习评价主要内容。
- 理解小学教育见习与实习评价方案设计的基本思路以及具体方案内容。
- 了解小学教育见习与实习评价的新方法。

能力目标：

- 领会和把握小学教育见习与实习评价尤为强调发展功能和教育性、动态性、多元化原则的原因。
- 学会小学教育见习与实习评价方案的设计。
- 掌握档案袋评价、统一考核法、公开课法等方法的运用。

【知识导图】

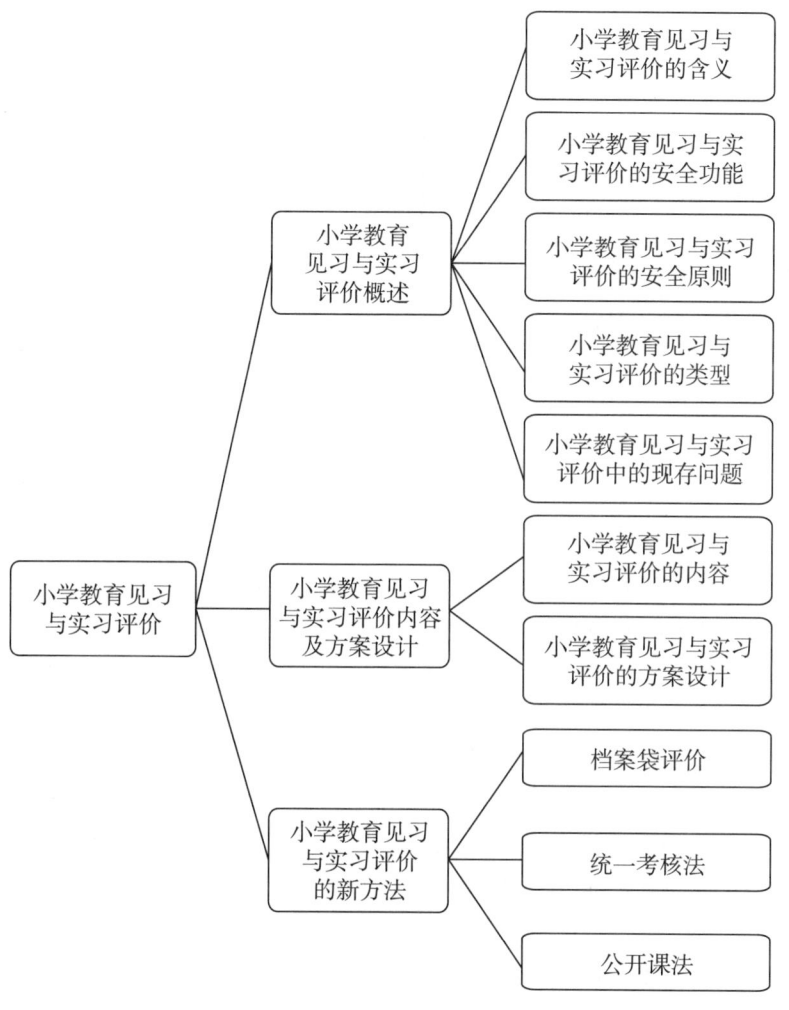

第一节　小学教育见习与实习评价概述

教育评价随着评价观的变化不断变化与丰富。小学教育见习与实习评价作为教育评价的下位概念也随之发生着相应的变化与丰富。为提高小学教育见习与实习的有效性，达成小学教育见习与实习的教学评价一致，对小学教育见习与实习评价相关知识的学习具有一定的必要性。

一、小学教育见习与实习评价的含义

教育见习与实习评价是教育评价活动的一个方面。所谓教育评价是指评价者根据一定的标准，在系统而科学地收集和运用信息的基础上，对教育活动发展变化的过程和结果进行价值判断的过程。[1] 据此，可以把小学教育见习与实习评价的含义描述为：评价者根据一定的标准，在系统而科学地收集和运用信息的基础上，对小学教育见习与实习活动的过程和结果进行价值判断的过程。

小学教育见习与实习评价的含义描述了它的一般性质，同时还明确了以下三个要素。

第一，小学教育见习与实习评价应以一定的事实为基础。任何教育评价都是在事实判断的基础上展开的价值判断活动。因此，对小学教育见习与实习的评价首先重要的是对职前教师所开展的小学教育见习与实习相关事实材料的收集和分析。只有以客观事实为依据，才能保证评价的客观、科学和公正。小学教育见习与实习相关事实材料的收集和分析既可以采用量化方法，也可以采用质性方法。当今小学教育评价的观念是倡导量化方法和质性方法的综合运用。

第二，小学教育见习与实习评价必须依据一定的评价标准。评价标准是指评价主体对评价对象进行认识和评价时所依据的准则。因此，在小学教育见习与实习评价过程中必须制订一定的评价标准，并用这些评价标准去判断职前教师是否达到了相关要求，小学教育见习与实习工作的质量是优还是劣。

第三，小学教育见习与实习评价的核心在于"价值判断"。"价值这个普遍的概念是从人们对待满足他们需要的外界物的关系中产生的。"[2] 价值与人的需要有关，反映的是主体与客体之间的一种关系，即客体满足主体需要的关系。教育价值则是指教育作为社会系统中的一种客体，对社会主体和个体主体的发展需要的一定满足（适合、一致、促进等）。[3] 教育评价的本质就是对教育是否满足社会主体和个体主体的发展需要进行

---

[1] 涂艳国. 教育评价 [M]. 北京：高等教育出版社，2007：7.
[2] 马克思恩格斯全集：第十九卷 [M]. 北京：人民出版社，1965：406.
[3] 王卫东. 关于教育价值问题的讨论 [J]. 教育研究，1996，(4)：72—74.

判断。开展小学教育见习与实习评价,一要判断小学教育见习与实习工作是否满足了职前教师个体在小学教育教学技能与素养等方面的成长需要;二要判断通过小学教育见习与实习培养的职前教师是否满足当今社会发展的需要。

二、小学教育见习与实习评价的功能

一般说来,教育评价具有鉴定、选拔、导向、激励、诊断、改进、反馈、调节、管理等多种功能。由于小学教育见习与实习是职前教师初次以"教师"的身份接触、尝试教育实践,除非表现恶劣(如无故缺席整个小学教育见习与实习),教育见习与实习评价一般不强调鉴定(分等)、选拔(淘汰)功能。小学教育见习与实习评价主要有以下五个功能。

(一)导向功能

在高等教育评价活动中,评价的内容与标准在很大程度上决定着评价对象的工作重点与努力方向。[①] 因此,高等师范院校的小学教育见习与实习活动的评价内容与评价标准在很大程度上能够为职前教师的见习与实习工作及其努力方向指明方向,起到导向作用。小学教育见习与实习是一种有着明确目标的小学教育实践活动,其目标可以表述为:树立职前教师献身教育事业的理想,培养职前教师从事小学教育工作的能力。但是在小学教育见习与实习中,职前教师对教师专业成长的认知水平较低,表现为对必备的教师专业素养、相应的教育教学技能、教育教学工作规划等方面缺乏明确的认识。

小学教育见习与实习内容的明确程度以及评价标准的清晰程度,会对见习与实习的结果和职前教师的职业发展产生一定的影响。所以,应当设定具体的见实习内容和科学的评价标准,以期学生能够明白要做什么、怎样做以及应达到怎样的标准。研究表明,实习评价标准的设定越具体明晰,越有利于矫正职前教师在观念方面出现的偏差,有利于解决学生在实习中遇到的困惑,有利于促进职前教师教师心理的发展和职业能力的成长。[②] 因此,在教师专业化发展的大背景中,小学教育见习与实习评价的意义不仅在于给职前教师一个等级或是分数,其更重要的意义在于给予职前教师正确的发展导向,调节改进职前教师的行为,从而培养其专业发展的意识,加快其专业发展的进程。

(二)诊断功能

小学教育见习与实习评价具有诊断功能,表现为能从小学教育见习与实习工作发现问题、判断效果等。结合小学教育见习与实习评价的内容和标准,对小学教育见习与实习工作开展评价时,可以了解小学教育见习与实习各方面的情况,从而可以判断它的质

[①] 闫震普. 我国高等教育评价与管理的功能定位、现实审视及其发展思路[J]. 教育理论与实践,2015,35(21):3-5.
[②] 云莉. 当前高等师范院校教育实习评价存在的问题及对策[J]. 内蒙古师范大学学报(教育科学版),2012,25(3):41-43.

量和水平、成效和不足。全面客观的评价不仅能了解见实习生的工作在多大程度上实现了小学教育见习与实习的目标，而且还能直接反映师范院校的教学质量。

（三）激励功能

借助小学教育见习与实习评价，职前教师能不断地进行自我认识、自我总结和自我提升。一方面，小学教育见习与实习评价能肯定小学教育见习和实习过程中取得的成果，促使职前教师明白自身的价值，激发其对实习的热情。外在的评价标准就经由被评价者自我实现的内在需要转化为被评价者的实际行动，从而促进小学教育见习与实习的目标达成。另一方面，在具体的教育实践中，当职前教师借助小学教育见习与实习评价意识到自己与指导教师或是其他同学之间的差距时，会产生一定的危机感和心理压力，从而激发自我发展内驱力的产生，不断地改善自身教育教学行为，发展并提高自己教育教学能力。

（四）发展功能

小学教育见习与实习的发展功能强调应当以现有的水平和表现为基础，以动态发展的眼光去看待职前教师的实际表现，着眼于其未来和发展。正如美国著名教育评价专家斯塔弗尔比姆（Stufflebeam L D）所言："评价最重要的意图不是为了证明（prove），而是为了改进（improve）。"[①] 换言之，小学教育见习与实习评价应促进职前教师的发展，不能局限于对于他们的见习与实习情况做出简单的优劣判断。职前教师借助小学教育见习与实习评价，能够不断地进行审视、反思、改进，从而达到促进个体快速成长的目的。

（五）管理功能

小学教育见习与实习评价是实现小学教育见习与实习科学化管理的重要手段。小学教育见习与实习是一个实践性的教育过程，具有高度综合和复杂的特点。教育见习与实习的组织者对其进行指导和管理时，最重要的问题是要有正确的决策和有效的监督。任何一项正确的决策和有效的监督都不应该是组织管理者主观臆想出来的，而是要以足够数量的可靠信息为依据，经过系统分析、优化处理后，不断地利用反馈信息来调节和控制管理过程而实现的。在小学教育见习与实习过程中，组织者利用对小学教育见习与实习的科学评价，可以全面掌握小学教育见习与实习的各种情况，敏锐地发现问题，并及时制定对策来加以解决，对小学教育见习与实习各个环节的执行情况进行控制。小学教育见习与实习评价为提高小学教育见习与实习组织管理工作的有效性提供了科学的根据。

---

① 瞿葆奎. 教育学文集·教育评价 [M]. 北京：人民教育出版社，1989：297.

三、小学教育见习与实习评价的原则

教育见习与实习评价的原则是对教育见习与实习评价活动的基本要求,是进行教育见习与实习评价的基本规范。[①] 开展小学教育见习与实习评价必须遵循一般教育评价的基本原则,包括目标性、全面性、真实性、教育性、动态性、协商性、多元化、伦理性等。2020 年中共中央、国务院印发了《深化新时代教育评价改革总体方案》,其中的主要原则提到"为充分发挥教育评价的指挥棒作用,引导确立科学的育人目标,确保教育正确发展方向"[②]。再结合现代教育评价突出强调以人为本、注重发展、重视过程的理念,因此这里需要特别强调的原则是教育性原则、动态性原则、多元化原则。

(一)教育性原则

教育性原则是指小学教育见习与实习评价应对职前教师起到指导和促进的作用,而不仅仅注重对职前教师成绩的鉴定。

小学教育见习与实习评价应该对职前教师有所指导,促进职前教师改进教育实践工作,提高教育实践水平,这是教育性原则的根本要求。为此,在开展小学教育见习与实习评价之前,应明确教育实习评价的目的。评价本身并不能成为目的,它只是达到目的的一种手段。正如美国学者格兰特·威金斯(Grant Wiggins)所言:评价如果不能对学生、教师、学校以及教育管理者有所教益,那评价也就失去了价值。[③] 对于职前教师而言,他们初步介入教育实践类似于幼童第一次学走路,不成熟、不老练、不周全是极其正常的。对学生的不足和瑕疵应多加引导,对其见习与实习的评价应注重如何去促进其发展。职前教师介入教育实践的态度和表现是评价中最重要的指标,只要其态度端正,认真学习、领会,积极练习、尝试,就应予肯定评价。

(二)动态性原则

动态性原则是指教育见习与实习评价应该是一个动态的、持续的过程。教育见习与实习活动是一个动态的过程,职前教师的实习状态会出现起伏波动,终结性评价无法体现出这种波动,也就无法真实地反映出职前教师的实习成绩。[④] 因此,小学教育见习与实习评价应贯穿于教育见习和实习的全过程,而非只是在教育见实习活动结束后进行的总结。

强调在小学教育见习与实习评价中贯彻动态性原则,最重要的就是要注重对小学教育见习与实习的过程开展评价。

---

① 原野. 高等教育大众化背景下的高等教育质量评价特征与应用研究——以山西省高等教育评价为例[D]. 太原:山西财经大学,2012.
② 中共中央、国务院印发《深化新时代教育评价改革总体方案》[A/OL]. (2020-10-13)[2023-07-14]. http://www.gov.cn/zhengce/2020-10/13/content_5551032.htm.
③ 格兰特·威金斯. 教育性评价[M]. 国家基础教育课程改革"促进教师发展与学生成长的评价研究"项目组,译. 北京:中国轻工业出版社,2005:9.
④ 杨美玲,郑立. 高职院校小学教育专业教育实习评价体系研究——以闽江师范高等专科学校小学教育专业为例[J]. 开封文化艺术职业学院学报,2020,40(4):137-138.

职前教师在大学课堂主要学习的是有关教育和教师养成的理论知识，其评价大多数指向对陈述性知识掌握的情况，这种评价注重"知"（所谓"应知"），注重评价职前教师对知识的记忆和理解，强调学习的结果。而小学教育见习与实习的核心目的在于职前教师对教师实践工作的尝试、体验和感受。因此，对小学教育见习与实习的评价必须与其目的相契合。这种评价更多的是指向"程序性知识"，注重"会"（所谓"应会"），除注重在实践中掌握"程序性知识"，还注重实践过程中的感受和体验，注重态度、情感和行为表现，注重过程而非结果。可见，这两种评价的指向和目的是不同的。

（三）多元化原则

多元化原则是指小学教育见习与实习评价的主体、评价内容、评价标准、评价方式应该是多样的，而不是单一的。[①]

1. 评价主体多元化

评价主体多元化是指，在评价活动的过程中，尽可能使与评价有关的各方面人员参与其中，尤其强调评价对象也应成为评价的主体。多元评价主体参与评价时，能够突破时间和场域的限制，并且能够基于不同视角对于职前教师的发展状态进行反映和衡量。多元主体参与评价能够有效地提高评价过程的透明性和评价结果的客观性，最大限度体现小学教育见习与实习评价的全面性。同时，较为全面的评价能够帮助职前教师明白自身的不足，明确未来改进的方向。此外，多元主体的评价能够形成强大的教育合力，共同促进职前教师的专业成长。

2. 评价内容多元化

评价内容多元化，是指评价内容应具有丰富性和完整性。小学教育见习与实习作为一种教育实践活动，具有综合性强、涉及面广和复杂等特点。一般高等院校师范专业的小学教育见习与实习主要包括学科教学、班级管理、教学科研这三种活动，但都涉及知识与技能、过程与方法、情感态度与价值观三个维度的内容。因此，高师院校在评价内容的建构上要注重教育教学知识与技能、过程与方法、情感态度价值观的三位一体，从而对小学教育见习与实习进行评价。其中，渗透于小学教育见习与实习活动中的态度、情感，教育实习中体现出的教育教学专业素养，如教师的思想道德、职业修养、信息素养、个性品质、创新能力等也应该成为评价的重要内容。对职前教师的评价要从整体入手，使得评价能够涵盖教育见习与实习的各个方面与领域，不仅要包括基本的理论知识和教育教学技能，还应包括他们在师德修养和专业能力等方面的综合素质。

3. 评价标准多元化

评价标准多元化，是指评价标准应具有弹性和差异性。为避免主观性，开展小学教育见习与实习评价时必须制定一定的评价标准，但这个标准不是固化的，因为不同的职前教师的具体情况和个体差异（如气质、性格、知识、能力、经验、教学风格等），也因为实

---

① 原野. 高等教育大众化背景下的高等教育质量评价特征与应用研究——以山西省高等教育评价为例［D］. 太原：山西财经大学，2012.

习所在的学校及学生的差别，不能用某一种标准评价不同的职前教师的工作和成绩。评价标准是为开展评价并且最终是为促进职前教师的专业发展设立的，只有保持评价标准的弹性和差异性才能真正达到小学教育见习与实习评价的目的。在实践中，不论职前教师的起点如何，只要其在实习过程中保持发展序列，并且实现了一定的发展跨度，就应予积极评价。换言之，一个起点低的职前教师有可能获得比一个起点高的职前教师更好的评价。

4. 评价方式多元化

评价方法的多元化，是指综合运用量化评价方法与质性评价方法，避免使用单一的评价方法。量化评价方法强调的是评价过程和结果的客观性，并且将数量化的评价结论作为客观性的标志。但是，如果仅仅使用量化评价方法将具有复杂性的小学教育见习与实习现象简单化，或是对少量可以量化的现象进行评价，不仅无法达成对于客观性的追求，连最有意义的、最根本的内容也容易丢失。职前教师在小学教育见习与实习过程中所表现出来的生动活泼的个性被硬性地抽象成一组组僵硬的数字，使得职前教师所取得的各方面的进步也被简化为可能的几个数量，小学教育见习与实习的复杂性、丰富性也泯灭于其中。随着现代教育评价的发展，质性评价方法越来越多地被引入到教育评价实践中。质性评价能够全程跟踪职前教师，全方位揭示他们真实的教育教学状况和专业成长情况，及时反映职前教师实习阶段发展情况与实习目标之间的差距，便于指导教师提供有针对性的反馈信息，有利于职前教师及时改进和提高。[①] 质性评价作为一种评价范式，它是对量化评价的一种反思、批判和革新。换言之，质性评价应该是内在地包含量化评价，它在反思、批判和革新的基础上将量化评价统整于自身，在适当的评价情境中依然坚持使用量化评价的方式。

四、小学教育见习与实习评价的类型

依据不同的标准，小学教育见习与实习评价有不同的类型。

(一) 形成性评价与总结性评价

根据评价的作用和功能，可以将小学教育见习与实习评价分为形成性评价和总结性评价。

形成性评价是在小学教育见习与实习过程中持续进行的，旨在了解教育实习过程，诊断教育实习过程中存在的问题，从而改进和完善小学教育见习与实习工作，以保证职前教师不断进步、不断提高，确保教育见习与实习工作顺利达成目标。在具体实施过程中，可以依据实习任务分阶段对职前教师的表现给予评价，并定期召开线上讨论会，通过协同评价使其不断自我调节、自我完善，从而发挥实习评价的反馈、调节和促进作用，使教育实习评价更具有发展性。[②]

[①] 曾琳，赵建立，由龙涛. 教育实习发展性评价：师范生专业成长的新诉求 [J]. 现代教育科学，2013 (3)：15—17.

[②] 陈时见，刘凤妮. 师范生教育实习的目标定位与实践路径 [J]. 教师教育研究，2022，34 (2)：15—21.

总结性评价是在小学教育见习与实习结束后进行的评价，其主要目的在于对职前教师的成绩做出鉴定，对学校开展的小学教育见习与实习工作进行总结。

小学教育见习与实习评价应强调形成性评价和总结性评价的结合。

(二) 量化评价与质性评价

按照评价所运用的工具、对评价结果的表述形式，可以将教育见习与实习评价分为量化评价和质性评价。

量化评价是指在教育见习与实习评价中对评价对象进行定量分析后，制定出量化标准，然后按照一定的量化标准进行价值判断的评价方法。量化评价主要采用定量计算的方法，即搜集数据资料，运用一定的数学模型或数学方法，用数字作出定量结论。

质性评价是指在自然情景中，通过评价者与评价对象的互动来收集相关信息，对评价对象的状况作出描述和分析，从而进行价值判断。在质性评价中，收集信息的方法主要有参与式观察，开放式访谈，调查，查阅职前教师的教案、教学日志、班主任工作日志、指导教师的听课记录等书面材料。档案袋作为一种质性评价手段也应在小学教育见习与实习评价中发挥重要作用。

小学教育见习与实习评价应强调量化评价和质性评价的结合。

(三) 自我评价与他人评价

按照评价的不同主体，可以将小学教育见习与实习评价分为自我评价和他人评价。

自我评价是指职前教师本人对自己在教育实习中的表现、问题、成效进行的价值判断。自我评价在小学教育见习与实习评价中应有重要地位，因为小学教育见习与实习的实践活动中职前教师是亲身参与者，他们自己才能最深切感知小学教育见习与实习的意义、自己在教育实践中的困惑。因而他们的自我实践、自我体验最为重要，而这些只有通过自我评价才能内化为素质，培养为能力。

他人评价是指教育见习与实习相关的单位、人员对职前教师的教育教学活动进行的价值判断。具体说来，职前教师所在学校的指导教师、带队教师、小组的其他同学、职前教师所教班级的学生以及学生的家长（如有可能的话）都是评价者。

小学教育见习与实习评价应强调自我评价和他人评价的结合。

五、小学教育见习与实习评价中的现存问题

当前，我国高等师范院校开展小学教育见习与实习评价通常是在小学教育见习与实习工作结束后，由实习学校指导教师和高校带队指导教师填写有关职前教师的见实习态度、学科教学、班主任工作、教育调查四个方面的评价表，这些评价表分别设置了评价项目、指标、权重、等级，指导教师给出相应的分数或者等级，同时辅以指导教师的评语。在此基础上出具实习评价鉴定，并最终评选出优秀的职前教师。这种评价存在如下问题。

(一) 评价内容：重视知识和技能性评价，弱化素养性评价

教育见习与实习是职前教师在教师指导下，将已获得的教育科学知识和各科专业知识、技能运用于中小学教育和教学工作，以形成和完善知识结构培养和锻炼教育、教学工作的能力，提高职业素养的综合性教育实践活动[①]，也是职前教师根据师范教育的目的、任务和要求，在教师的指导下，通过亲自参加教育、教学和管理工作，检验自己所学的知识，提高自己的教育、教学及管理等工作能力的过程。[②] 所以，教育见习与实习是检验职前教师的综合素质和各种能力的过程，它不仅要求职前教师通过教育实践掌握并熟练地运用相关的教育理论知识、技能和学科知识、技能，同样也强调通过见习与实习形成正确的职业意识和职业能力。

然而，在实际的小学教育见习与实习评价过程中，师范院校过于注重对知识技能的评价，重视程度不够甚至忽视了对于教师专业发展所必备的素养和未来从事教师职业所必备的能力的评价。其中，最典型的现象是在评价项目的设计上，对于个体的思想品德、教师礼仪、研究能力、创新能力和心理素养等方面评价项目的设计重视程度不够，从而导致了考查项目的单一，制约了小学教育见习和实习评价导向和发展功能的发挥。

(二) 评价方式：注重终结性评价，忽视过程性评价

小学教育见习与实习有助于职前教师教育教学能力的初步形成与发展。职前教师在教育见实习的过程中不断地获取并总结经验，从而为未来从事教师职业打下基础。而教育教学能力是在教育实践中积累，并通过不断地发现问题、解决问题而形成的，其具有一定的渐进性。所以，小学教育见习与实习评价要体现一定的过程性，而不能局限于终结性评价。

然而，在实际的小学教育见习与实习中，评价者更多的采用的是终结性评价，注重对最终的见实习结果做出等级判定，忽视了对于整个过程的评价，从而未发挥出评价的反馈、促进作用。

目前，在我国的高等师范院校中，小学教育见习的时间不固定且分散在各个学期，而实习也主要以一次性的毕业集中实习为主。但事实上，在正式进校实习之前高师院校还会安排实习准备，这也就造成了进校时间的推迟，而大学放假时间通常早于普通中小学并且需要两周的实习总结，这也就造成了离校时间大大提前。加之，在整个实习过程中还需要完成较多的实习材料，这也就造成了实际有效实习时间的大大缩短。由于有效实习时间的缩短，教育实习结束后的评价也无法让学生在实践过程中及时发现问题并解决问题，因而也难以形成系统的教育教学经验，难以发挥实习生作为实践活动主体的作用。而当前的基础教育课程改革更加强调评价的过程性和综合性，小学教育见习与实习评价注重结果性评价而忽视过程性评价，相比之下就显得不太和谐。

---

① 翟宝清. 教育实习概论 [M]. 西安：陕西科学技术出版社，2000：1.
② 朱永新，杨树兵. 英美师范教育实习的特点及启示 [J]. 常熟高专学报，1999 (6)：1-3.

（三）评价主体：突出指导教师的评价，忽视职前教师的自我评价

在现实的小学教育见习与实习评价过程中，高校指导教师通常会结合中小学指导教师的评价从而综合给出见习或实习成绩。这一评价过程主要以指导教师为主体，职前教师处于一种被动的地位，因此这是一种单一主体的他人评价。在实际的小学教育见习与实习过程，虽然存在学生自我的阶段性和终结性总结，但大多都流于形式未发挥出实际作用。这种评价方式显然存在一定的问题。一方面，这种评价容易受到教师的主观随意性的影响，使得评价结果无法准确反映出职前教师的能力。特别是在高等师范院校的教育计划中规定教育实习不合格者不能毕业，并且在去应聘时应聘官会关注实习成绩，因此多数高校指导教师都会"送人情"给出较高的实习成绩，但是这种形式化、人情化的评价无形之中会降低职前教师对自己的要求。另一方面，单一主体的评价并不能起到促进职前教师发展的作用。职前教师作为教育见习与实习的主体，在评价中完全处于被动状态，他们的意见往往被忽视。职前教师处于被动的评价状态就很难对自己的现状形成正确的认识，不能引起其对于自身问题进行深入思考，从而妨碍其找出问题的症结并提出解决问题的策略。因此，职前教师应当参与到评价之中，发挥自身在评价过程中的主体地位，利用评价进行对话与反思，提升自身能力，充分发挥实习的作用。

第二节　小学教育见习与实习评价内容及方案设计

随着时代的发展以及教育评价观念不断更新，小学教育见习与实习评价内容也应根据实际做出相应的调整。小学教育见习与实习评价内容的不断完善能够使得评价的功能最大限度地发挥出来，以达成既定的小学教育见习与实习的目标，促进个体更好的发展。小学教育见习与实习评价方案设计的科学性是保证评价全面、客观的前提。

一、小学教育见习与实习评价的内容

小学教育见习与实习评价内容也称小学教育见习与实习评价准则，是指对评价活动内容或某一方面质的规定，它规定评价活动评什么或不评什么，是构建评价方案的核心部分。我国高等师范院校所开展的小学教育见习与实习工作一般都包括三个方面的内容：教学工作见习与实习、班主任工作见习与实习、教育调查。教育见习与实习评价也主要是针对职前教师所开展的教学工作见习与实习、班主任工作见习与实习、教育调查报告作出，一般还会增加职前教师的"为人师表"行为及表现的评价内容。但这种评价内容所涉及的方面还不够全面，而且在实际操作中容易导致只注重结果的评价。因此，在教学工作见习与实习、班主任工作见习与实习、教育调查评价内容的基础上，结合教师专业发展的要求应增加对教师专业素养的评价，结合现代教育评价理念应增加对教育见习与实习过程的评价。

（一）教学工作见习与实习的评价

教学见习与实习工作是职前教师在见习与实习过程中的重要内容，是职前教师通过实践形成教师专业知识、掌握专业技能并养成专业情感的重要方面。教学工作一般包括备课、上课、课后作业布置与批改、课外辅导和学生学业成绩评定五个环节。

教师正式上课前要进行备课，备课主要包括：①备教材，主要是钻研课程标准，掌握教学内容，抓住教学重点、难点。②备学生，主要是进行学情分析。③钻研教法，主要是分析在教学中使用哪种教学方法或教学方法组合，包括教学媒介和手段的使用。④探索学法，主要是研究在教学过程中学生将使用和学会什么学习方法。

上课是教学工作的中心环节，教师教学的专业技能主要是通过课堂教学实践得到锻炼的。课堂教学技能包括语言、提问、讲解、强化、演示、板书六项基本技能和导入、变化、组织、结束四项综合技能。对于一堂好课的评价标准是众说纷纭的，大致说来一堂好课应该做到目标明确、内容正确、方法恰当、结构紧凑、积极性高。

课外作业能够有效地延伸课堂教学，有助于学生巩固与运用课堂中学到的知识与技能，培养学生独立学习和分析、解决问题的能力。对于课外作业布置与批改的评价可以从以下方面入手：作业内容是否符合课标要求和教材内容，作业是否具有代表性、启发性和明确的目的性，作业量和难度是否符合学生当前发展水平，作业指导方法和策略是否恰当，作业检查和批改是否及时，能否依据作业反馈改善教学等。

课外辅导能够起到补充课堂教学的作用。并且，适应学生个别差异的课外辅导是贯彻因材施教原则的重要方式。课外辅导的形式多种多样，对于课外辅导的评价要关注其能否从学生的实际情况出发，注重区别对待，因材施教。其中，评价时还应该关注到教师是如何处理课堂教学与课外辅导之间的关系的，教师应该重视课堂教学，防止本末倒置。

学业成绩检查与评价主要是教师依据教学目标对教学效果进行的判定，依据此判定对自己的教学过程进行调节和改善，从而提高学生学业成绩达成教学目标。

也可以把教学工作大致分为课前准备、课程实施、课后活动三个环节，评价时不能只专注于教学知识和技能方面，教师的教学观念、态度、情感也应成为教学工作见习与实习评价的重要方面。在评价职前教师的教学工作时，指导教师不能只依据《教育见习（实习）成绩鉴定表》中职前教师填写的几份教案作出评价，应该深入职前教师的课堂，收集生动的课堂教学实践材料。

（二）班主任工作见习与实习的评价

班主任工作计划是班主任对班级工作的一种设想与工作思路。班主任工作涉及学校的各方面，是一个复杂的系统工作。为了保证学生的健康成长，班主任应当制定严密的班主任工作计划，将学校的培养目标分解并具体到每个阶段，这样才能有效地将学校的教育计划落实到具体班级。班主任工作计划的基本结构包括：①班级的基本情况分析、班级发展的水平和特点、班级学生的基本情况和特点、有利因素和不利因素、存在的主要问题等。②工作目标。总目标、阶段目标、各层次具体目标等。③措施安排。主要教育活动、组织力量与分工、时间步骤安排。④检查办法与总结。鉴于教育见习和实习的特点，一般是要求职前教师熟悉原班主任制订的工作计划，对原班主任制定的工作计划也可以进行一定的修改和完善。

制定班级规章制度有助于学生良好学习、生活以及行为习惯的养成，能够提高学生的自觉性，引导学生积极参加班集体的各类活动，培养集体荣誉感，以期通过调动全班共同行动从而营造良好的班级氛围。班级规章制度，一方面要符合学校制定的各项学生管理制度的要求，另一方面要根据班级实际做到切实可行。

班风是一个班级具有的有自身特点且较为稳定的集体作风。班风的塑造与班级成员有着密切的关系，班风是整个班级的道德风尚和精神面貌的反映。良好的班风能够引导班级积极向上地发展，对于班级建设有着导向作用。班风正，集体荣誉感强，凝聚力强，在思想品德工作方面有具体的措施和成效，是评价班风的重要标准。

学风，这里指班级的学习风气，是学生在对待学习这个问题上的思想态度和行为表现。学风建设应该是多方面的，学风的评价应围绕着学习目标、学习态度、学习兴趣和学习行为等多项内容综合进行。班级学风建设评价的主要标准是：班级学习氛围浓厚，学生明确学习目的，积极参与学习活动，端正学习态度，掌握正确的学习方法，有良好的学习习惯，形成优良的学风，重视学习常规教育，提高学习效率。

文体卫生工作，也是班主任工作见习与实习的重要内容。其评价标准主要是：积极组织学生参加学校文体活动、培养学生良好的卫生习惯、依规引导学生搞好保校园环境、关心学生的身体素质和健康状况以及体育达标人数符合有关规定。

班级教育活动，主要是根据学校德育工作计划，班主任工作计划和班级管理的实际，有目的、有计划地开展系列主题教育活动。评价主要标准有：认真组织学生完成学校及年级组布置的各项任务；充分运用主题班会这一教育形式，发挥学生自我教育的作用；有班会计划和组织措施，班会主题明确，符合学生实际，各项要求落实到位；注重跟踪个案，有后进生综合情况记录分析，并能有效地促进后进生发展；能与科任教师积极沟通，形成教育合力，及时解决班级问题和学生问题；积极参加社会实践和校内外精神文明建设活动。

班级干部培养，评价标准主要是：认真挑选培养班干部，抓好班干部队伍建设，定期召开班干部工作会议，分工明确，相互协调，不断提高班干部的思想素质和工作能力。

家校联系方面主要是密切与家长的联系，善于与家长进行沟通。教师能借助召开家长会充分调动家长积极性，形成家校合力开展教育。有目的、有计划、有针对地开展家长培训工作，从实际出发结合家庭教育上好家长教育课。有相关措施、记录和总结。

班主任工作见习和实习的目的主要是让职前教师熟悉班级管理的内容，初步掌握班级管理的方法，形成一定的班级管理能力。在实践中上述评价内容和标准可以根据具体情况调整。班主任工作见习与实习评价还涉及见习与实习班主任的各种素质：道德素质（如忠于教育事业、热爱学生、为人师表等）、心理素质（如健全人格、积极心态、稳定情绪、悦纳自我、良好适应等品质）、知识素质（如科学文化知识、管理科学知识、教育科学知识）、能力素质（如教育能力、组织管理能力、创新能力、协调能力、应变能力、转化后进生能力、个别教育能力、表达能力等）。这些内容在评价方案中也应当表现出来。

（三）教育调查工作的评价

为培养职前教师教育理论联系实际、将教育理论应用于实践的能力，要求职前教师在小学教育见习与实习时必须开展一定的教育研究工作，通常是开展教育调查。教育调查包括：对小学校基本情况、历史与现状的调查；对优秀教师的先进事迹、教书育人经验、教学方法与教改试验的总结；对教学对象的心理、生理特点、学习态度与方法、知识结构、智能水平与思想品德状况的调查；对小学进行新课程改革的现状、问题的调查等。通过教育调查，使职前教师更深入地了解基础教育改革的现状及发展趋势，写出切合实际的调研报告。

对教育调查工作的评价，可将职前教师通过调查而撰写的教育调查报告作为评价的重要依据之一。主要评价标准有：选题能从实际出发，具有针对性和现实意义；能选择和运用恰当的调查方法；调查材料全面、客观、精确、具体，具有代表性；调查报告结构严整，层次清晰，逻辑性强，文字表述准确、流畅、生动；观点鲜明，论据充分，分析渗透，具有较强说服力；经见习与实习学校领导、指导教师评议，结论正确，建议切实可行；调查态度认真，调查工作深入细致。

（四）教师专业素养的评价

教师专业素养是指教师从事教育教学工作所必须具备的特质，其主要由专业知识、专业能力、专业实践和专业品格四部分构成。教师专业素养是信息化社会对教师专业的时代诉求，也是教师群体在专业化发展进程中的时代产物。[①]

1. 教师专业知识

教师专业知识是开展教育教学工作的基础，教师知识结构直接影响了教学行为和教学活动安排。教师专业知识的获取途径主要有教师教育和教育实践两条途径。在教师专业化发展的大背景下，对于教师知识结构有了更高的要求，更加强调了教师知识结构的丰富性和综合性。教师专业知识主要包括了学科知识、教育类知识、通识知识。

2. 教师专业能力

教师专业能力是教师专业素养的一种外显形式，其能够保证教育教学活动有效开展。教师专业能力在教师开展教学活动、接受教师教育以及参与教育教学研究等过程中形成与发展。教师专业能力主要包括教育教学能力、组织管理能力、教育反思能力以及教育研究能力等。

3. 教师专业精神

教师专业精神是教师献身教育事业的精神动力。教师专业精神具体包括了教育理念、专业态度和师德。教育理念是教师通过自身学习和在教育教学过程中所形成的教育观念和教育信念。专业态度是教师通过自身学习和对教育实践理解而形成的影响个体从事专业活动的内部准备状态，它对教师行为有着一定的指导和调节作用。师德是指教师

---

① 黄友初. 教师专业素养：内涵、构成要素与提升路径［J］. 教育科学，2019，35（3）：27—34.

从事教育教学活动所具备的道德修养和职业操守，对于学生有着潜移默化的影响。

4. 教师专业实践

教师专业实践是师生共同参与的实践活动，是教师的教和学生的学相互促进的过程。教师能够有效地开展教育实践，是教师对专业知识、专业能力和专业精神综合运用的结果。

以上四种要素之间相互作用、相互影响、动态发展，从而构成了教师专业发展系统的复杂结构和动态变化。因此，对于教师专业发展的评价可以从以上四个方面入手。虽然职前教师还处于教师专业发展的初级阶段，但也需要通过评价促进其教师专业素养的形成和发展。当然，教师专业素养不是凭空产生和发展的，而是在教学工作见习与实习、班主任工作见习与实习、教育科研工作中得到发展的。虽然本书提出要注重教师专业素养评价，但并不是要单独设计一个评价方案来专门评价教师专业素养，而是强调在教学工作见习与实习评价、班主任工作见习与实习评价、教育科研工作评价的方案和指标体系中要恰当体现对教师专业素养的评价。

（五）小学教育见习与实习过程的评价

小学教育见习与实习主要是一个过程，所以对小学教育见习与实习的评价必须注重对小学教育见习与实习过程的评价。从高等师范院校开展小学教育见习与实习动员，到职前教师进入小学，到在小学开展教学工作、班主任工作实践，到小学教育见习与实习总结，再到回到高等师范院校对小学教育见习与实习进行评价，在这个过程中，高校指导教师、小学指导教师、职前教师本人对于重要的时间和事件都应该有一定的记录。对职前教师的成绩评定应把这些记录过程性的材料作为评价时事实信息的重要来源。当然，在实际操作中，高等师范院校可结合实际提出相关要求和措施。

二、小学教育见习与实习评价的方案设计

小学教育见习与实习评价方案是对小学教育见习与实习评价的内容、范围、方法、手段、程序和组织领导等加以规范，并作出规定的基本文件。设计教育见习与实习的评价方案设计一般经历以下过程：明确评价目的，设计评价准则，分配相应权重，制定评价标准，选择评价方法，形成评价方案。①

（一）小学教育见习与实习评价方案设计的思路

针对我国现行高等师范院校开展教育见习与实习评价实践中存在的问题，结合现代教育评价理论的要求，教育见习与实习评价的主体是带队指导教师、小学指导教师、职前教师；② 评价内容是教学工作、班主任工作、教育调查工作；评价客体是职前教师的

---

① 肖远军．教育评价原理及应用［M］．杭州：浙江大学出版社，2004：60—78．
② 此外，也可以在评价主体中引入见实习所在学校教务处、见实习所教班级学生，它们的评价意见可以作为参考，也可以分配一定的权重系数，体现其意义。

知识、技能和情感。小学教育见习与实习的评价可以描述为带队指导教师、小学指导教师、针对职前教师的教学工作、班主任工作、教育调查工作从知识、技能和情感的角度进行的评价,从而构建三维立体的小学教育见习与实习评价方案。

(二)小学教育见习与实习评价的基本方案

小学教育见习与实习评价方案的具体设计是一项复杂的工作,指标体系的划分,各级指标的权重都需要进行严密分析和论证。在这里,笔者结合国内一些高等师范院校小学教育见习、实习评价手册中的方案表,以及近些年部分研究者通过实证性的研究提出的小学教育见习与实习评价方案,介绍一些可供借鉴的评价方案表。当然,没有一种评价方案是普遍适用的,在具体评价实践中,评价者应结合本校教育见习与实习的情况进行评价方案设计。[①]

1. 小学教育见习、实习成绩汇总表(见表 8—1)

表 8—1 小学教育见习、实习成绩汇总表(带队指导教师用)

姓名		见实习所在学校		见实习时间	
评价主体		评价内容	权重	评分	加权分数
见实习所在学校	教学工作指导教师	课堂教学工作	0.45		总分:___分
	班主任工作指导教师	班主任工作	0.25		
	班级学生	职前教师表现	—	—	
	学校教务处	自主见实习表现			
师范院校	带队指导教师	教育科研(教育调查)	0.10		
		参与情况与表现	0.15		
	职前教师	工作体会及自我评价	0.05		
		互评	—	—	

等级:(根据总分在相应等级前打"√")
○优(90~100 分)　○良(80~90 分)　○中(70~80 分)　○及格(60~70 分)　○不及格(60 分以下)

2. 小学教育见习、实习完成情况评定表

请根据以下评价指标逐项考查职前教师的表现,设立三个等级,每个等级的权重如下:优秀 0.9,良好 0.7,需努力 0.5,[②] 首先在相应评价等级下打"√",然后将各项满分乘以所选等级的权重即各项得分,最后汇总计算总分,并根据职前教师总体表现选择一个评价等级(见表 8—2)。

---

① 陈亚君. 师范院校生物学专业教育实习评价体系的构建[D]. 上海:华东师范大学,2010.
② 这里(包括后面相关评价表中)的等级和权重只是参考,各学校可根据实际情况增设等级和调整权重。

表8-2　小学教育见习、实习完成情况评定表（带队指导教师用）

姓名		见实习所在学校		见实习时间		
评价指标	指标内涵		评价等级			得分
			优秀 0.9	良好 0.7	需努力 0.5	
见实习表现（共100分）	按计划圆满完成见习与实习任务，无请假缺课现象（25分）					
	按要求完整规范地填写见习与实习手册（25分）					
	见习与实习中严于律己，表现突出，受见实习学校指导老师表扬（25分）					
	对自己的工作认真总结、深刻地分析（25分）					
总分： 等级：（根据总分在相应等级前打"√"） ○优（90～100分）　○良（80～90分）　○中（70～80分）　○及格（60～70分）　○不及格（60分以下）						
备注： 1. 若为集体见实习，互评结果如何　○优秀　○良好　○需努力 2. 若为自主见实习，寄出的见实习学校反馈表是否回邮　○是　○否 若回邮，总体表现如何　○不满意　○比较满意　○非常满意						

3. 课堂教学成绩评定表

请根据以下评价指标逐项考查职前教师的表现，设立三个等级，每个等级的权重如下：优秀0.9，良好0.7，需努力0.5。首先在相应评价等级下打"√"，然后将各项满分乘以所选等级的权重即各项得分，最后汇总计算总分，并根据职前教师总体表现选择一个评价等级（见表8-3）。

表8-3　课堂教学成绩评定表（教学指导教师用）

姓名		见实习学校		见实习时间			
评价指标		指标内涵		评价等级			得分
				优秀 0.9	良好 0.7	需努力 0.5	
教学态度（20分）		态度端正，工作认真负责，教风严谨（20分）					
课前准备（10分）	教案（5分）	认真钻研教材和学生，按时编写出完整规范的教案（5分）					
	试教（5分）	试教认真，内容熟悉，教态自然，符合教学要求（5分）					

续表

姓名			见实习学校		见实习时间				
课堂教学(30分)	教学内容(10分)								
	教学方法(10分)	教材处理恰当，重难点突出、难度适宜，注意与学生生活实际相联系，关注学生技能和情感的培养（10分）							
	教学技能(10分)	结合教学内容和学生实际，灵活选择合适的教学方法，适时引导学生探究，充分调动起学生的课堂参与性（10分）							
课堂教学(40分)	教学效果(20分)	教态自然亲切，语言清晰流畅、有逻辑，专业术语规范（5分）							
		板书、板画设计合理，字迹清晰，能够恰当地运用教具、多媒体等教学手段（5分）							
		提问适时、有启发性，对学生回答评价适当（5分）							
		实验教学中准备充分、操作规范（5分）							
	教学效果(10分)	授课清晰完整、有条理，课堂秩序良好，顺利完成教学任务，达到教学目标（10分）							
	教学反思(10分)	主动与指导教师交流，积极反思、寻求进步（10分）							
课后活动(10分)		作业批改认真、及时评讲，耐心辅导学生（10分）							
总分									

等级：（根据总分在相应等级前打"√"）
○优（90~100分）　○良（80~90分）　○中（70~80分）　○及格（60~70分）　○不及格（60分以下）

评语：（请对职前教师的课堂教学表现进行客观综合的评价，指出其优点和不足）

教师签名：　　　　　　　　实习学校公章

4. 班主任工作成绩评定表

请根据以下评价指标逐项考查职前教师的表现，设立三个等级，每个等级的权重如下：优秀0.9，良好0.7，需努力0.5。首先在相应评价等级下打"√"，然后将各项满分乘以所选等级的权重即各项得分，最后汇总计算总分，并根据职前教师总体表现选择一个评价等级（见表8-4）。

表 8-4 班主任工作成绩评定表（班主任工作指导教师用）

姓名		见实习班级		见实习时间			
评价指标		指标内涵		评价等级			得分
				优秀 0.9	良好 0.7	需努力 0.5	
工作态度（30分）		为人师表，态度诚恳耐心，积极主动的配合原班主任工作（30分）					
工作能力（40分）	工作计划（10分）	较快熟悉班级学生情况，制订相应工作计划（10分）					
	常规工作（15分）	坚持参加班级早读、做操、班会、自习以及课外活动，处理日常事务（15分）					
	班级活动（15分）	组织有针对性的主题班会，内容贴近学生，注意培养学生的思想道德品质，效果好（15分）					
工作效果（30分）		受到学生欢迎，与学生形成平等融洽的师生关系（30分）					
总分							
等级：（根据总分在相应等级前打"√"） ○优（90～100分） ○良（80～90分） ○中（70～80分） ○及格（60～70分） ○不及格（60分以下）							
评语：（请对职前教师的班主任工作表现进行客观综合的评价，指出其优点和不足）							
				教师签名：		实习学校公章	

5. 教育调查成绩评定表

请根据以下评价指标逐项考查职前教师的表现，设立三个等级，每个等级的权重如下：优秀 0.9，良好 0.7，需努力 0.5。首先在相应评价等级下打"√"，然后将各项满分乘以所选等级的权重即各项得分，最后汇总计算总分，并根据职前教师总体表现选择一个评价等级（见表 8-5）。

表 8-5 教育调查成绩评定表（带队指导教师用）

姓名		见实习学校		见实习时间			
调查报告名称							
评价指标		指标内涵		评价等级			得分
				优秀 0.9	良好 0.7	需努力 0.5	
调查准备（20分）	选题意义（10分）	选题能从实际出发，具有针对性和现实意义（10分）					
	掌握材料（10分）	材料全面、客观、精确、具体、具有代表性（10分）					

续表

姓名			见实习学校		见实习时间			
论文质量（60分）	结构、表述（20分）	文章结构严整，层次清晰，逻辑性强，文字表述准确、流畅、生动（20分）						
	论述、分析（20分）	观点鲜明，论据充分，分析渗透，具有较强说服力（20分）						
	结论、建议（20分）	经实习学校领导、指导教师评议，结论正确，建议切实可行（20分）						
能力（20分）	调查能力（20分）	态度认真，工作深入，观察力和判断力较强，善于运用各种方式和方法获取材料（20分）						
总分								
等级：（根据总分在相应等级前打"√"） ○优（90~100分）　○良（80~90分）　○中（70~80分）　○及格（60~70分）　○不及格（60分以下）								
评语：（请对职前教师的教育调查工作表现进行客观综合的评价，指出其优点和不足） 教师签名：								

6. 职前教师自评表

打分细则：本量表供职前教师个人自评使用，旨在帮助他们认识自我、提高能力，同时了解实习情况。

请职前教师根据实际情况，按照以下规则打分：

职前教师在逐个评价项目中的表现不同。为此，设立四个等级，每个等级的权重如下：优秀1.0，良好0.8，一般0.6，较差0.4。首先在相应评价等级下打"√"，将各项满分乘以所选等级的权重即各项得分。最后，逐项汇总计算总分，并根据自己的总体表现选择一个评价等级（见表8-6）。

表8-6　职前教师自评表（职前教师用）

姓名		见实习学校		见实习时间				
评价指标	指标内涵				评价等级			得分
				优秀1.0	良好0.8	一般0.6	较差0.4	
实习态度（20分）	按实习计划圆满完成实习任务，无请假缺课现象，在实习中严于律己，表现出良好的组织纪律性（5分）							
	按要求认真、如实、完整地填写实习手册（5分）							
	态度端正、举止得体，有良好的教师形象（5分）							
	工作认真负责，尊敬师长，虚心求教，积极总结与反思、寻求进步（5分）							

续表

姓名		见实习学校		见实习时间					
课堂教学（45分）	认真钻研教材，精心组织教学，按时编写出完整规范的教案（5分）								
	教材处理恰当，重难点突出、难度适宜（4分）								
	教学内容科学系统，注意与学生生活实际相联系，关注学生技能和情感的培养（3分）								
	结合教学内容和学生实际，灵活选择合适的教学方法，适时引导学生探究，充分调动起学生的课堂参与性（4分）								
	教态自然亲切，体态语言适度（4分）								
	教学语言清晰流畅、有逻辑，音量语速适中，教学术语准确规范（4分）								
	板书、板画设计合理，字迹清晰，能够恰当地运用教具、多媒体等教学手段（3分）								
	提问适时、有启发性，对学生回答评价适当（4分）								
	实验教学准备充分，学生成功率高（3分）								
	顺利完成教学任务，授课思路清晰完整、有条理，课堂秩序良好，气氛活跃，指导教师和学生都很满意（5分）								
	所在班级独立完成作业，正确率高（3分）								
	作业批改认真、及时评讲、耐心辅导学生（3分）								
班主任工作（25分）	态度诚恳、一丝不苟，积极主动配合原班主任工作（5分）								
	深入班级学生中，较快熟悉情况，制订工作计划（5分）								
	坚持参加班级早读、做操、班会、自习以及课外活动，处理日常事务（5分）								
	组织有针对性的主题班会，内容贴近学生，注意培养学生的思想道德品质，大多数学生参与其中，调动学生的积极性和创造性，效果好（5分）								
	根据青少年特点，思想工作耐心细致，与学生形成平等融洽的师生关系（5分）								
教育科研（10分）	从小学教育见习与实习的实际出发选题，有一定现实意义（3分）								
	认真收集资料，运用科学的教育研方法进行了实验或问卷调查，并且进行了教育统计分析（2分）								
	调查报告结构完整、观点鲜明、有理有据（3分）								
	调查报告有一定的指导现实意义（2分）								
总分									

续表

姓名		见实习学校		见实习时间	

等级：（根据总分在相应等级前打"√"）
○优（90～100分）　○良（80～90分）　○中（70～80分）　○及格（60～70分）　○不及格（60分以下）

实习小结：（请对自己实施中的表现做整体评价，分析优点与不足，并谈谈自己的体会，可附页）

签名：

7. 职前教师教育见实习互评表

打分细则：本量表供见实习小组组内互评使用，旨在了解职前教师的实习表现。请根据实际情况，按照以下规则打分：每位职前教师在逐个评价项目中的表现不同。为此，设立四个等级，每个等级的权重如下：优秀1.0，良好0.8，一般0.6，较差0.4。将各项满分乘以所选等级的权重即各项得分（见表8-7）。

表8-7　职前教师教育见实习互评表

评价项目	成员1	成员2	成员3
在实习中严于律己，无请假缺课现象，表现出良好的组织纪律性（20分）			
尊师重教、态度端正、举止得体，有良好的教师形象（15分）			
积极与小组同学交流工作中遇到的问题，及时总结与反思、寻求进步（15分）			
备课时在组内共享自己的资料，听课后常常给组员提供合理的改进意见（10分）			
出色地完成了自己的教学任务，表现出良好的课堂教学技能和实验教学技能（10分）			
授课思路清晰完整、有条理，课堂秩序良好，气氛活跃，受到学生和指导老师的好评（10分）			
积极配合原班主任工作，深入班级了解学生情况，坚持参加班级早读、做操、班会、自习以及课外活动，处理带教班级的日常事务（10分）			
根据青少年特点，工作耐心细致，与学生形成平等融洽的师生关系（10分）			
总分			

为突出过程性评价的重要性，在小学教育见习与实习评价中，还应该注重过程性资料的记录、收集和评价。这些过程性资料有小学教育见习与实习的教案、听课记录、班

级管理工作记录、教育见实习记事、教育见实习日志，甚至包括用录像设备记录的课堂教学或班团活动的影像资料。这些过程性和事实性的材料应在评价中发挥重要的作用。

第三节　小学教育见习与实习评价的新方法

随着现代教育评价观念和发展的不断发展，在我国大力推进教师专业化和基础教育课程改革不断走向深入的背景下，小学教育见习与实习评价也在不断产生出新的方法或做法。

一、档案袋评价

（一）档案袋评价的含义

在见习与实习期间，职前教师的身份具有一定的特殊性。一方面，从指导教师的角度来看，其仍是一名正在学习的学生；另一方面从班级学生的角度来看，其又是一名教师。因此，这一阶段的职前教师处于一种"准教师"阶段，即从学生身份向教师身份转变的阶段。这就是一个成长的过程。对于成长过程的评价而言，档案袋评价是一种比较好的评价方法。

"档案袋评价是指根据教育目标将各种有关学生表现的作品收集起来，找出学生学习过程中的优势、不足，引导学生不断进行反思和改进，从而取得更好的成绩。"[①] "近年来，档案袋评价被应用到教育评价领域，被称为'成长记录袋评价'或'档案袋评定'（Portfolio Assessment），用于汇集被评价者某方面的作品，以展示被评价者在某一领域的努力、进步和成就。"[②] 小学教育见习与实习评价中的档案袋评价是职前教师收集教育见习与实习中的一些材料，以展示自己在小学教育见习与实习工作中的努力、进步和成就，评价者据此对职前教师作出价值判断的方法。

（二）档案袋评价的优点

档案袋评价可用于开展对小学教育见习与实习的评价中。因为它具有以下三个优点。

首先，档案袋评价能充分发挥评价的教育功能和激励功能。在小学教育见习与实习过程中，不仅指导教师可以对职前教师见实习材料进行收集，职前教师也应该积极参与材料的收集，如收集见实习教学设计、课堂教学评价与反思、班主任工作计划等。通过

[①] 国家基础教育课程改革"促进教师发展与学生成长的评价研究"项目组. 成长记录袋的基本原理与应用[M]. 西安：陕西师范大学出版社，2002：2-6.

[②] 周智慧. 利用成长记录袋评价促进学生发展的研究[J]. 前沿，2010（1）：128-131.

二者的共同收集，使得见实习材料更加全面和系统。职前教师在见习与实习材料的收集和整理的过程中，能直接感受到自己的成长与进步，思考自己在教育教学中的得失，评估教学效果，反思教学方法的恰当性，充分感受多元的指导与帮助，借助不同的材料反复感受自己的进步与成长，以增强今后做好教育教学工作的自信心和自主性。

其次，档案袋评价有利于教学与评价的整合。实际上，档案袋收集整理资料的过程也是职前教师结合教育教学材料进行自我反思的过程。在这样的过程中，职前教师能够将见实习过程与自我评价相结合。档案袋需要收集整个见实习过程中的材料，因此可以展示职前教师在教学设计、课堂教学、班主任工作、活动组织等各类工作的进步与发展，从而将评定"嵌入"教育教学之中。

最后，档案袋评价可以实现评价主体多元化。档案袋资料的收集需要有多个主体的参才会更加地全面与完善。因此，对小学教育见习与实习进行档案袋评价时，评价主体可以有多个。同时，多主体的评价将更加客观、真实，可以更加有效发挥评价的诊断、反馈和改进作用，职前教师也能较快地提升自己的教育教学能力。

（三）档案袋评价的运用

首先，需要确定档案袋评价的主体。在主体的确定过程中，要尽可能多地包含多个评价主体，而不是单一评价主体。校内校外指导教师、职前教师本人、班级学生、见实习小组成员等均可参与到档案袋评价中。

其次，确定评价目标，设计档案项目表。这一环节是档案袋评价的关键。在这一环节中，先确定评价目标，接着将目标进行分解并转化成对应的档案项目。档案项目实际上指的就是将评价的具体内容按照一定标准进行分类。这一过程直接决定了档案袋评价的客观性与科学性。档案袋的内容组成应当包括对课题的认识、课时计划、指导教师与学生评价、教学反思等，其中尤其应当关注职前教师的自我反思。职前教师的自我反思是个体自我评价的重要组成部分，发挥着促进自我发展、自我教育、自我负责的重要功能，可以充分体现档案袋评价的特色及其教育功能。

最后，宣讲评价程序，具体实施评价。大部分职前教师知道档案袋评价这一种方式，但对于档案袋评价的具体概念、特点以及实施方式等并不清楚。因此，进行具体的宣讲是十分必要的，要确保每个学生准确理解和把握创建学习档案袋的整个过程，引导学生主动思考学习目标、学习效果评价标准，增强学生学习责任意识。[1] 同时，在宣讲过程中，要收集职前教师对于档案袋评价的内容选择、评价标准等方面的意见，鼓励学生参与档案袋评价设计，以调动其参与评价的积极性与主动性。评价与实习的同时进行，能够使得见实习在教育实践过程中及时发现问题并解决问题，从而提高其对教育教学的调控水平，促进其自主学习、自我监控等能力的发展。

档案袋评价的方式多种多样，如面谈法、等级评价表、意见反馈等多种形式。"档案袋评价法可以采用面谈、等级评价表、反馈意见表等各种形式。面谈是指导教师与职前教师举行双方面谈，共同研究和分析档案袋内的资料。面谈前，指导教师应该事先阅

---

[1] 许燕燕. 档案袋评价在教育学专业中的应用实践［J］. 现代职业教育，2023（4）：85—88.

读档案袋内的资料。等级评价表是粗略地把职前教师的表现划分为若干板块，如教学职责、专业目标，以及若干等级，如一、二、三等或上、中、下，或超标、达标、需要改进、未达标。实施评价时，评价者对照评价标准，根据职前教师的表现给予相应的等级。完成等级评价后，评价者应该填写反馈意见表，并得到评价者和评价对象的认可和签名。"[1]

二、统一考核法

随着高等教育大众化时代的到来，基础教育师资出现供大于求、择优录用的普遍现象，对教育见实习成绩评定越来越看重，统一考核法应时而生。为了进一步完善教育见实习成绩评价，近年来，高等师范院校教育见实习成绩评定出现了统一考核方法。[2] 统一考核法可以采用以下两种。

（一）教学技能考核加评议方法

因为说课、上课是未来教师必须具备的教学技能，利用考核教学技能来提高见实习成绩评价的科学性是值得提倡的。

第一，对职前教师进行统一的说课考核，从而考查职前教师的备课能力和口头表达能力，把说课成绩和指导教师给出的平时见实习成绩相加，评定职前教师的见实习成绩。

第二，对职前教师进行统一的模拟上课考核，从而考查职前教师的备课能力、课堂教学能力，把模拟上课成绩和指导教师给出的平时见实习成绩相加，评定职前教师的见实习成绩。

这两种评价方法优点明显：首先，增加了见实习成绩评价的准确性和激励功能。采用说课或模拟上课考核方法，通常是依次各自作一定时间准备，然后说课或模拟上课10分钟左右。由于统一时间，同一内容，同一评委，整场考核操作透明，充分体现了公开、公正、公平的原则。更重要的是，极大地发挥了见实习评价的激励和实用功能，对看重见实习成绩的学生来说，统一考核是展示自己才能的好时机，也是获取见实习好成绩的难得机会。他们往往会高度重视，请指导教师辅导，勤学苦练，从而激发自己的竞争意识，并促进见自己的教学技能训练提高。其次，发掘了见实习成绩考核的实用功能。在新教师竞聘教学岗位时，用人单位除了看档案材料外，往往要采取说课或模拟上课形式来考查应聘者的教学能力。职前教师如果没有这方面的经历和能力，很难在应聘中取得好成绩，如果有这方面经历应聘能力就会大大提高。在高校很难有这种真实的实践机会，而见实习成绩考核正为职前教师提供了提高教学技能和应聘能力的珍贵机遇。

---

[1] 王斌华. 教师评价模式：教学档案袋[J]. 教育理论与实践，2004（13）：24-28.
[2] 王叔新. 教育实习评价考核功能的探索[J]. 台州学院学报，2007（5）：82-86.

（二）考试加评议方法

考试加评议方法是指通过试卷成绩和指导教师给出的平时见实习成绩相加，评定职前教师的见习与实习成绩。这种考核方法也有实用意义，有些地方就首先采用考试形式对应聘者进行淘汰，其内容往往是学科知识、新课程理念和教育心理学知识，除理论知识外主要考查应用能力。考试内容主要有两方面，一方面是课堂教学教材教法内容，主要考查职前教师对教材知识理解的深度和广度；另一方面考查职前教师对新课程理念的理解和应用。

三、公开课法

公开课法是以职前教师所上的公开课为依据，对其教育见实习成绩进行评判的方式。公开课法的具体操作流程为：首先通过职前教师自荐以及指导教师推荐进行初选，接着选取相应的上课内容，给予各参赛人员相同的时间进行教学设计，然后在真实的课堂中进行教学，最后由评委现场打分。这种考核方式能够全面考查职前教师的对教材的理解、备课能力、语言表达能力、教学组织能力等，评价公平且易令人信服。但从公开课实施的程序进行分析，不难发现这种评价方法所需时间较长，组织工作量大，且容易影响正常的教学秩序，因此不适用于对全体学生进行考核评价，只适用于少量的评优课或见实习总结汇报课。

【本章小结】

通过本章的学习，学生了解了小学教育见习与实习评价的含义、功能、原则、类型，以及小学教育见习与实习评价实践中存在的突出问题；明确了小学教育见习与实习评价的主要内容以及评价方案；了解一些小学教育见习与实习评价的新方法。

小学教育见习与实习评价对职前教师的自身发展有着积极的作用，准确理解小学教育见习与实习评价的含义是有效开展小学教育见习与实习评价活动的前提。小学教育见习与实习评价的功能集中表现为导向功能、诊断功能、激励功能、发展功能和管理功能。在遵循教育评价一般性原则的基础之上，以及结合现代教育评价中强调的以人为本、注重发展、重视过程的理念，小学教育见习与实习评价的原则应该特别注重教育性原则、动态性原则、多元化原则。不同的分类标准，将教育教育见习与实习评价分成了不同的种类。在了解了小学教育见习与实习评价相关知识的基础之上，本章从实际出发，分析我国高等师范院校在开展小学教育见习与实习评价过程中的突出问题，从而初步树立正确的小学教育见习与实习评价观念。

小学教育见习与实习评价在内容设计上，不仅要关注传统的评价内容，更要结合实际情况对其做出适当的补充与调整。传统的小学教育见习与实习评价的内容主要包括三个方面，即教学工作见习与实习、班主任工作见习与实习、教育调查。但在实际操作中，传统的评价内容会造成只注重对结果的评价，而忽视了评价的全面性和过程性的特点。因此，基于以上问题以及教师专业发展和现代教育评价的理念，在传统评价内容的基础上应当增添对于教师专业素养和见习与实习过程性的评价。小学教育见习与实习评价内容的丰富，就迫使笔者思考小学教育见习与实习评价方案的设计。在设计评价方案的过程中，要合理地处理知识与技能、过程与方法、情感态度价值观之间的关系，构建三位一体的评价方案。

随着时代的发展对人才培养规格的变化，以及现代教育评价观念的引领，新的小学教育见习与实习评价方式也随之而产生。本章中主要介绍了档案袋评价、统一考核法以及公开课法三种新的方式。

【教学自测】

1. 简述小学教育见习与实习评价的含义。
2. 简述小学教育见习与实习评价的主要功能及其表现方面。
3. 简述开展小学教育见习与实习评价应遵循的原则。
4. 简述小学教育见习与实习评价的类型及其分类依据。
5. 论述小学教育见习与实习评价的基本内容。
6. 论述应如何设计小学教育见习与实习评价方案。
7. 简述小学教育见习与实习的档案袋评价以及如何运用。
8. 简述小学教育见习与实习的统一考核法以及如何运用。
9. 简述小学教育见习与实习的公开课法以及如何运用。

后 记

现代师范教育制度建立起来之后，支撑其运作的是技术理性的思维框架，教师培养模式的精神内核就是理论对实践的宰制。人们相信，理论可以指导实践，只要很好地掌握了理论，职前教师就可以当好一个教师。以这样的观念为基础，"知而后行"就构成教师教育实践的基本假设：师范教育培养教师的主要逻辑就是使职前教师在还没有获得教育教学经验之前先拥有理论知识、必要的职业意识和职业技能。这些职业意识和职业技能主要是通过大学的理论型教学传授给职前教师，并且这种传授通常外在于教育教学实践场景。教师教育的职能和使命是培养教师，而教师是实践者。如果说实践是实践者的根本规定性，那么教育实践就是教师的根本规定性。于是，以培养实践者的立场和视角来思考教师教育的理论和操作架构，应当是必然选择。培养教师这类实践者的要义是使职前教师获得实践感和实践智慧，而这又不能远离小学教育实践。因此，应当设法把职前教师的理论学习与其教育教学实践融合、交织在一起。基于上述认识，也作为"小学教育见习与实习"课程研究和建设的结论，我们愿意提出我们的核心主张——弥散型小学教育见习与实习。

小学教育见习和实习的目的在于使职前教师观摩、模仿、感悟、领会、体验小学教育实践，从中训练其教育技能，获得实践性知识，初步形成教育智慧和教育经验，在小学教育实践中逐渐生成教师的职业精神、职业意识和职业态度，以便使职前教师尽快适应小学教师生活，缩短职业适应期，也为其专业发展奠定基础。我们相信，兑现此番目的，弥散型小学教育见习与实习应当是较为合理的路径。

小学教师教育的课程设置应当是归纳的结构，而不应当是演绎的结构。亦即，应按照小学教师生成的实践逻辑对教师教育课程进行设置和安排。因此，应当首先按照实践逻辑对小学教育见习与实习的诸项目从第一年到第四年作合理分布（"时间上的弥散"），然后，把理论型课程和教育见习与实习诸项目进行有机匹配，使二者在实施上相互对应、交织进行（"内容上的弥散"）。

项目的设置和安排应当弥散到大学四年的整个学程。其中，小学教育见习主要安排在前三个学年，方式可以是现场观摩、请相关人士讲座、观看相关视频录像、微格教学等。每次活动之后组织学生进行讨论和反思，相关指导教师应该介入，完成小学教育研习。小学教育实习可安排在第四学年，相关理论型课程与这一系列的安排相匹配，穿插进行，呈现出理论学习中有小学教育实践，小学教育实践中又有理论提升的良性格局。

小学教育见习与实习的项目设置和安排应当是一个递进序列——由外而内，由远而近，由表及里。先观摩，后体验，进而半介入实践，最后独立实践。从理论上讲，小学教育见习与实习意在让职前教师全面介入教师的生活。如有可能，应在妥善安排好职前教师对小学教育教学工作的见习与实习的基础上，尽可能安排职前教师了解和体验教育教学工作之外的小学教师的学校和日常生活。

2023 年 11 月于成都